你在说谎

NI ZAI SHUO HANG

福尔摩斯 侦探术 推理游戏

张祥斌 主编

世界权威游戏大典

全国首创侦查表格

Baker Street

插图版 | 从攻心到语言侦破
从蛛丝马迹到真相大白

每桩案情都让你欲罢不能，大呼过瘾

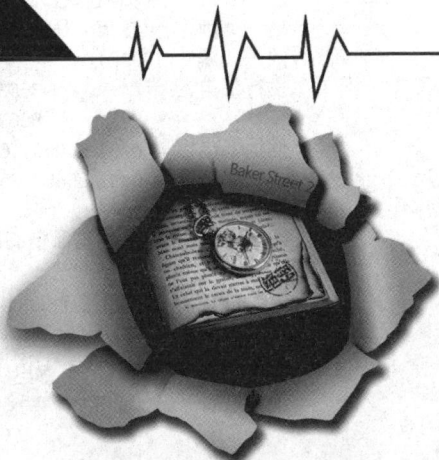

吉林科学技术出版社

图书在版编目（ＣＩＰ）数据

你在说谎：福尔摩斯侦探术推理游戏 / 张祥斌主编 .--
长春：吉林科学技术出版社，2014.7（2021.1重印）
ISBN 978-7-5384-7940-9

Ⅰ．①你… Ⅱ．①张… Ⅲ．①智力游戏 Ⅳ．
① G898.2

中国版本图书馆 CIP 数据核字（2014）第 149306 号

你在说谎：福尔摩斯侦探术推理游戏

主　　编　张祥斌
出 版 人　李　梁
责任编辑　于　畅
插画设计　李秋红　黄剑锋　高　华　贺　娜　马　唯
　　　　　孙达科　郑晓莹　李　莹　徐崴娜
封面设计　长春市创意广告图文制作有限责任公司
制　　版　长春市创意广告图文制作有限责任公司
开　　本　710mm×1000mm　1/16
字　　数　400千字
印　　张　22
版　　次　2014年11月第1版
印　　次　2021年1月第2次印刷

出　　版　吉林科学技术出版社
发　　行　吉林科学技术出版社
地　　址　长春市人民大街4646号
邮　　编　130021
发行部电话/传真　0431-85635177　85651759　85651628
　　　　　　　　　85635181　85600611　85635176
储运部电话　0431-86059116
编辑部电话　0431-85652585
网　　址　www.jlstp.net
印　　刷　北京一鑫印务有限责任公司

书　　号　ISBN 978-7-5384-7940-9
定　　价　45.00元

前言

这是一个谎言大行其道的时代，"不是我做的，我从不说谎！"如果有人对你这样说，你信吗？

一个小小的动作，轻微一瞟的眼神，一个细微的线索，一句不经意的谈话。都可以让你在瞬间识别他的话是真还是假，怎样让谎言不攻自破呢？

如何快速破解悬念迭出的案例呢？

《你在说谎：福尔摩斯侦探术推理游戏》炫酷插图版收录了全世界顶级的探案游戏，知识面广，包罗万象。侦查小帮办表格协助读者将扑朔迷离、惊险曲折、神秘玄妙、扣人心弦的案情一一化解，这种形式在国内同类书中属首创。在这本探案游戏大全中，集侦探故事和思维游戏为一体，以训练侦探迷们的思维能力为目的，按照想象思维、抽象思维、形象思维、创新思维、发散思维、判断思维、缜密思维、逻辑思维、认知思维、实践思维十个方面，从不同角度展开推理，应用福尔摩斯探案推理法，力求全方位、多层次地进行深度剖析，和全世界最聪明的"神探"们一起思考，无论是孩子、学生、上班族、求职者、管理层，还是高智商的天才，都能从中找到适合自己的游戏，让读者感到自己才是真正的侦探。读者除了需拥有多方面的知识外，同时必须还要细心寻找罪犯留下的各种蛛丝马迹，认真推敲分析，假设推断，用侦探犀利的目光、敏锐的职业感觉、超出常人的胆识、严谨的案例分析、精妙的推理分析，最终得出正确的答案……每桩案情都让侦探迷们欲罢不能，大呼过瘾，身临其境地去谱写自己的侦探历程。

更加重要的是，本书的亮点不仅仅是离奇的案情、耸人听闻的故事，通过完成书中的游戏，你可以冲破思维定式，试着从不同的角度思考问题，不断地进行逆向思维、换位思考，从而提高观察力、注意力、创新力、决策力、记忆力、判断力、想象力、创造力、分析能力和逻辑推理的能力等，最大限度地锻炼读者的各种思维能力，在潜移默化中提高读者的智商，你就可以成为令人敬仰的神探"福尔摩斯"。无论在学习、生活，还是参加世界500强企业面试，或者报考公务员、MBA以及工作中遭遇什么样的困难，都不会再感到无从下手，而是能够通过思维的灵活运转，轻松应对，顺利地迈向成功。因此不论你是推理游戏玩家、逻辑高手，还是侦探小说迷，本书将会让你绞尽脑汁，像福尔摩斯一样侦破案件，使犯案者的谎言大白于天下！

目录

CONTENTS   CONTENTS

第一章 认知思维

第二章 实践思维

第一节 概要 /51

第二节 如何在探案过程中应用实践思维 /51

用生活经验破案 /51

采用经验定律 /52

第三节 经典案例展现 /53

第三章 缜密思维

第四章 形象思维

第一节 概要 /107

第二节 如何在探案过程中应用形象思维 /107

认真地进行现场勘查 /107
观察方法是形象思维的综合运用 /108

第三节 经典案例展现 /111

第五章 抽象思维

第六章 想象思维

第七章 判断思维

第八章 发散思维

第九章 创新思维

第十章 逻辑思维

第一节 概要 /289

第二节 如何在探案过程中应用逻辑思维 /289

运用目击者提供的证据和案发现场所提炼出的线索 /289

从事实出发，揭示过程和结局 /290

第三节 经典案例展现 /292

第一章
认知思维

第一节　概要

　　利用科学知识作为破案的线索和依据，主要运用认知思维。认知思维是指人脑加工、储存和提取信息的思维能力，即人们对事物的构成、性能与他物的关系、发展的动力、发展方向以及基本规律的把握能力。与其他思维类型相比，认知思维的最大特点是需要一定的知识储备才能得出正确的结论。储备在头脑中的知识，多数来源于自身所受的教育，也可以来源于生活常识。头脑空空的人，是不会拥有很强的认知思维能力的。本章的游戏需要一定的知识储备才能找到答案，这些知识既来源于实践活动中，又来源于各个专业领域，但并不神秘莫测。只要你头脑充实，你的认知思维能力一定不会比别人差，拥有成为"包公"、"福尔摩斯"的潜质！

第二节　如何在探案过程中应用认知思维

在寻找证据上应用认知思维

　　在侦探小说和影视作品中，"证据"无疑是出现频率最高的一个词。罪犯是不会主动给侦探留下证据的，所有的证据都是侦探发现的。怎么才能发现证据呢？认知思维往往会在寻找证据的过程中发挥关键作用。证据是用眼睛发现的，更是用头脑发现的，说得更确切些，是运用头脑中的知识发现的。这些知识涉及方方面面，其中当然包括中学阶段的数理化、史地生等。比如，犯罪行为的实施必然和一定的时间、空间、一定的人和事物发生联系，这就必然在犯罪现场留下这样或那样的痕迹。鉴定专家利用指纹、鞋

印、子弹壳、血迹、毛发、纤维、伤痕等微量物证，经过仔细地分析研究后，找到破案的关键。

犯罪又是在一定的环境下完成的，植物物证很容易黏附在案犯或受害人的身上，而且一般都不被注意。植物学检验技术是运用植物解剖原理和植物显微技术，对植物叶背面的下表皮细胞和下表皮细胞变化形成的气孔、水孔和毛茸体等形态，以及植物的根、茎、花、果、种子等器官的细胞形态，淡水藻类微生物的形态，通过微观特征的比对检验，进行植物种属、生长环境和分布区域等的鉴定，现场只要发现并提取这些植物检材与样本仔细比对检验，便可为查找或确定作案第一现场提供依据，也可为揭露和证实犯罪提供证据。

上述寻找证据的过程听起来复杂，但这个过程的基础就是认知思维，运用到的知识，很多就是中学阶段的。也就是说，结合中学阶段的知识，运用认知思维，你也能当侦探，用你的眼睛和大脑发现证据，把罪犯绳之以法！

了解一些侦探技巧

一个案件，往往是很复杂的，现代侦破技术的使用，绝不是可有可无的事情，而是一个非常重要的方面，它往往对侦破疑案起着决定性作用。不注意使用现代侦破技术，就等于明明有着汽车、飞机不用，却偏要步行一样。现代侦破技术，指为了揭露和证实犯罪所采用的科技手段，是发现、搜集、检验与犯罪有关的痕迹物证的技术手段。常用的技术手段有刑事照相、痕迹检验、法医鉴定及笔迹、指纹、唇纹、声纹、毛发等鉴定，除此以外还有警犬鉴别和步法追踪等。在侦探小说和影视作品中，经常有验证血型的情节。这当然不是空穴来风，真实案例比比皆是。1978年10月28日上午11时，北京西城区一位姓沈的医生家中起火。人们见火跑去抢救，发现沈医生被人杀死在家中，屋里溅有鲜血。经过多方侦查，终于找出了作案者李某，他是一个

经过劳教的罪犯，曾杀人抢劫，又纵火焚尸灭迹。原来，公安人员从李犯所戴手表的坦克链表带中，找到一星点血迹，经过化验，证明是"O"型血。很巧，沈某是"O"型血，李犯也是"O"型血。于是公安人员采用超微量检验方法，查明表带的血是"OMN"血型，而死者正是"OMN"血型，李犯则是"ON"血型。这一事实有力地证明，李犯是杀死沈医生的凶手。尽管李犯在作案后洗掉了血衣，但他万万没有想到，他的表带里，仍残存着沈医生的血。在铁证面前，李犯不得不承认自己是杀人凶手。不论是人，还是动物，其血型是终身不变的，正因为如此，血型成为破案的重要依据之一。

1958年，法国科学家道善才发现了人体血液中白细胞的血型抗原。他与美国科学家露丝潘及荷兰科学家范路特共同合作，对白细胞的血型进行分类。白细胞血型又称HLA，现在科学家们已经确定了92种白细胞血型抗原。子女的白细胞血型，一半来自父亲，另一半来自母亲，92种白细胞抗原，可以形成上亿种不同的白细胞血型。除了同卵双胞胎以外，还没有发现白细胞血型完全相同的人。从某种意义上说，白细胞血型也成了人的生理图章，被人们称为"私有血型"。既然每个人的白细胞血型各异，而子女的白细胞血型又是从父母双方遗传的，因此，鉴定父母和子女的白细胞血型，就可断定是否是亲生子女，这就是亲子鉴定。用亲子鉴定的方法解开了一个又一个难解之谜。反走私及名画、古董、假钞的辨伪，同样也离不开现代科学技术。例如，安全检查门，只要身上带有武器、金银之类东西，不管如何将其隐藏，只要从安全检查门经过，检查门就会发出"嘟嘟"的响声，违禁物品就会被万无一失地查出来。这种安全检查门也叫作步行通过探测器。在探测器遇见金、银、铁、铜之类金属时，探测器的磁场就会发生畸变。敏感的电磁元件就会马上把这一信息报告给探测器，经过电子线路处理后，蜂鸣器便会立即发出"嘟嘟"声了。

利用现代的侦探技术可以破案

现代侦探技术是破案的火眼金睛，攻破疑案的得力助手。只有建立在广泛运用现代侦探技术的基础上，侦查破案才能真正变成一门精密科学，才能有效、迅速地冲破迷雾、搞清案情，及时准确地揪出罪犯。许多陈年积案之所以能在多年后大白于天下，都和正确运用侦探技术有关。许多冤假错案之所以形成，也和没有及时、正确运用现代侦探技术有关。积极地运用各种科技手段是侦破疑案不可忽视的一个重要方面。

现代侦探技术探解了许多历史谜案，比如，著名物理学家牛顿的死因就是用头发查出来的。把头发用中子照射，就会使头发中的元素具有放射性。不同的元素，射出的丙种射线（即 γ 射线）的能量不同。因此，只要用仪器测量丙种射线的能量，就可以推算出头发中含有什么元素，含量多少。这就是中子活化分析原理。通过中子活化分析，可准确测出不同人头发的不同含量，从而进一步知道一个人身体状况如何，生活在什么地方，甚至可以判别性别、种族、是否服毒、服毒量大小。

牛顿从1692年起，就患有失眠、健忘、消化不良、忧郁等症。对于他为什么会患病，众说纷纭。有人说是因为他写作《自然哲学的数学原理》一书时积劳成疾；有人说是因为他母亲病逝，过度伤感；有人说由于他实验室不慎起火，烧毁了他的手稿，使他受了莫大刺激所致。很巧，牛顿死后，他的侄女曾剪下他的两绺头发作为纪念。1979年，英国普敦大学的斯帕戈和奥尔德马斯顿科学研究中心的庞兹合作，从牛顿的两绺头发中各取了两根进行了化验，结果查出其中含有高浓度的铅、锑、汞、砷等有毒物质。而后他们查阅了牛顿的实验记录本，发现其中有108处记载着牛顿用口尝化学药品的味道。另外，在牛顿实验室中，常常用敞口容器装着铅、砷、锑、汞之类化合物进行加热，这样，有毒物质便从口、鼻不断进入牛顿体内，使牛顿中毒。人们终于从牛顿的头发中查明了254年前他的死因——化学物质中毒。

第三节 经典案例展现

1 有问题的酒

某年3月，春寒料峭，大侦探福尔摩斯应邀到乡下做客。他和友人坐在一家小酒店饮酒，突然，隔壁桌上的一位丝厂老板呻吟着呕吐起来。他带来的两名保镖立刻拔出枪来，对准与老板同桌的一位商人。

福尔摩斯急忙上前询问，才知道双方刚谈成一笔生意，丝厂老板已开出支票订货，双方共同喝酒庆祝，谁知老板竟中毒了。那位商人举着双手，吓得不知所措。

福尔摩斯走上前，摸了摸温酒的锡壶，又打开了盖子，看清黄酒表面浮着一层黑膜，就说："果然是中毒了，我是福尔摩斯，你们听我说……"

这时，丝厂老板摇晃着身子说："福尔摩斯，救救我！他身上一定带着解毒药！搜出来……"福尔摩斯笑着说："他身上没带解毒药！这酒是你做东请客的，他怎么有办法投毒呢？"大家惊呆了，难道酒里又没有毒了？"有毒，"福尔摩斯笑笑说，"凶手就在这里。"你知道究竟在哪里吗？

侦查小帮办
★★★★★

主 述	福尔摩斯		事 件	喝酒中毒
时 间	某年3月的一天		地 点	乡下的小酒店

人物及关系	侦查手段	证据及线索	关键点	嫌疑人	侦查方向
侦探福尔摩斯为丝厂老板和商人破解中毒案的关系	现场查看物证	①锡壶含铅，曾放在炉子上温酒，黄酒上有黑膜；②锡壶加热后导致铅元素分解，成为中毒来源	黄酒表面浮着的黑膜是什么	无意中把锡壶放在炉子上的人	用化学小常识和生活常识侦破此案

2 铁塔之谜

享誉世界的埃菲尔铁塔，是法国首都巴黎的代表性建筑。它高300米，总重量达7000多吨。但是在它建成之初时曾有三个谜团困扰了人们很久：

（1）这座铁塔只有在夜间才是与地面垂直的。

（2）上午，铁塔向西偏斜100毫米；到了中午，铁塔向北偏斜70毫米。

（3）冬季，气温降到-10℃时，塔身比炎热的夏季时矮17厘米。

当有人问福尔摩斯侦探时，他合理地解释了这些问题。你知道其中奥妙吗？

侦查小帮办 ★★★★

主 述		事 件	埃菲尔铁塔之谜
时 间	每一天	地 点	法国巴黎

人物及关系	侦查手段	证据及线索	关键点	嫌疑人	侦查方向
福尔摩斯侦探解答别人的疑惑	情景再现、推理分析	①上下午不同；②白天晚上不同；③夏季冬季不同	不同的合理性		运用物理常识，钢铁在不同时间、季节的变化

3 土人的笛声

福尔摩斯和乔治是一对很要好的朋友，两人都嗜好打猎、探险。以下是他们去年夏季到南美洲探险的经历。

早晨，正当他们带齐探险装备，前往亚马孙河森林地区，想深入探讨当地食人族的生活习惯时，竟被食人族发现行踪。食人族立即吹响一种无声的笛子求救，两人见状立刻奔逃。

走呀走，两人精疲力竭地走着，后来回头一看，已经没有食人族追来，于是两人慢慢走向亚马孙河，在河边等船救援。返回岸边时，一批食人族突然从四方八面向他们涌来，把他们活捉到森林内。经年轻的族人为他们翻译，问明来意后，知道他们是来探险的，不是袭击他们时，才把两人释放。

走出森林，乔治心想："为什么食人族会涌来河边捉拿我们呢？他们靠什么方式传达消息的呢？"

你能为乔治解开疑问吗？

侦查小帮办

主　述	福尔摩斯与乔治		事　件	食人部落探险		
时　间	夏季		地　点	南美洲亚马孙河森林		
人物及关系	侦查手段	证据及线索		关键点	嫌疑人	侦查方向
探险者与食人族之间的追捕、逃跑关系	逻辑推理	无声的笛子是吹给谁听的		四面八方涌来	食人族	应用生物学、动物学中的知识来推理

④ 敲击桌面

一天英军某司令部突然来了数名上级军官组成的"检查组"，要求该部主管汇报军事情况。在接待中，该部一名军官发觉"检查组"一名军官坐在椅子上用手指轻轻地叩敲桌面，就对他产生了疑心，于是立即向上级报告。经该部向上级核实发现，该"检查组"为德国间谍伪装的，马上将其全部捕获，从而避免了一次重大泄密事故。试问，敲击桌面怎么会是间谍呢？

5 汽车事故

一辆汽车撞伤了孩子，孩子的小伙伴说是一位身材高大的男人开的车。警察找到了涉嫌者洛桑，可洛桑说今天上午是他妻子用的这辆车。他妻子身高不超过1.5米。

警察说："目击者还说，撞人的汽车噪音很大，好像消音器坏了。"

"那咱们试一下吧！"洛桑把警察带到车库，打开车门，然后舒舒服服地坐在驾驶座上，发动马达，在街上转了一圈，一点噪音也没有。

侦探专家福尔摩斯对警察说："洛桑是在你到他家前换上了新消音器。"

福尔摩斯是怎么做出这一判断的？

侦查小帮办 ★★★★★

主 述	洛桑、警察和福尔摩斯	事 件	汽车撞人
时 间	午后	地 点	洛桑的车库和车上

人物及关系	侦查手段	证据及线索	关键点	嫌疑人	侦查方向
警察盘问洛桑;专家福尔摩斯提醒警察重要线索	现场查看	①妻子高1.5米，洛桑身材高大；②没有噪音	舒舒服服坐在驾驶座上	洛桑	从各自的驾驶习惯和正常情况分析

6 锡制纽扣失踪案

一百多年前，俄国首都圣彼得堡，朔风凛凛，瑞雪霏霏，气温突然下降到-30℃！军营里开始发军大衣了。嗨，崭新的军大衣穿在身上有多暖和呀！可是，一会儿，士兵们都叽叽喳喳议论起来："咦，军大衣上怎么连一颗纽扣也没有呢？真是太奇怪啦！"就连沙皇的卫士穿的军大衣也没有纽扣。

　　沙皇知道了这件事，很恼火，传令把监制军大衣的大臣传来问罪。大臣说："这事儿就怪啦，我曾经到过制军大衣的工厂去的，亲眼见制衣厂的工人把一颗颗银光闪闪的锡纽扣钉上去的呀！"沙皇吹胡子瞪眼睛："可是事实上，现在连半个纽扣也不见了！你快去查清楚，到底是谁在搞破坏！"大臣吓得连声说"是"，马上到仓库里去调查。管理仓库的官员说："军大衣运来时，确实是有锡纽扣的，一直到发放军大衣时才打开仓库，那时没注意去查看纽扣，不过现在还剩下一部分军大衣。"大臣取过一件查看，也没有锡纽扣，只是在钉扣子的地方，有灰色的粉末。奇怪，锡纽扣怎么失踪的呢？大臣百思不得其解，忧愁极了。

　　大臣有位朋友，是个化学家。他听说这件事后，告诉沙皇，锡纽扣是变成粉末了。沙皇不相信，化学家就拿了一个锡酒壶放到皇宫外的台阶上。几天后再去看，手一碰上去，那锡酒壶果然变成了一堆粉末。于是，那个大臣被宣告无罪。

　　你知道其中的科学道理吗？

侦查小帮办
★★★★★

主述		事件	锡纽扣失踪
时间	一百多年前	地点	俄国首都圣彼得堡

人物及关系	侦查手段	证据及线索	关键点	嫌疑人	侦查方向
沙皇与大臣之间讯问的关系；化学家为大家破解谜团	情景再现、推理	①锡纽扣；②钉扣子处有灰色粉末；③-30℃	锡酒壶放在皇宫外几天后变成粉末	寒冷的天气	了解锡的特性，用化学知识推理

⑦ 黑人姑娘伪造现场

南非比勒陀利亚的土著黑人姑娘斯通在一个荷兰血统的白人家里当佣人。这家主妇是个爱唠叨的孤老太婆。因工钱不菲，所以斯通只好忍气吞声地在她家干活。一个酷热的傍晚，斯通干完了活儿正准备回土著人居住区时，女主人叫住她，并又没完没了地唠叨起来。由于过分激动，老太婆突然心脏病发作，当场就一命呜呼了。

惊慌失措的斯通，本想马上叫急救车，可又立刻打消了这个念头。她想刚曾受到老太婆的申斥，担心如果让警察知道了此事，肯定会怀疑是她杀害了老太婆。她急中生智，把老太婆的尸体拖进厨房，把厨房的窗户关好，再打开大型电冰箱的门。这样，电冰箱内的冷气就可以降低厨房室内的温度，尸体也很快会被冷却，待第二天斯通从土著人居住区来上班时，再把电冰箱的门关上，把窗户打开，让厨房恢复常温。然后，她就可以装作刚刚发现尸体的样子去报告警察了。何况，这孤老太婆与附近的邻居没什么交往，今天一个晚上一直冷却着尸体，尸体的变化状态就会与常温下的变化状态不同，势必会给推定死亡时间造成一定的难度。这样，怀疑自己的可能性就会大大降低，至少斯通自己是这样认为的，这些知识还是她在白人家里当佣人时积累起来的。

那么，她伪造现场成功了吗？

侦查小帮办
★★★★

主　述		黑人姑娘斯通		事　件		伪造现场
时　间		酷热的傍晚		地　点		主人家里

人物及关系	侦查手段	证据及线索	关键点	嫌疑人	侦查方向
主人与仆人	情景再现、逻辑推理	①打开冰箱门；②关好门窗	冰箱	斯通	冰箱的工作原理；生活常识推理此案

8 初春疑案

事情发生在日本。一个晴朗的日子，一对喜欢徒步旅行的夫妇到京都郊外去采集春天的野菜。当他们走到一个小池塘边上的杂木丛林里时，突然发现地上倒着一个中年妇女，于是惊慌地报告了探长。

看上去这个中年妇女也是来采山野菜的，采到的山野菜都装在塑料袋里。经过初步鉴定，死亡时间为前两三天了，但在尸体上却找不到明显的外伤。

为慎重起见，探长把尸体交给大学医院解剖，医生们通过解剖发现，死者的血液里含有大量的卵磷脂酶。"卵磷脂酶就是蛇毒，这毒液进入身体的血液后，血清中的磷脂便分解成卵磷脂，大量杀死红细胞，以致夺去生命。死者左腿小腿上发现有两处被蛇咬的痕迹，一般蝮蛇习惯于咬长筒袜上方的部位。"医生详细地讲解着。探长想起现场的状况，会意地点着头。

可是，当他跟好朋友福尔摩斯说起此事时，福尔摩斯却发出疑问："什么？蝮蛇！胡说！即使死因是蛇毒所致，也不是在这里被毒蛇咬死的，是巧妙作案的杀人事件。罪犯将蛇毒注射到被害人的体内，再将尸体扔到杂木林里，伪装成被蛇咬的现场。而像被蛇咬的小小的伤痕，一定是用针注射的痕迹。尽管如此，也是个愚蠢的罪犯。"福尔摩斯果断地下了结论。

请问，福尔摩斯是根据什么下结论的呢？

侦查小帮办
★★★★★

主 述	福尔摩斯		事 件	毒蛇伤人
时 间	春天		地 点	郊外

人物及关系	侦查手段	证据及线索	关键点	嫌疑人	侦查方向
福尔摩斯对医生的质疑	医学解剖、逻辑推理	①有蛇咬的痕迹；②春天采野菜	蛇的出现	罪犯	用动物学知识和蛇的生活习性推理

9 狼的野性

中国民间故事及古希腊伊索寓言中有不少狼吃小羊的故事。狼是一种凶残的动物，划为豺狼虎豹一类，它吃羊羔的本性是不会改变的。动物学家在美洲大陆上驯出了一种北美狼，它不吃羊羔，即使把小羊羔放在它的嘴巴底下，它也会远远地回避。你一定感到很惊奇吧，这是怎么一回事呢？原来，科学家给北美狼开了一张羊肉加氯化锂的处方，就是在羊肉中掺进了一种叫氯化锂的化学药品。北美狼吃了这种含有氯化锂的羊肉，在短时期内会患有消化不良及肚子胀痛等疾病，开始时，它们明显地不喜欢这些肉的味道，到后来如果在肉食方面给它们有选择的可能，它们就不吃含有氯化锂的羊肉。这样经过多次驯化，它们就不再掠食羊羔了。

你知道其中的科学道理吗？

侦查小帮办

★★★★★

主 述	科学家		事 件	狼不吃羊
时 间			地 点	美洲大陆

人物及关系	侦查手段	证据及线索	关键点	嫌疑人	侦查方向
科学家制造狼不爱吃的羊肉	实验	①狼回避羊；②吃了就会患病	习惯养成		考虑狼的遗传特点

10 智审间谍

各国都希望在情报方面战胜对手，以利于在整个战争中获取主动。同时，反间谍机构也都在积极活动。一次，法国反间谍机关收审了自称是比利时北部的一位"流浪汉"，他的言谈举止使人怀疑，眼神也不像是农民特有的。由此，法国反间谍军官吉姆斯认定他是德国间谍，可是他没有更有力的证据。吉姆斯决定打开这个缺口。

审讯开始了。吉姆斯提出的第一个问题是："会数数吗？"这个问题很简单，"流浪汉"用法语流利地数数，没有露出一丝破绽，甚至在说法语的人最容易说漏嘴的地方他也能说得很熟练。于是，他被押回小屋去了。过了一会儿，哨兵用德语大声喊："着火了！""流浪汉"仍然无动于衷，仿佛果真听不懂德语，照样睡他的觉。

后来，吉姆斯又找来一位农民，和"流浪汉"谈论起庄稼的事，他谈的居然也颇不外行，有的地方甚至比这位农民更懂行。看来吉姆斯凭外观判断的第一印象是不能成立的了。然而，殊不知，这正是吉姆斯高明之处。第二天，"流浪汉"在被押进审讯室的时候，显得更加沉着、平静。吉姆斯似乎在非常认真地审阅完一份文件，并在上面签字之后，抬起头突然说："好啦，我满意了，你可以走了，你自由了。""流浪汉"长长地松了口气，像放下一个沉重的包袱。他仰起脸，愉快地呼吸着自由的空气，兴奋之情溢于言表。然而，他的表演也就此结束了，经过进一步审讯，他不得不承认自己是一个德国间谍。你知道为什么吗？

侦查小帮办
★★★★★

主述	吉姆斯	事件	智审间谍
时间		地点	反间谍机构

人物及关系	侦查手段	证据及线索	关键点	嫌疑人	侦查方向
吉姆斯对阵流浪汉	盘问、试探、情景再现	①举止与眼神不像农民；②不懂德语，一点破绽没有	吉姆斯最后说的那句话用的语言	流浪汉	从人的戒备心理出发分析案情

27

⑪ 被监禁在哪里

福尔摩斯来到夏威夷度假。这天，他在下榻的宾馆洗澡，足足泡了20分钟后，才拔掉澡盆的塞子，看着盆里的水位下降，在排水口处形成漩涡。漂浮在水面上的两根头发在漩涡里好像钟表的两个指针一样，由左向右旋转着被吸进下水道里。

从浴室出来，他喝了服务员送来的香槟，突然感到一阵头晕，失去了知觉。清醒过来时，他发觉自己被换上了睡衣躺在床上，床铺和房间的样子也完全变样了。床头放着一张纸，上面写着："我们的一个工作人员在贵国被捕，想用你交换。现正在交涉之中，望你耐心等待，不准走出房间。吃的、用的房间内一应俱全。"

福尔摩斯立刻思索起来。最近，本国情报总部的确秘密逮捕了几个敌方的间谍。其中与自己能对等交换的只有两个人，一个是加拿大的，另一个是新西兰的。那么，自己现在是在加拿大呢，还是新西兰呢？房间和浴室一样都没有窗户，温度及湿度是靠空调控制的。他甚至无法分辨白天还是黑夜。

饭后，他走进浴室，泡了好长时间，身体都泡得松软了。他拔掉塞子看着水位下降，此时只见被擦掉的头发有两三根在打着旋儿由右向左逆时针地旋转着被吸进下水道。他突然想到了在夏威夷宾馆里洗澡的情景，情不自禁地咕道："噢，明白了。"

福尔摩斯明白了被监禁在什么地方，证据是什么？

侦查小帮办
★★★★

主 述	福尔摩斯		事 件		交换人质
时 间	度假期间		地 点		未知

人物及关系	侦查手段	证据及线索	关键点	嫌疑人	侦查方向
福尔摩斯分析自己所在国家	现场查看，推理	①夏威夷，水由左向右旋转；②被绑架后，水流由右向左旋转	水旋转的方向在南北半球不同		用地理知识中的地球自转现象分析问题

12 墓石之迷

男爵的遗孀露西女士拜访福尔摩斯，向他谈了一件令人难以置信的事。她说："先夫五年前不幸去世，我为他建造了一座墓。谁知道从那以后，每年冬天，墓石就会移动一些。我很害怕。"说着，她从手提包里取出一张照片给福尔摩斯看。这是男爵的墓地照片。在一块很大的石台上面，放着一块球形的大石头，这个球石就是男爵的坟墓。"由于先夫生前爱玩高尔夫球，所以临终时曾嘱咐要给他造个像高尔夫球那样形状的墓。这张照片就是在墓建成之后拍的。球石正面还雕刻了十字架。现在，这个球石差不多移动了1/4，十字架也一点一点地被埋在下面，都快看不见了。"

"球石仅仅是在冬天移动吗？"福尔摩斯问。"是的。"露西回答道。

福尔摩斯请夫人带他去墓地看看。在一个略微高起的土丘上，墓地朝南而建，四周有高高的铁栅栏围住，闲人不能随便进入。在沉重的四方形石台上面，有一个直径80厘米的用大理石做成的球面，为了不使球面滑落，石台上挖了一个浅浅的坑，把球正好嵌在里面。浅坑里积有少量的水，周围长满苔藓。如果球石的移动是有人开玩笑，用杠杆来移动它，那在墓地和苔藓上该留有一道痕迹，可又一点痕迹也没有。如果有人不用杠杆而用手或身子去推球石，那凭一两个人的力气是根本推不动的。

福尔摩斯摸了一下浅坑里的积水，沉思了片刻以后说："夫人，墓石的移动是一种物理现象，不要害怕。"他说的物理现象是怎么一回事呢？

侦查小帮办
★★★★★

主　述	露西女士		事　件	丈夫的墓自行移动		
时　间	五年以来		地　点	墓地		
人物及关系	侦查手段	证据及线索		关键点	嫌疑人	侦查方向
露西女士求助福尔摩斯解答疑惑	现场查看、推理	①冬天移动明显；②没有人为的痕迹		①冬天移动明显；②没有人为的痕迹		从阳光和冰雪的关系出发，考虑冬季为何有积水

⑬ 盲女的回答

夏天，一位双目失明的少女遭人绑架，匪徒要求其父母拿出5万元来。歹徒收到赎金后就把人放了。盲女除知道对方是一对年轻夫妇外，还向警方提供了如下细节：

"那幢软禁我的房子好像在海边。我被绑在小阁楼里，虽然里面很闷热，但到了夜晚，透过小窗，会吹来阵阵清凉的海风。"据少女所述，警方挨家挨户去搜查在海岸一带的房子。

结果，查出两家嫌疑最大的住宅但却空无一物。据查，这两家都曾住过一对年轻的夫妇，不过阁楼小窗一家朝南，一家朝北。周围的环境是大海在南方，北方是一片小山丘。

于是警长查核了少女被拘禁三天的天气情况，是晴天、无风、闷热的天气。又想到了少女曾说到了晚上，透过小窗会吹来阵阵海风。根据推断，警长正确地查出了盲女被拘禁的房子。你能说出是哪一幢吗？

◆ 侦查小帮办 ◆
★★★★★

主　述	盲女	事　件	被绑架
时　间	夏天	地　点	海边的房子

人物及关系	侦查手段	证据及线索	关键点	嫌疑人	侦查方向
盲女向警长讲述被绑情况	现场查看、推理确认	①白天闷热，夜晚清凉；②海在南方，山丘在北方	晚上有凉风		了解海洋、陆地在白天和夜晚温度变化就可破解此案

⟨14⟩ 蜘蛛网疑团

英国古董商温森特的仓库里放有10只装有珍贵古董的箱子。昨天一早他查看仓库时，发现箱子少了一只，于是立即报警。他对警长说，仓库的钥匙只有他一人有，而且整天贴身挂在脖子上，不可能有人动过。警长查看现场，发现这是个封闭式的小屋，只是在屋顶上开了个小天窗，窗上安装着拇指粗的铁栅栏。虽然铁栅栏已掉了两根，但上面有3只大蜘蛛织满了缝网，说明不会有人从这里钻进去。

警长找到福尔摩斯侦探帮助分析案情。福尔摩斯侦探问："除了温森特本人，还有谁知道仓库里有古董箱子？"警长说："有个叫斯达克的，是温森特的外甥，因为嗜赌，早已被温森特赶出去了。蛛网没破，他也钻不进呀！"福尔摩斯侦探说："如果确实没有第三人知道仓库藏有古董箱，那么，这箱古董就是斯达克偷的。"侦破的结果证实了福尔摩斯侦探的推断。

那么，斯达克是怎样进入仓库的？福尔摩斯侦探又是根据什么断定斯达克是小偷的？

侦查小帮办

★★★★★

主 述	福尔摩斯侦探		事 件	密室盗窃		
时 间	夜晚		地 点	仓库		
人物及关系	侦查手段	证据及线索	关键点	嫌疑人	侦查方向	
警长请教侦探破解案情	现场查看、逻辑推理	①有两根铁栅栏掉了；②可以钻进人	三只大蜘蛛	斯达克	了解蜘蛛织网的速度可以明白案情	

31

⑮ 失火之谜

一天深夜，伦敦一家商店的财会室突然起火。虽经值班会计奋力扑救，仍有部分账簿被大火烧毁。福尔摩斯向浑身湿透的值班会计询问案情。

"前几天，我就发现室内的电线时常爆出火花。今天，我将全部账簿翻了出来，堆在外面，准备另换一个安全的地方，不料电线走火，引燃账簿，酿成火灾。幸亏隔壁就是卫生间，我迅速放水，把火扑灭，才未酿成大祸。""你能肯定是走电失火吗？"福尔摩斯追问。"能。我们这里没有抽烟的，又没有能自燃的其他物品和电器。对了，我刚才进来救火时，还闻到了电线被烧后发出的臭味。""够了！"福尔摩斯呵斥道，"你是因为担心自己的贪污问题暴露而故意纵火的吧？"请问福尔摩斯是如何得出这一结论的？

◆ 侦查小帮办 ◆

主 述	会计		事 件	火灾
时 间	深夜		地 点	财会室

人物及关系	侦查手段	证据及线索	关键点	嫌疑人	侦查方向
福尔摩斯询问救火的会计案情	询问	①电线走火；②电线发出的臭味	放水	会计	物理学知识和生活常识推理此案

⑯ 跑步脱险

第二次世界大战期间，一艘日本潜艇在海滩搁浅，被美国侦察机发现，这就意味着几分钟后会有轰炸机飞来，潜艇将被炸毁。日本潜艇艇员们一时谁也拿不出脱险的办法，一种绝望的气氛笼罩了全艇。

艇长这时也不知如何是好，但他没有慌乱。他让艇员们镇静，但没什么效果，于是他掏出香烟点燃，坐在一边吸了起来。他的这一举动感染了艇员，他们想，艇长现在还抽烟，一定是没什么问题了，于是艇员们镇静了下来。这时，艇长才让大家想脱险的办法。

由于不再慌乱，办法很快就想出来了：大家迈着整齐的步伐在舱内跑步！奇迹出现了，潜艇终于在美国轰炸机到来前，脱离浅滩，潜进了深海。

这样的脱险方法听起来不可思议吧！你知道其中的科学道理吗？

侦查小帮办 ★★★★★

主　述	艇长		事　件	潜艇搁浅
时　间	"二战"时期		地　点	海滩

人物及关系	侦查手段	证据及线索	关键点	嫌疑人	侦查方向
日本人与美国轰炸机	跑步	整齐的步伐跑步	整齐		运用物理学中的知识，想一想共振的道理

17 细毛破案

欧洲某国家博物馆展出了一顶中世纪的皇冠。皇冠上的特大钻石引起了众多参观者的兴趣，博物馆视这顶皇冠为重点保护对象，严加看护。可人算不如天算，皇冠上的宝石还是被盗了。

博物馆的警卫向前来调查此事的侦探福尔摩斯说：报警器没有响，皇冠展橱和馆内所有的门窗都完好无缺。侦探福尔摩斯见皇冠展橱是个精致而坚固的透明罩，在它的基部交接处有一个对位孔，窄小得只能容一只小老鼠通过。忽然，他眼睛一亮——展橱的边沿有一根白色的细毛。

第二天，他让手下在报纸上刊登一则消息："盗窃皇冠钻石的罪犯现已被捕，

正在审讯中。"同时登出了罪犯的相片。半个月后，他以化名在报上登出一则启事："我因不慎将一块瑞士高级金表滑落至25层楼的下水道中，如有高手能不损坏建筑而把表取出来，本人将以金表价值的一半酬谢。"几天后，助手向他汇报："有一个医生模样的人，说他训练了一只灵巧的小白鼠，可以担此重任。"侦探福尔摩斯高兴地叫道："好！马上逮捕他！他就是盗窃钻石的罪犯。"

你知道侦探福尔摩斯的证据是什么吗？罪犯又是如何自投罗网的？

侦查小帮办 ★★★★★

主 述	侦探福尔摩斯		事 件	钻石被盗	
时 间			地 点	博物馆	

人物及关系	侦查手段	证据及线索	关键点	嫌疑人	侦查方向
侦探巧钓盗窃犯	现场查看、欲擒故纵	①白色的细毛；②可容小老鼠通过	白色的细毛	养老鼠的人	用许多小动物可以被驯服的特点来理解此案

18 火

热衷于科学的福尔摩斯把蜡烛吹熄后，掀起窗帘，刺眼的阳光射在桌上凌乱的稿纸上。"啊！今天是星期日。我想应该去教会一趟。"说完，他就去浴室洗脸。这时忽然电话铃声响起，福尔摩斯脸尚未擦干，就立刻跑到桌边听电话，脸上的水珠，还断断续续地往下滴。桌上有一块长20厘米、宽10厘米的玻璃板，被两本书架起了，恰似一座桥梁；而玻璃板下放置了一沓稿纸。

福尔摩斯放下电话筒后，就往教会去了。一个多小时后，福尔摩斯回家走进家门时，忽然，一股烤焦的味道扑鼻而来，只见书桌已被大火烧掉过半，幸好发现及时，他将火扑灭了。

　　事后福尔摩斯深觉奇怪，为何书桌会无故燃烧起来了？于是他仔细观察，想找出引起火灾的蛛丝马迹，结果失望了。最后，清理现场后，他带着无奈的心情去浴室洗净脸上的污秽，突然脑里灵光一闪，明白为何书房会无故起火了。

　　那么福尔摩斯对失火原因有什么发现？

侦查小帮办

★★★★★

主　述	福尔摩斯		事　件	书桌起火		
时　间	离家1小时后		地　点	福尔摩斯家里		
人物及关系	侦查手段	证据及线索		关键点	嫌疑人	侦查方向
福尔摩斯家里着火	现场查看、推理验证	①玻璃板；②水珠；③凌乱的稿纸		刺眼的阳光	福尔摩斯本人	用物理知识和生活常识推理此案

19 疑犯的供词

　　用纸拉门隔开的3个房间里，每个房间的中央都吊有一个电灯泡。中间房间的居住者杰克被怀疑是某事件的嫌疑犯，而那天晚上10点钟声敲响的瞬间，他是否独自一人在家成了揭开事件谜底的关键。杰克说那时自己一个人在家。两边的邻居也都证明说：正好10点的时候看到纸门上有一个人的身影。听了这些话，警长严厉地看着杰克说："你果然是在撒谎。"

　　警长是怎么得出这个结论的？

20 深夜里的昆虫

　　夏季清晨，警察局接到一个中年人的报警，说他发现邻居大维昏迷不醒。侦探福尔摩斯开车赶到了现场，他看见被害人大维是个年轻人。大维的房间在公寓的四楼，房间里没装空调，南北两面的窗户都敞开着使凉风可以吹进来，窗户上也没有安装纱窗。被打的时间大约是在晚上10点至11点之间。现场北面的窗户下有个茶几，上面有一只未加盖的烧杯。

侦探福尔摩斯进一步调查后发现，大维平常暗中给农民放高利贷，村里有人被他的高利贷压得透不过气来。在几个借贷人中间，有两个人最恨大维。一个是20多岁的保罗，另一个是40多岁的福尔曼。据说，这两人在案发当天的中午，曾请求大维延长还债的日期，但遭到了拒绝。

福尔摩斯问保罗："大维是晚上10点左右被人打昏的，那时候你在什么地方？""昨天中午，我去请求他延缓还债的日期，可是被他拒绝了。晚上9点左右，我又去他家找他。结果在他家门口徘徊了一个小时，也没有胆量走进去。""当时大维的房间里亮着灯吗？""灯亮着的。"福尔摩斯又问福尔曼："当天晚上11点左右，你在什么地方？""因为白天我去了大维的家商量延期还债的事，他没有答应我，所以我想求他的伙计帮忙说个情。11点左右，我和他的伙计在大维的厨房里商量这件事。后来我看太晚了，便把事情拜托给伙计，我自己回家了。"

福尔摩斯再次检查了大维的卧室。他看到打开的窗户下，有很多金龟子和蚜虫的尸骸散落在茶几上，尤其在烧杯附近更多。

你知道打昏大维的人是谁了吗？

侦查小帮办

★★★★★

主　述	福尔摩斯		事　件	打人案	
时　间	夏季清晨		地　点	大维的公寓	

人物及关系	侦查手段	证据及线索	关键点	嫌疑人	侦查方向
福尔摩斯调查两个嫌疑人	现场查看、盘问、逻辑分析	①开着窗户，无纱窗；②保罗说屋里开着灯	烧杯附近死去的飞虫	保罗	用动物有趋光性来推理此案

㉑ 伪证

　　某大富翁的独生女儿失踪了，数日后，在郊外一幢别墅中被人发现。"这幢别墅已经两年没人来了。我今天来到这里是想看一下房子准备卖掉，没有想到打开衣橱就发现这个蒙着双眼的女子，当时把我吓得差点昏过去。由于这幢别墅很早没人住，所以我想绑匪大概是在这里藏匿过。"别墅主人这样做证说。

　　但是福尔摩斯在检查衣橱时，偶然发现里面有樟脑丸，立刻严厉地说道："你做的是伪证。你说这里两年没人来过完全是假的，可能这起失踪案和你有关，我们要对你进行调查。"

　　福尔摩斯怎么突然发现别墅主人是在说谎呢？

侦查小帮办
★★★★★

主　述	别墅主人		事　件	失踪女被发现	
时　间	失踪之后数日		地　点	别墅衣橱	

人物及关系	侦查手段	证据及线索	关键点	嫌疑人	侦查方向
福尔摩斯与别墅主人	现场勘查	①两年无人来；②樟脑丸	樟脑丸挥发掉的时间	别墅主人	生活常识和化学知识推理此案

㉒ 伽利略破毒针案

　　意大利著名天文学家和物理学家伽利略有个爱女叫玛丽娅，在离开伽利略住处不远的圣·玛塔依修道院当修女。伽利略常去看望女儿。有一天，玛丽娅给伽利略寄来一封信。信中写道："昨天早晨，修女索菲娅躺在高高的钟楼凉台上死去了。她右眼被一根很细的约5厘米长的毒针刺破。这根带血毒针就落在尸体旁边。有人说，她是自己把毒针拔出后死去的。钟楼下面的大门是上了门的。这大概是索菲娅怕风大把门吹开，在自己进去后关上的。因此，凶犯绝对不可能潜入钟楼。凉台是在钟楼的第

四层，朝南方向，离地面约有15米，下面是条河，离对岸40米。昨晚的风很大，凶犯想从对岸把毒针射来，要正好射中索菲娅的眼睛，是根本不可能的。院长认为索菲娅的死是自杀。可是，极端虔诚的索菲娅，能违背教规用这样奇特的方法自杀吗？"

伽利略看完信，就去修道院看望女儿。

"就是那钟楼。看见凉台了吗？"在修道院的后院，玛丽娅指着钟楼上的凉台说。钟楼的台阶毕竟太陡，他上不去，就在下面对凉台的高度和到对岸的距离进行了目测，并断定凶犯不可能从河那边把毒针射过来。"听人说，她对您的天文学很感兴趣，那天晚上，肯定是上钟楼眺望星星和月亮去了。""有没有他杀的可能？就是说有人对她恨之入骨，非置她于死地不可！""索菲娅家里很有钱，她有个同父异母的兄弟。今年春天，她父亲去世了。索菲娅准备把她应分得的遗产，全部捐献给修道院。可是，那个异母兄弟反对她这样做，还威胁说，要是索菲娅敢这样做，就提出诉讼，停止她的继承权。事情发生的前一天，她弟弟送来一个包裹，可能是很重要或很贵重的东西。今天，在整理她房间的时候，那个小包裹却不见了。会不会凶犯为了偷这个小包裹，而把她杀死呢？"伽利略朝着钟楼下面流过的河水，喃喃自语道："如果把那条河的河底疏浚一下，或许能在那里找到一架望远镜。"

第二天早晨，玛丽娅急匆匆地回到自己家中，果真交给伽利略一架约有47厘米长的望远镜。"这是看门人潜入河底找到的，准是索菲娅的弟弟送来的，因为以前我从未见过她有过望远镜。可是，这和杀人有什么关系呢？"伽利略接过望远镜，仔细地看了看，然后对玛丽娅推断了案发过程。后来，事实证明：索菲娅的弟弟确是这样干的。

你知道伽利略是怎么推断的吗？

侦查小帮办
★★★★★

主 述		伽利略		事 件		修女的意外	
时 间		夜晚		地 点		修道院	

人物及关系	侦查手段	证据及线索	关键点	嫌疑人	侦查方向
伽利略和他女儿	查看物证	①修女喜欢天文；②弟弟邮来望远镜；③眼部中毒针	右眼中毒针	修女的弟弟	望远镜使用方法；用生活常识推理此案

23 被劫持的飞行员

一架水陆两用游览飞机被劫持了，劫机者开枪击坏了发报机，使飞机与地面无法联系，命令驾驶员按他指示的方向往北飞，飞到海面上，那里有一艘潜艇在接应他，他身上带着绝密情报。

劫机者用望远镜观察着海面，发现来得过早了，潜艇还没露出水面，只得命令驾驶员在空中盘旋。驾驶员提高高度，盘旋飞行。此时，突然起风了，平静的海面上掀起了白色巨浪。驾驶员一直在画着三角形的路线盘旋飞行。这时，劫机者见潜艇浮出了水面，便命令驾驶员把飞机降落在潜艇旁边。驾驶员拉下油门杆，减小了动力，飞机开始下降。虽然紧贴海面下降，但驾驶员故意着水失败，从潜艇的头上飞过去，再次抬起机头。潜艇上穿着保护色制服的人正在放橡皮筏。

"喂，你在干什么？快点儿着水！"劫机者气急败坏地喊道。

驾驶员嚷道："这不是直升机，如果不看准风和浪的方向着水，飞机会翻倒的，那时你我只能去喂鲨鱼。外行少插嘴！有插嘴的工夫，赶快去穿上座席下面的救生衣，赶上侧浪是会弄翻飞机的！"让驾驶员这么一吓唬，劫机者赶忙穿上救生衣。驾驶员为争取时间，做大幅度盘旋。这次虽然顺利地浮在水面上，但距潜艇还有200米远时，他就把发动机关了。劫机者见状，就用手枪顶住了驾驶员的后脑勺。

"扣扳机前，你给我好好听着！"驾驶员沉着地反唇相讥。

正在这时，上空有声音传来。一架双引擎的水上飞机正飞速地朝这边飞来。海面上的潜艇扔下橡皮筏慌忙开始下沉。驾驶员紧紧抓住了劫机者的手腕。"为时已晚了，那是海军的水上飞机，是接到我发出的求救信号，赶来救我的。"

没有了发报机，又是在渺无人烟的大海上空，驾驶员是怎样发出了呼救信号呢？

侦查小帮办
★★★★★

主　述	飞机驾驶员	事　件	被劫持
时　间		地　点	海面上

人物及关系	侦查手段	证据及线索	关键点	嫌疑人	侦查方向
驾驶员制服劫机犯	行业用语	①飞机的飞行路线；②降落失败；③距离200米远	三角形飞行路线		用飞行领域特定机体语言分析此案

㉔ 直升机

　　某人乘坐朋友的直升机去一个海岛旅游。但十分钟后，直升机折回机场。直升机驾驶员向警方称，此人竟然在飞行途中自行打开机舱门跳了出去，而他的椅子上则留有一封遗书。遗书说他患了重病，觉得生无可能，所以要了结自己的生命。

　　警长看完遗书后，深思一会儿，又打开直升机座舱看了看，便拘捕了直升机驾驶员。

　　警长发现了什么破绽呢？

侦查小帮办
★★★★★

主　述	直升机驾驶员			事　件	驾驶员朋友跳机疑团	
时　间	飞行的途中			地　点	在空中飞行的直升机上	

人物及关系	侦查手段	证据及线索	关键点	嫌疑人	侦查方向
①驾驶员和他跳机的朋友；②警长和驾驶员	高空飞行常识	椅子上留有一封遗书	自行打开舱门跳了出去	直升机驾驶员	高空气流变化和乘机常识

25 郁金香花开了

某天夜里，罗昌在宴会上盗取了珍贵的项链之后溜了出来。他回到自己的秘密住所，急忙摘掉化装用的假发和胡须，穿上丝绸长袍坐到书房里的沙发上。他刚刚松了一口气，门铃就响了。进来的是著名侦探福尔摩斯，于是罗昌内心警觉起来，但还是做出一副笑脸，热情地把这位不速之客引到书房，在一张桌子旁坐下。桌子上摆着一个插满红色郁金香的花瓶，而郁金香的所有的花瓣都是闭合的。

"罗先生，今晚你在哪儿干什么了？"福尔摩斯开门见山地问道。"我是一直待在家里的。你到来之前，一直是我一个人安静地在书房里看书。你看，就是那本书。"罗昌说着指着桌上扣着的那本书。

福尔摩斯把罗昌递过来的书翻了一下，放在桌上，他突然发现花瓶里插着的郁金香不知什么时候花瓣都张开了。他拔出一枝看了看，又把花插进去，然后肯定地说："罗先生，装也没用，你那套不在作案现场的证明纯属谎言，还是把项链交出来吧。"

名探是如何识破罗昌的谎言的？证据是什么？

侦查小帮办

★★★★★

主 述	福尔摩斯		事 件	项链被盗	
时 间	夜里		地 点	罗昌的住所	

人物及关系	侦查手段	证据及线索	关键点	嫌疑人	侦查方向
名探上门调查罗昌	现场勘查、询问	①进门时，花瓣闭合；②过了一会儿花瓣张开	花瓣	罗昌	运用植物对光线的敏感度推理此案

26 女作家之谜

某夏日的中午，人们发现一位女作家在自家院子里昏倒。她是被利器刺中背部、腹部，倒在草坪上昏过去的。连身边放着的几盆花卉都溅上了血迹。

刑警含糊地将时间推定在12个小时的范围。

福尔摩斯在观察到花盆上溅有血迹后断定说："如此说来，受害时间一定是9日晚8点到12点钟之间。"

这个福尔摩斯观察的是类似仙人掌的植物，茎端开着白兰似的花。此时，花已经完全凋萎了。

问：他是怎么推断出如此准确的作案时间呢？

侦查小帮办
★★★★★

主 述	福尔摩斯			事 件		女作家被刺伤
时 间	8月9日			地 点		女作家院子里

人物及关系	侦查手段	证据及线索	关键点	嫌疑人	侦查方向
福尔摩斯修正刑警的结论	现场勘查、逻辑推理	① 花卉上溅有血迹；② 福尔摩斯的观察	花开的时间	罪犯	运用花卉知识推理此案

27 智斗连环杀手

英国有位妇女，名叫黛娜，她真是位不幸的女人，她接连嫁的两个丈夫都因病去世了。她虽继承了许多遗产，但一个人生活，总觉得很寂寞。不久前，有个叫查理斯的男人向她求婚，她觉得这人不错，就嫁给了他。查理斯搬到她的豪华住宅里来。

一天下午，黛娜帮丈夫收拾房间，意外地发现丈夫抽屉里收藏着一大沓剪报。上面报道一个叫马可的罪犯，专门寻找有钱的女人和她们结婚，然后设法杀害她们并将钱财占为己有。该凶犯如今越狱在逃。黛娜见报上的罪犯照片的描述特征，顿时头晕目眩。原来，这罪犯竟是现在的新婚丈夫——查理斯！

正在这时，查理斯手拿铁锹进了院子。她想：恐怕今天晚上，他要加害我了！她想逃出去，但又怕丈夫怀疑。她就趁他去屋后的时候，拿起电话，给好朋友杰克打了个报警电话。打完电话，她装着若无其事的样子，煮了杯咖啡，没放糖，递给了刚上楼的丈夫。丈夫喝了几口咖啡说："这咖啡为什么不放糖？这么苦！我不喝了，走吧，我们到地窖里去整理一下。"

黛娜知道丈夫要害她了。她明白自己无法逃出去，便灵机一动，说："亲爱的，

你等一下，我要向你忏悔！"她在编造故事，想拖延时间，等朋友杰克的到来。丈夫好奇地问："你忏悔什么？"黛娜沉痛地说："我向你隐瞒了两件事。我第一次结婚后，劝我那有钱的丈夫参加了人寿保险，那时我在一家医院当护士。我假装对丈夫很好，让左邻右舍都知道我是个好妻子。每天晚上，我都亲自为他煮咖啡。有一天晚上，我悄悄地把一种毒药放进咖啡里。不一会儿，他就倒在椅子上，再也爬不起来。我和众人说他是暴病而亡，得了他的5000英镑人寿保险金和他带来的全部财产。第二次，我又是用亲手煮的咖啡加毒药的方法，得了8000英镑的人寿保险金，现在，你是第三个……"黛娜说着，指了指桌上的咖啡杯。

查理斯听到这里，吓得脸色惨白，用手拼命地抠自己的喉咙，一边歇斯底里地尖叫道："咖啡，怪不得咖啡那么苦，原来……"他边吼叫着，边向黛娜扑过去。黛娜一边向后退，一边镇定地说："是的，我在咖啡里下了毒，现在，你毒性已经发作，不过，你喝得不多，还不至于马上死去……"查理斯受不了这沉重的打击，一下子被吓昏了，就在他耷拉下脑袋时，她的好友杰克带着警察赶到了。

黛娜给丈夫喝的咖啡并未下毒，但是查理斯为什么会昏过去了呢？

侦查小帮办

主 述	黛娜		事 件	智斗丈夫	
时 间			地 点	英国	

人物及关系	侦查手段	证据及线索	关键点	嫌疑人	侦查方向
黛娜和他的第三任丈夫	语言交流、情景再现	①照片和剪报证明丈夫是凶手；②铁锹和地窖	第一个丈夫的死法；第二个丈夫的死法	查理斯	从罪犯的心理和人自身的恐惧感推理此案

28 专机安全着陆

匪徒008在位于赤道下面的东南亚K国机场当机械师，工作是给大型客机涂漆修理。

3月6日，K国总统将乘专机出访日本。008要在总统归国前将其暗杀。008将高性能的塑料炸药弄成板状，再按机翼上航徽的形状切好，涂上相同的涂料粘在航徽上。因为机翼有油箱，所以炸弹一爆炸，刹那飞机就会爆炸起火。引爆电源开关装在主起落架的缓冲装置上，一旦着陆时的冲力导致压缩缓冲器，炸弹开关就会启动。开关与机翼的塑料炸弹相连接，用导电涂料代替电线。在导电涂料的周围，为了不使电流漏到机体上，涂了绝缘材料。这样一来，飞机一旦起飞，就无法再着陆了，因为着陆的同时炸弹就会发生爆炸。

当日，专机载着总统直飞日本。专机到达东京的情形，电视台通过卫星作转播。008坐在电视机前等待着自己杰作的结果。电视画面上出现了成田机场，机场正下着雪。不久，专机在纷纷扬扬的雪中出现了。008屏气息声，注视着专机接地的一瞬间。不知为什么，专机滑向跑道平安着陆，静静地停下，没发生任何事情。安装了塑料炸弹的机翼上的航徽清晰地出现在电视屏幕上，飞行中照理是不会因空气摩擦脱落的，可塑料炸弹为什么没有爆炸呢？

侦查小帮办

主 述	匪徒008		事 件		谋杀K国总统
时 间	3月6日		地 点		日本东京成田机场
人物及关系	侦查手段	证据及线索	关键点	嫌疑人	侦查方向
008策划飞机爆炸事件	现场查看、逻辑分析	①万无一失；②机场下着雪	雪		考虑天气因素影响炸弹导电失效

29 实验辨谎

警方最近多次接到海滨度假村客房里盗窃游客贵重物品的报案，并渐渐摸清了这个罪犯的体貌特征，于是请画像专家画了罪犯的模拟像四处张贴，提醒游客注意，发现后及时报告警方查缉。很快，一位宾馆服务员向警方报告，该宾馆新入住的一位客人与模拟像上的犯罪嫌疑人极为相像。

警方与福尔摩斯侦探获讯后迅速赶到该宾馆，在服务员指点下敲开了这位客人的房门。这位客人确实长得和模拟像上的犯罪嫌疑人极其相像，唯一的区别是，客人梳的是大背头，而犯罪嫌疑人则是三七开分头。

当侦探拿着模拟像要求客人随去警局接受调查时，客人立即指出了分头与大背头的区别，并称自己已来海滨休假半月有余，有许多大背头的照片可以做证，只是刚搬了个宾馆而已。说着，客人拿出许多彩色照片，来证明自己一向是梳理大背头发型的。

侦探有些疑惑了，会不会只是长得相像而已？这时，宾馆服务员悄悄地向侦探建议，带客人到美容室做个实验，就能搞清问题。这是个什么实验呢？

侦查小帮办
★★★★★

主　述	宾馆服务员			事　件	抓获犯罪嫌疑人	
时　间	盛夏			地　点	海滨度假村	
人物及关系	侦查手段	证据及线索		关键点	嫌疑人	侦查方向
宾馆服务员、侦探和入住度假村的客人	①罪犯的模拟画像；②去美容室做个实验	①客人与模拟像极为相像；②客人是大背头，罪犯却是三七开的分头		客人主动指出自己与罪犯发型不同	入住度假村的客人	验证客人半个月之前的发型

㉚ 秘书的谎言

冬夜，福尔摩斯接到考古学家卡恩博士的紧急电话，说他借来搞研究的黄金面具被盗，并已派秘书驾车接福尔摩斯去破案。

车到博士的研究室已是深夜11点了，研究室空无一人，秘书上楼去请博士，福尔摩斯在客厅里刚点上烟斗，只听得楼上"啊"的一声，接着是秘书的脚步声和喊声："博士他……"福尔摩斯连忙跑上楼，这是一间研究室兼卧室，博士倒在办公桌旁的地板上。福尔摩斯摸了摸博士的手和脸，还有温度，他无意中接触到博士的衣服，竟然也热。福尔摩斯问："这所房子还住有什么人吗？""没有。不过也许有人来过。"秘书答道。福尔摩斯来到床前，注意到床上有一床没有叠好的电热毯，摸摸也很烫。博士的皮包里有一张出席学术会议的请柬和发言稿。这说明，卡恩博士决不会自杀。

福尔摩斯一切都明白了，他指着秘书厉声道："凶手就是你！盗窃黄金面具的也是你！为了表明博士死时你不在现场，你玩了个不甚高明的花招！"

你能猜出秘书玩了什么花招吗？

侦查小帮办
★★★★★

主 述	福尔摩斯		事 件		博士被害	
时 间	冬夜		地 点		博士的研究所	

人物及关系	侦查手段	证据及线索	关键点	嫌疑人	侦查方向
福尔摩斯识破秘书加害博士的罪行	现场查看、物证	① 衣服发热；② 电热毯很烫；③ 秘书独自上楼请博士下来；④ 博士不会自杀	电热毯很烫、衣服发热	秘书	从电热毯发烫推理此案

31 取情报

英国间谍杰克奉总部之命，潜入某国新建成的导弹发射基地搜集情报，住在离基地不远的山区的一家小旅馆里。经过几次活动，基地的亚当斯上校决定向杰克出卖基地的秘密资料。一天上午，亚当斯和杰克约好，在当天晚上7点，杰克带50万美金到亚当斯那儿去，一手交钱，一手交货。

晚上7点，杰克开车来到了亚当斯上校的住处。杰克按了几下门铃，没有动静，心里有些急了，就用手敲门，门虚掩着，一敲就开了。屋里亮着灯，却没有人。杰克走到里屋一看，惊呆了，只见亚当斯趴在地毯上，正艰难地翻过身来。杰克把他扶到沙发上时，发现他的身下有一块毛巾，一股麻醉剂的气味扑鼻而来。

亚当斯慢慢地睁开了眼睛，对杰克说："一个小时以前，我在看电视的时候，有人按门铃，我以为是你，我说了声请进，门没锁，谁知进来了两个陌生人，我连忙关掉了电视机，他们问我要基地图纸，我说没有，他们就用毛巾捂住我的嘴和鼻子，不一会儿，我就失去了知觉。我把资料都放在沙发下面，你去看看还在不在？"

杰克找了半天没找到，仔细观察了屋里的每个角落，屋内比较整洁；又用手摸了摸电视机的后盖，还有余温，摸完后问亚当斯："您刚才看的就是这台电视机吗？""是的，我就这么一台电视机。"杰克冷笑说："别再演戏了，我希望还是继续和我合作下去，否则后果由您一个人承担，至于什么样的后果，我想不用我多说吧！"亚当斯上校只好交出基地平面图。

杰克是怎么识破亚当斯的谎言的？

侦查小帮办

主 述	亚当斯	事 件	逼迫间谍就范
时 间	晚上7点	地 点	亚当斯上校的住处

人物及关系	侦查手段	证据及线索	关键点	嫌疑人	侦查方向
杰克识破亚当斯的谎言	现场查看、物证	①屋内比较整洁；②电视后盖有余温；③一个小时以前	语言中的破绽	亚当斯	用生活常识推理此案

32 可疑的花匠

夏天的中午，虽然天气很热，但广场上还是人来人往，十分热闹。突然，人群中传来女人的尖叫，原来有人抢走了她的挎包，并飞快地逃走了。附近的巡警闻讯赶来，可是广场上的人实在太多了，那个抢匪早已消失在人群中。福尔摩斯正巧从广场经过，听到动静也赶了过来。他观察了一下周围的环境，指着正在花坛里浇花的花匠对警察说："抓住他，他就是嫌疑犯。"你知道福尔摩斯是怎么认出那个抢匪的吗？

33 毛玻璃"透视"案

某公司有三间连在一起的办公室，间隔它们的两扇门上都是毛玻璃，就是那种一面光滑一面粗糙、让人无法透视的玻璃，这两扇门平时都是锁着的。中间的一间办公室是财务室。一天，出纳在上厕所回来后，发现保险柜中的现金少了一部分。原来，粗心的出纳虽然锁上了保险柜，却忘记了拔掉钥匙。

警方接到报案后，很快就将嫌疑犯锁定为旁边两间办公室的人。警长仔细地观察了两块毛玻璃，发现左边办公室的毛玻璃的光滑面不在财务室这一面，而右边的光滑面则在财务室的这一面。警长马上判断出是右侧办公室的人作的案。警长的根据是什么？

侦查小帮办

主 述	警长		事 件	现金被盗
时 间	上班时间		地 点	财务办公室

人物及关系	侦查手段	证据及线索	关键点	嫌疑人	侦查方向
出纳和他的同事	现场查看	①毛玻璃；②毛玻璃的不同安装方式	光滑面在哪一边	右侧的同事	毛玻璃的特性，用生活常识和物理知识推理

34 船长识贼

英国货船"伊丽莎白"号，首次远航日本。清晨，货船进入日本领海，船长大卫刚起床便去布置进港事宜，将一枚钻石戒指遗忘在船长室里。15分钟以后，他回到船长室时，发现那枚戒指不见了。船长立即把当时正在值班的大副、水手、旗手和厨师找来盘问，然而这几名船员都否认进过船长室。各人都声称自己当时不在现场。

大副："我因为摔坏了眼镜，回到房间里去换了一副，当时我肯定在自己的房间里。"水手："当时我正忙着打捞救生圈。"旗手："我把旗挂倒了，当时我正在把旗子重新挂好。"厨师："当时我正修理电冰箱。""难道戒指飞了？"平时便爱好侦探故事的大卫根据他们各自的陈述和相互做证的情况，略一思索，便找出了说谎者。事实证明，这个说谎者就是罪犯。你能猜出谁是罪犯吗？

侦查小帮办

主 述	船长大卫		事 件	戒指丢失了
时 间	离开的15分钟		地 点	船长室

人物及关系	侦查手段	证据及线索	关键点	嫌疑人	侦查方向
船长和他的船员	询问、推理确认	四个人的话	挂倒了	旗手	国旗的图案；用地理知识和书本知识判断

35 偷牛疑案

有一天，牧场主彼得向警局报案，说是有两头小牛被偷。警局派出人马到处寻找，一直无法找到。过了一年，有个警察在巡逻时，发现一名男子行为可疑。经过审问得知，这男子叫亨利，有偷牛的嫌疑。搜查他的牧场，发现有六头牛，都是大牛，但牛身上没烙印，颜色也差不多。警局请彼得来认牛，彼得赶到后，向警方提供了证据，证明其中有两头就是自己被偷的牛。

你知道彼得提供的证据是什么吗？

第二章
实践思维

第一节　概要

　　以生活常识作为判断依据的探案游戏，训练的是实践思维。实践思维是指围绕实践过程以思考和解决实践问题或现实问题为直接目的的理性思维。任何一种思维活动，都要付诸实践才能知道其效果，思维活动和实践活动是相互作用、相辅相成的。俗话说："处处留心皆学问。"许多人即使没有太显著的教育背景也能取得成功，就是因为他们明白一个道理：生活是最好的老师。包括包公、福尔摩斯在内的许多探案专家，除去他们身上的那层神秘的面纱，其实就是一个生活中的有心人。

　　很多人被探案游戏惊险的故事、曲折的情节、惊人的结局所吸引，却往往忽视游戏中蕴含的思维科学精髓。破解一个疑案的思维过程，涉及思维科学的许多方面。很多时候，破解疑案并不是什么高不可攀的事情，很多生活常识就是破案的线索和根据。

第二节　如何在探案过程中应用实践思维

用生活经验破案

　　根据生活经验施计用于破案，在古代就有诸多的记载。西汉宣帝时，一户富人家，妯娌两人都怀了孕。嫂嫂产后子亡，而与此同时弟媳生下一个儿子。嫂嫂急于得子，便强占了弟媳的儿子说是自己的儿子，从而引起争端。诉到官府，缠讼三年，州郡无法判断。当时黄霸担任丞相，听到此案，便亲自审理。他让衙役抱着小儿，离妯娌两人各十步远，然后命两人都去抢取。嫂子急忙上前，一把抢过孩子，紧紧抱住，小孩大哭不止。弟媳害怕抢伤孩子，不敢动手，眼看着让嫂嫂抢去，但心中悲怆，面色凄惨。黄霸看在眼里，当即判断："这是弟弟的儿子。"并对嫂子严加责问，迫使嫂子不得不承认了强占弟弟儿子的罪行。

这个案例，黄霸让妯娌俩用抢的办法确认孩子的归属，表面看来似乎谁抢到就是谁的，其实，他是用血亲之间感情上的真挚关系来甄别真假母亲。抢，只是个迷魂阵。因为在争夺孩子的过程中，最容易看出谁是真正的母亲。

采用经验定律

经验定律就是指一种通过人们的经验归纳的定律，表示某种或某类事物的运动规则。即当一定条件得到满足时，人们可以期待发生或不发生某种结果的规律。在这个意义上讲，可以说人们关于一切事物运动规律的认识都属于经验。经验定律的假说总是在一定理论的指导之下，依据大量的观察事实材料，相互地应用比较、分析、综合和概括等方法建立起来的。例如：水往低处流、射出的炮弹着地、树上苹果和树叶落地……这些事实意味着地球有某种引力吸引着它们。非洲西部的海岸线和南美洲东部的海岸线彼此正好可以拼合；北美洲与欧洲也可以拼合；印度、澳大利亚、南极洲也可以拼合。因此，可以设想几块大陆是原始大陆破裂后，由于某种力漂移而形成。这就是"万有引力定律"和"大陆漂移说"出现初期的一种经验假说形态。这类假说是在经验定律假说基础上产生的，它要回答的问题不是关于现象之间的某种可观察到的联系有无普遍性，而是关于"形成联系的原因是什么"这样一个更为根本性的理论和原理。当这个问题以假说形式出现，它就是比经验定律更高一个层次的抽象理论，这类假说特点都是以抽象的理论解释为对象。科学研究如此，侦破工作也是异曲同工。

第三节 经典案例展现

1 福尔摩斯审瓜

有个俊俏的妇人抱着孩子走路，路过财主的瓜地。财主的少爷看见了她，起了坏心，叫家丁赶快去摘三个大西瓜。

少爷拦住妇人，一口咬定她偷了三个大西瓜，妇人不承认。少爷指着西瓜说："人证物证俱在，你要么赔西瓜，要么到我家当佣人。"妇人同他讲理，少爷扯住她正要胡闹，恰好福尔摩斯经过这里。

少爷说他亲眼看见她抱着西瓜走，家丁可以做证。妇人把经过说了一遍，福尔摩斯心里明白了。他看着西瓜，想出个主意。福尔摩斯问少爷："她是怎么偷的，你能学着做个样子吗？"少爷傻了眼，只好认罪。

侦查小帮办
☆☆☆☆☆

主 述	福尔摩斯		事 件	冤枉妇人偷瓜	
时 间			地 点	瓜地附近的路上	
人物及关系	侦查手段	证据及线索	关键点	嫌疑人	侦查方向
福尔摩斯智破财主少爷冤枉妇人的案子	现场验证、推理分析	①抱着孩子；②偷三个西瓜	学着做个样子	财主少爷	实际想象一下即可侦破此案

53

② 谁偷了文件

某公司保卫科保密柜中的77118号机密文件被人偷了，保密员A立刻向安全局报案。安全局工作人员E接到报告后，立刻赶来调查此事。

失窃机密文件一事只有保密员A一人知道，E嘱咐A不要声张，经过调查和分析，推断可能是内部人员作案。E让A找来了知道保密柜号码的其他三个人。

"因为发生了一点事情，所以我想请你们说明昨天下班之后的行踪。"E对三人说。

"我在5点钟和朋友一起去吃饭，9点多我们分手回家。总务科的小石一直和我在一起。"孙林很坦然地说。

"我直接回家，走到半路才发现忘拿手提包了，于是又回来一趟，当时老王还没有回家。今天我因家里有事，打电话请了假。关于77118号文件失窃之事，我一点儿都不知道。"刘杰神色自若地说。

他们三人刚说完，E忽然指着其中一人说：

"就是你偷的！"

究竟谁是窃犯呢？

③ 画贼

一天，有一个人闯入毕加索家行窃。当小偷拿到东西跑走的时候，被毕加索的女管家看见了，她随手抓起铅笔和纸，把小偷的形象画了下来。正好这时毕加索在阳台上休息，看见跑出去的小偷，也顺手把小偷的样子画了下来。画家与女管家一同去警察局报案，并交上他们的速写画。照女管家画的形象，小偷很快就被抓到了。按照毕加索的画去抓人，竟有不少人被带到警察局。你知道为什么吗？

4 钥匙的藏处

福尔摩斯接到委托查案，铃木家里没人时，现款和金银首饰被洗劫一空。看起来盗贼是从大门登堂入室的，但门上着锁，也无被撬的痕迹。实际上，失主铃木家的房门钥匙并非是随带在身上，而是藏在房门前一个外人不易找到的地方。"藏在什么地方了呢？"福尔摩斯问道。"在受过训练的看门狗的脖圈中。"

可听了失主的话后，福尔摩斯便觉得罪犯就是失主家里的人。你知道为什么吗？

侦查小帮办 ★★★★★

主 述	铃木		事 件	珠宝失窃案	
时 间	家里没人时		地 点	铃木家里	

人物及关系	侦查手段	证据及线索	关键点	嫌疑人	侦查方向
福尔摩斯发现失主被盗的重要线索	现场查看、询问	① 狗的脖圈里；② 外人不易找到	无被撬的痕迹	内鬼	从失主的话里推理此案

5 L尺寸

一位推销员独自前往刚果东部的阿尔帕湖泊村落叫卖衣物。结果，L和M尺寸的衣物一件也没有卖出去，只有小号S被抢购一空。

这个村里所住的居民，大人也不少，你知道为什么会有这种情况吗？

6 福尔摩斯断鸡蛋

柯南想找个机会试试福尔摩斯的才能。一天早晨，福尔摩斯去拜访柯南。柯南想借此机会当面试试福尔摩斯的才能，于是让仆人玛丽把给他备好的早餐——两个鸡蛋吃了。

柯南见到福尔摩斯后寒暄了几句，便说："舍下刚发生一桩不体面的事，想请福尔摩斯协助办理一下。每天早上，我用三个鸡蛋做早点。今日，刚吃了一个，因闹肚子，上厕所一趟，回来时那剩下的两个蛋竟不见了。此事虽小，不过家里怎能容有这样手脚不干净的人？"福尔摩斯点点头，问道："时间多长？""不长。头尾半顿饭的时间。""这段时间内，家里有没有外人来了又的？""没有。""您问了家里众人吗？""问了，他们都说未见。你说怪不？"

福尔摩斯思索片刻，走出内室，来到中堂，吩咐说家里大小众人，全部集中，一厢站立。然后让随从把一碗水和一只盘子拿来。福尔摩斯让随从把盘子放在屋中间。然后说："每人喝口水，在嘴里激漱吐到盘子里，不准把水咽下肚。"

头一个人喝口水，漱漱吐到盘子里。福尔摩斯瞅瞅盘子里的水，未吱声，又让第二个人把水吐到盘里。福尔摩斯又瞧瞧，又未吱声。轮到第三人，正是玛丽，她拒绝喝水漱口，福尔摩斯离了座位，指着她说："嘿嘿，鸡蛋是你吃的。"然后对柯南解释了一番，说得柯南点头称是。不料福尔摩斯严肃地说："玛丽只是被人捉弄，主犯不是她。"柯南笑着连连点头，转脸对众人说："这事是我要玛丽做的，为的是试试福尔摩斯怎样断案。福尔摩斯料事如神，真是有才有智。你们回去，各干各的吧！"这时，玛丽脸上才现出笑容，和大家一道散去。

福尔摩斯根据什么断定鸡蛋是柯南让玛丽吃的呢？

侦查小帮办

★★★★★

主　述		柯南		事　件		仆人偷吃鸡蛋		
时　间		早晨		地　点		柯南家中		

人物及关系	侦查手段	证据及线索	关键点	嫌疑人	侦查方向
福尔摩斯为柯南查出偷吃鸡蛋的仆人	现场查看、漱口	①玛丽拒绝漱口；②玛丽脸上现出笑容	哪个仆人敢偷吃柯南的早餐	玛丽、柯南	用心理学分析此案，找出幕后真正的主使人

7 纰漏

著名侦探福尔摩斯出了个案例：我有个案子，被人动过手脚，看起来像是自杀。劳伦的尸体于晚上8时在公园的一张椅子上被人发现，一颗子弹穿过他的左鬓角。他的右臂自一月前的一次意外事故之后，从指尖到肘部都裹上了石膏。尸体被发现时，这只骨折的手臂摆在膝盖上，左手握着一把手枪。我判断凶案大约是发生在晚上7时，我从死者口袋中的东西，推断他是在浴室中被谋杀的，然后移尸到公园。我看出劳伦的衣服是他断气之后才穿上的，所以他断气时必定没有穿衣服，应该是在洗澡时被杀的。他浴室里的血迹，证明了我的推断。你一定会问他口袋中什么东西证明他是被谋杀，而不是自杀？他的左裤袋里有4张1元的纸币折在一起，还有5角2分硬币；他的右裤袋里有一条纸巾和一个打火机。你能看出凶手出了什么纰漏吗？

8 借据丢失后

伊朗有个叫阿桑的人，颇有积蓄，为人厚道，乐于助人。一天，有一个服装商人加伊前来拜访阿桑，阿桑热情接待，加伊愁眉苦脸地说："唉，有了现成生意，却缺本钱。"阿桑关心地问道："缺多少钱？"加伊开口要借2000金币。阿桑慷慨答应。一张借据，一顿千恩万谢，阿桑便满足了。

可过了几天，妻子问起借钱的事，要看借据，阿桑找遍房间也没找到。妻子提醒阿桑："没了借据，小心将来加伊把钱全部赖光。"阿桑心里也着急了。于是阿桑去找好友纳斯列丁想办法。纳斯列丁问："借钱时有没有别人？"阿桑摇摇头。纳斯列丁又问："借钱的期限多久？"阿桑伸出一个食指："一年。"纳斯列丁略一思忖，就说："有办法了，你马上写封信给商人，催他尽快归还你的2500金币。"阿桑说："我只借给他2000金币呀！"纳斯列丁笑道："你就这样写好了，你手头就会有证据了。"

阿桑照办，果然不出纳斯列丁所料，阿桑因此重又得到了借款的证据。你知道为什么吗？

侦查小帮办
★★★★

主　述	阿桑		事　件	重获借据
时　间	几天后		地　点	阿桑家中

人物及关系	侦查手段	证据及线索	关键点	嫌疑人	侦查方向
纳斯列丁为朋友阿桑巧妙获得借据	物证、夸大借款数	①数额不符；②加伊的回信	加伊的辩解		从人被冤枉的心理因素推理此案

9 糊涂的警员

一名生意失败的商人，7月的一天被发现昏死在家中，原因是头部受击。

警方到现场调查，商人躺在床上，身上及双手都盖着被单。离床不远处，有一支铁锤摆放在地上，经过警方详细检验后，证实与商人的伤口相吻合。

最后，警方判定商人是因生意失败，喝酒后误伤自己。翌日，报纸刊登了这条新闻，私家侦探福尔摩斯看到后，立刻对助手说："哼！这明明是一宗谋杀未遂案，那些警员们真是糊涂透顶了。"助手听罢，脸上充满疑惑和不信的神色。福尔摩斯看见助手的模样，笑着说出了为何判断该宗案件不是自伤案。

究竟他是凭什么做出如此判断呢？

侦查小帮办
★★★★★

主 述	侦探福尔摩斯		事 件		自伤案件	
时 间	7月的一天		地 点		商人家中	
人物及关系	侦查手段	证据及线索		关键点	嫌疑人	侦查方向
福尔摩斯向助手证明警察所犯的错误	现场查看、逻辑推理	①倒在床上；②头部受伤；③盖着被单		身上和双手盖着被单	罪犯	运用情景再现的方式推理一下此案

⑩ 琳达的马脚

福尔摩斯正在寓所用餐，只见琳达小姐尖叫着"救命"闯了进来，上气不接下气地叫道："太可怕了……小偷盗走了我的毕加索名画……吓死我了……"她头发湿漉漉的，毛巾浴衣下双踝还淌着水珠。福尔摩斯来到她的浴室看着，听她详细叙述着。琳达说，刚才她在浴室里淋热水浴，门窗都是紧紧关着的，当她洗完澡穿上浴衣，门突然被猛力撞开，她从镜子里看见一张肥大、通红、粗糙的脸，咧开大嘴对她阴笑。她以为强盗要杀自己，可那家伙却反身"砰"地关上门走了。她从浴室回到客厅，发现一幅毕加索的名画不见了。

福尔摩斯是位经验丰富的侦探，他听罢琳达小姐的叙述，认定她报的是假案，便一言未发地走了。你能猜出琳达何处露了马脚吗？

侦查小帮办
★★★★★

主 述	琳达		事 件	监守自盗		
时 间	洗浴时		地 点	琳达的浴室		

人物及关系	侦查手段	证据及线索	关键点	嫌疑人	侦查方向
福尔摩斯识破琳达的诡计	现场查看、推理分析	①浴室的门窗紧关；②镜子里看到强盗	洗澡时浴室里水汽很大	琳达	运用洗澡时的生活常识分析此案

⑪ 没有双臂的特工

　　34岁的尼古斯一出生就没有双臂，他从青少年时期就爱读侦探小说，爱看警匪片，很早便立志要成为一名侦探。他曾对自己密友说："我不敢把志向告诉别人，因为恐遭嘲笑，但我渐渐明白有志者事竟成，关键是靠自己努力。"经过长时间的苦练，尼古斯的脚趾练得像手指一样灵活，能翻阅文件、操作电脑、扣衣服纽扣、吃饭。

　　尼古斯从电脑学院毕业后，多次找工作，都因为是残疾人，很难找到职业，但他不灰心，终于在1979年考进美国内务部。凭着卓越的工作表现，他很快成为最杰出的十位伤残公务员之一。1981年他申请调职，进入联邦调查局工作，他以冷静的头脑和锲而不舍的精神，在洛杉矶屡破大案，深受上司重用。最近又参与了轰动全国的国防部贪污案调查工作。他的上司利根说："尼古斯是我们队伍中的精英，他的工作无懈可击。"

　　一天，尼古斯和同事一道去破一件窃密案，到现场后，罪犯已经开车逃跑。尼古斯尾随追捕罪犯，在半路下车步行侦查，他的同事开车向右拐去。躲在路旁的罪犯看尼古斯没有双臂，就毫不在乎地下了车。突然，尼古斯只身钻进罪犯的车子，这辆车被启动向右方拐去。不一会儿，尼古斯的同事赶来，罪犯束手就擒。

　　尼古斯没有双臂，车辆怎么能启动开走呢？

侦查小帮办
★★★★★

主 述	尼古斯		事 件		开车
时 间	抓捕罪犯时		地 点		街上

人物及关系	侦查手段	证据及线索	关键点	嫌疑人	侦查方向
尼古斯开走罪犯的汽车	分析尼古斯的个人能力	①脚趾灵活；②工作上无懈可击	苦练		许多无双臂的人练就了另一项本领

⟨12⟩ 来过的痕迹

　　杂货店老板汤姆是个见利忘义、财迷心窍的家伙。他除了以次充好、坑骗顾客、赚取昧心钱外，还大放高利贷，乘人之危，牟取暴利。不过，别人借他的债忘不掉，他借别人的债总想赖。有一天半夜，海关大楼上的钟声敲响了11下。汤姆盘完当天的账，正准备上床睡觉，突然传来一阵急促的门铃声。他开门一看，原来是被他赖过债的杰米又找上门来了。

　　"你什么时候把钱还我？告诉你，明天再不还我的钱，我就到法院告你，让你倾家荡产！"杰米不由勃然大怒。汤姆安抚杰米进屋，趁他不注意在咖啡里下了迷药，之后慌忙用汽车把杰米运到郊外。回到家后，他又彻彻底底地把屋子里里外外清扫一遍，甚至连门把手都擦干净了，觉得一点可疑的痕迹都没留下，才停下手来。

　　第二天一早，汤姆还没有起床，就听到杂乱的敲门声。他胡乱地穿起衣服，出来开门，用惺忪的睡眼看着门外人，不由大吃一惊，门外站的竟是著名大侦探福尔摩斯。他尽量稳住气，装出一副莫名其妙的样子，问道："你们找我有什么事吗？"福尔摩斯说："今天凌晨，警察局在城郊发现了昏迷的杰米。根据他记事本上留下的地址，我们知道你们认识。昨晚他来过你这儿吗？"汤姆耸了耸肩，矢口否认道："我们快半年没见过面了！"仍然站在门外的福尔摩斯意味深长地笑着说："别说谎了，杰米昨晚来过的痕迹还留在这儿呢！"说着，顺手一指。汤姆随着福尔摩斯的手一看，大惊失色，颓丧地低下了头。真是一着不慎，全盘皆输。

侦查小帮办

主 述	侦探福尔摩斯			事 件		下药案	
时 间	晚11点			地 点		汤姆家里	
人物及关系	侦查手段	证据及线索		关键点	嫌疑人	侦查方向	
汤姆迷昏债主杰米	现场查看、物证	①记事本；②里里外外清扫；③杂乱的敲门声		急促的门铃	汤姆	从杰米登门时的动作来推理他留下的痕迹	

13 银碗中的头像

一家银店遭窃，营业员指控某人是作案者："银店刚开门，他闯进来了，当时我正背对着门。他命令我不准转过身来，并且我觉得有支枪管抵在我的背上。他叫我把壁橱内陈列的所有银器都递给他，我猜想他把银器装进了提包。当他逃出店门时，我看见他提着包儿。"

福尔摩斯问："这么说，你一直是背对着他，逃出店门时他又背对着你，你怎么认出他的？"

营业员说："我看见了他的影像。我们的银器总是擦得非常亮，在我递给他一个大水果碗时，我看到他映在碗中的头像。"

福尔摩斯怒喝道："不要再演戏了，快把偷走的银器送回来，或许能减轻对你的惩处。"

福尔摩斯为什么断定营业员是窃贼？

侦查小帮办
★★★★

主　述	营业员		事　件	监守自盗
时　间	刚营业开门时		地　点	银店内

人物及关系	侦查手段	证据及线索	关键点	嫌疑人	侦查方向
福尔摩斯识破营业员的谎言	询问	看到碗中的头像	银碗的形状	营业员	用物理学上的知识推理此案

14 宝石藏在哪儿

　　夏季的一天，窃贼乔装改扮，混进珠宝拍卖会场，盗出两颗大钻石。一回到家，他马上将钻石放在水里做成冰块放在了冰箱里。因钻石是透明无色的，所以藏到冰块里，万一有警察来搜查也不易被发现。

　　第二天，福尔摩斯来了。"还是把你偷来的钻石交出来吧。珠宝拍卖现场的闭路电视已将化装后的你偷盗时的情景拍了下来，虽然警察没看出是你化的装，但你瞒不了我的眼睛，一看就知道是你。"福尔摩斯说。"如果你怀疑是我干的，就在我的家搜好了，直到你满意为止。"窃贼若无其事地说。"今天真热呀，来杯冰镇可乐怎么样？"

　　窃贼说着从冰箱里拿出冰块，每个杯子放了4块，再倒上可乐，递给福尔摩斯一杯。将藏有钻石的冰块放到了自己的杯子里，即使冰块化了，钻石露出来，在喝了半杯的可乐下面是看不出来的，福尔摩斯怎么会想到在他眼前喝的可乐中会藏有钻石呢，窃贼暗自盘算着。

　　"那么，我就不客气了。"福尔摩斯接过杯子喝了一口，下意识地看了一眼窃贼的杯子。"对不起，能换一下杯子吗？" "怎么！难道怀疑我往你的杯子里投毒了吗？" "不，不是毒。我想尝尝放了钻石的可乐是什么味道。"福尔摩斯一下子从窃贼手里夺过杯子。

　　冰块还没融化，那么福尔摩斯是怎么看穿窃贼的可乐杯子里藏有钻石的呢？

主 述	福尔摩斯		事 件	追捕窃贼	
时 间	案发第二天		地 点	窃贼家中	

人物及关系	侦查手段	证据及线索	关键点	嫌疑人	侦查方向
福尔摩斯识破窃贼的手法	现场查看、询问、物证	①闭路电视拍下的画面；②装冰块的可乐杯	可乐杯子的样子	窃贼	想象一下冰块在两个人杯里的不同

15 智挑蒙眼赛选手

每逢春节，彦一的村上和邻近的村子都要进行相扑和大力比赛。相扑是日本的一种传统的体育活动，类似各国流行的摔跤比赛。大力比赛，则是比力气，类似各国流行的举重比赛。前两年相扑是彦一的村子占优，而大力比赛则是邻村夺冠。两年来，两个村子打了个平手，以至于无法颁奖。今年的比赛又要开始了，按两个村里的实力预测，还是可能平分秋色，各有一项获胜，这该如何来分胜负呢？在节日的欢庆活动开始前，彦一提出了一个主张："今年我们应该增添一项比赛的内容，以一决胜负。"大家问道："增加一个什么样的比赛项目呢？"彦一胸有成竹地说："来一个蒙眼比赛，即各村出一名选手，用黑布把眼睛蒙起来，就在神社前从台上走下来，围着旗杆转三圈，然后再走上台阶。谁先到达，谁就是胜者。""好，这个办法新鲜，既好玩，又好看。"两个村的村民都赞成这项比赛。

比赛开始，果然不出所料，彦一的村子相扑占了上风，邻村在"大力比赛"上领先，又打了个平手，现在就要以新增加的"蒙眼比赛"进行决赛了。邻村选派出来的选手是个手脚麻利的精干小伙子。他把眼睛蒙上后显出一副跃跃欲试的神态，一副稳操胜券的样子；而彦一村上选派出来的选手是一个老态龙钟的干巴老头。他哆哆嗦嗦，手脚不便，神态麻木，不免相形见绌。没有比赛，高低已分。一声令下，蒙眼比赛开始了，邻村的小伙子"咚咚咚"地大步流星跨下了台阶，由于走得匆忙，在阶下摔了一个跟斗，但他矫捷无比，勇不可当，摔得快起得也快，围着旗杆转开了圈子，第一圈还好，第二圈撞了一下，第三圈时偏离了方向，再向台阶跑去时，却越走越远了。同时出发的彦一村里的干巴老头，行动蹒跚，一步一停，但从不碰到什么东西，也不摔跤，更不搞错方向，虽慢但走得正，结果却先跑上台阶。

彦一的村子获胜了，得到了三年竞赛的奖品。但是不少人还是有疑问：彦一挑选这个干巴老头怎么能保证获胜呢？你知道吗？

16 开枪难题

一天，华生医生和福尔摩斯在居室闲坐喝茶。华生自信自己也有较强的观察分析能力，决定出一个难题试试福尔摩斯，于是笑着说道："福尔摩斯先生，我这儿有一个难题想请教一下您，行吗？"福尔摩斯转过头说："行啊！你说说看。"

华生喝了一口茶，开始出题："在坎布连山区，有两座有名的高山，中间相隔大约500多米。一天，两个残疾人在一个正常人的带领下前来登山。两个残疾人中一个是瞎子，一个是聋子。3人在傍晚时分攀登到了一座山的顶峰。随后，面向对面的山峰停下来休息。那个正常人因为太疲倦，一坐下来就睡着了，而那两个残疾人还精神蛮好地坐着。夜已经很静了，突然对面山上有人向这边放了一枪，瞎子马上听见了"砰"的枪声；聋子也立刻看到了枪口上的火光，而睡着的人也在当时发觉了放枪，因为子弹刚好擦着他的耳根飞过。当后来警察来调查时，3人都夸耀自己感觉最敏锐，都说是自己最先发觉有人开枪。福尔摩斯先生，您能告诉我他们三人中谁是最先发觉有人开枪的吗？"

福尔摩斯不等华生医生话音落地，立即说出了准确的答案。

请你说说，谁最先发觉有人开枪的呢？

17 日式住宅之谜

　　在日本北海道的一天夜里，一个偏远小村庄尽头一间古老的农舍里发生了一起抢劫案。那是一间有6个榻榻米大的房子，一个独居的男子被人用绳子绑了起来，并蒙住了双眼，晕迷过去，家中财宝被偷一空，直到第二天早晨才被人发现。

当地农民向警方报了案，警方派了对当地情况非常了解的警探小野前去破案。小野来到小村庄，对农舍进行了仔细搜查，可令人不可思议的是农舍的门、窗都从里面锁起来的，而且木板套窗也钉死了，就是说，这个房子从内部密封完好。

　　那么凶手在作案后，如何从这间房子逃走的呢？

侦查小帮办
★★★★★

主　述	警探小野		事　件	密室抢劫		
时　间	夜里		地　点	农舍里		
人物及关系	侦查手段	证据及线索	关键点	嫌疑人	侦查方向	
一男子被凶手捆绑抢劫	实地考察	①古老的农舍；②内部密封完好	日本榻榻米的制作方法	劫匪	考虑榻榻米的特点	

18 石子的提示

　　一条考察船驶到了南极，在无边无际的冰海上找不到陆地。正在发愁时，捉到了一只企鹅，宰杀时发现嗉囊里有一块石子，考察队员高兴地喊了起来："找到陆地了。"为什么说找到陆地了？

19 雪地足迹

　　私人侦探团五郎来到K岛的旅馆度假。今年因受异常寒流的袭击，气温骤然下降，早晚异常寒冷，甚至到了零下。就在这寒冷的一天晌午过后，画家千枝子打来电话，称外出旅行写生两天回家后，发现家中被盗。"没丢什么大不了的东西，服饰品的宝石全是仿制品，照相机也是便宜货……可我是个单身呀，如果连内衣也都给盗走了，想起来心里真有些发寒啊！"电话里传来了焦急的声音。

　　千枝子的别墅坐落在环湖半周的杂木林中。团侦探到达时，她正焦急地等在门口。"这儿，留有罪犯的脚印。"她边说边将团侦探领到东侧的院子里。时间已是太阳偏西了，院子被别墅的阴影遮住，地面非常潮湿，因此罪犯的脚印清晰可见。这是一个鞋底为锯齿花纹的高腰胶鞋的脚印。罪犯就是由此进来，打碎厨房的玻璃门溜进室内的。团侦探看过之后，用画室里的电话向警方报了案，然后便回旅馆去了。

　　就在当天晚上，警察署长给旅馆打来电话，告诉团侦探已找到了两名嫌疑犯，一个叫黑木和也，昨天夜里11点钟，巡逻警察曾见他在现场附近徘徊。另一个叫小村明彦，今天上午11点30分前后，同样是在现场附近，附近别墅的管理员发现此人形迹可疑。

　　"这两个人被人看见时，都穿着高腰胶鞋吗？"团侦探问署长。"不，具体的我还没有核实，但搜查过他们的住宅，并没有发现胶鞋。大概是怕被当作证据而处理掉了。虽然尚未发现被盗的物品，但两人都是专门在别墅溜门撬锁的惯盗，所以只要扣他们一个晚上审查一番，是罪犯的那一个就会受不了招供的。""黑木和也从今晨天不亮到中午过后这段时间有不在现场的证明吗？""黑木和也从深夜1点到中午过后这段时间确实有不在现场的证明。他在朋友家里打了一通宵的麻将，早晨8点左右同朋友一块儿上的班。在这以前有人看见他在现场附近出现过，所以他的不在现场的证明是没有任何意义的。""可这两个人之中，哪个是真正的罪犯，就凭这些证据就足够了。昨天夜里是晴天，天气不是更冷吗，那么罪犯是……"团侦探果断说出了罪犯的名字，使电话另一端的署长大吃一惊。团侦探指出的罪犯是黑木和也还是小村明彦呢？

侦查小帮办

★★★★★

主　述	团侦探	事　件	辨认疑犯
时　间	上午11点30分	地　点	千枝子家里

人物及关系	侦查手段	证据及线索	关键点	嫌疑人	侦查方向
团侦探帮助署长分析案情	现场查看、物证、推理分析	①脚印清晰可见；②现场地面潮湿	昨天夜里更冷，不会留下清晰的脚印	小村明彦	上午11点的嫌疑最大

20 巧妙的情报电话

　　某国正在缉捕一个在逃的走私犯。一天，福尔摩斯无意中来到豪华俱乐部，他发现坐在酒吧处的一伙人，正是通缉的逃犯。由于他们不知道福尔摩斯的真正身份，所以没有注意他。为了迅速捉拿这伙人，福尔摩斯立即利用旁边的电话通知警方。

　　机智的福尔摩斯装着和女友通电话，这伙人听到的电话内容是这样的："亲爱的丽娜，你好吗？我是福尔摩斯，昨晚不舒服，不能陪你去迪斯科舞厅，现在好些了，全靠豪华俱乐部的阿占上月送的特效药。亲爱的，不要和目标生气，我们会永远在一起的。请你原谅我的失约，我的病不是很快就好了吗？今晚赶来你家再向你道歉，可别生我的气呀，好吧，再见！"

　　这伙人听了这番情话，大笑了一阵子。可是五分钟后，他们被警察包围了，唯有举手投降。

　　你能明白福尔摩斯打电话的巧妙手法吗？

21 姐夫失踪

"喂，雷利先生吗？"侦探福尔摩斯在打电话，"雷利先生，您姐夫失踪了，我们怀疑他被人绑架了。""啊，天哪！"雷利在电话中惊叫道，"不会弄错吧？昨天晚上我还见过米基。他怎么就这样失踪了呢？""不会错，已经验证过了。"福尔摩斯沉思片刻，又添了一句。"雷利先生，我马上到贵处同你细谈。"

一小时后，雷利向同他对坐的福尔摩斯介绍情况："毋庸讳言，米基有不少仇人，他的生意合伙人哈雷德·史密斯，曾报告他偷了公司的钱，两人发生了激烈的争吵；我另一个姐夫查尔斯·琼斯，指责米基损坏了他的名誉，而查尔斯与黑社会有联系，心狠手辣；第三个有可能绑架他的是我妻子的哥哥比利，他们结怨甚深。我可以把他的地址告诉您，但请不要把我的名字张扬出去。"

"不用了，谢谢，雷利先生。"福尔摩斯站起来，向外招了招手，让在外面守候的警员把雷利扣起来，"我在电话中就猜着了，您刚才的谈话又证实了我的想法。尽管您很沉着，但凶手就是您！"

为什么凶手是雷利呢？

侦查小帮办

主　述	福尔摩斯		事　件	辨别凶手谎言		
时　间			地　点	雷利的家		
人物及关系	侦查手段	证据及线索		关键点	嫌疑人	侦查方向
福尔摩斯断定雷利是凶手	询问调查	①雷利介绍的情况非常细致；②他昨晚还见过受害人；③脱口而出姐夫的名字		雷利有两个姐夫	雷利	从雷利的语言中找寻破绽

22 智识毒犯

海关大楼里，外宾物品检查处，检查员小章正在仔细地检查着各式外国包裹。突然，一只考究的木箱引起了小章的注意，小木箱的外面有英文喷漆字样"牙痛粉"。他想：牙痛粉是极普通的药品，并不贵重，何必要这么用铁皮封死呢？小章查阅了一下外宾携带物单，发现这只箱子是一个名叫朗密斯的英国水手的。一个水手携带一木箱的牙痛粉，倒成了药品推销商了。这就更令人费解了。小章征得检查处缪处长的同意后，打开了小木箱。看到里面真的是一盒盒精装的牙痛粉，它们装在一只只精制密封的塑料袋中。这么多的牙痛粉，给一个人用，不知可用多少年呢。一个漂泊四方的水手，从来不可能在一处定居一年两年的，用得着一下子购买这么多牙痛粉带在身边吗？他毫不犹豫地把一盒牙痛粉送到了海关药检部。半个小时，鉴定结果出来了，这些"牙痛粉"是经过巧妙伪装的超级毒品。

不一会儿，海关大厅的喇叭里响起了这样的声音："英国海运公司'伊莉莎白号'船的水手朗密斯先生，请到海关派出所去一下，有人找您。"当朗密斯先生出现在海关派出所的时候，小章和公安人员早就等候在此，桌上放着那只小木箱。

"你叫朗密斯？""是的。""这只木箱是你携带进境的？""是的，噢噢，不是，是一位华侨乘客托我带的。""朗密斯先生，我们发现木箱里的牙痛粉实际上全是毒品。""这，这我可就不知道了。""那么，那华侨是什么时候，在什么地方把它托交给你的？""那是前天晚上，那时我正在甲板上升国旗，忽然发现挂倒了，正要重新挂时，这时乘客走来交给我的……"听着朗密斯的回答，小章不禁大笑起来："哈哈哈，先生，你撒谎的水平也太低了……"那个冒充水手的贩毒走私犯一下子傻了眼，只好乖乖就范。

你知道小章是怎么识破毒贩谎言的吗？

23 大胆的窃贼

阿D的家在城市近郊。那是一幢别墅式的住宅，房子外面有一个大花园，附近没有邻居。秋天的时候，阿D的夫人领孩子去外婆家，只有阿D一人在家，他每天都在公司吃过晚饭再回家。

有一天晚上，当阿D回到家时不禁大吃一惊：只见大门敞开，家里的一切都没有了，包括钢琴、电视机等，连桌子和椅子这些家具也全不见了，整间屋子空空如也。这显然是被盗，但是令人不可思议的是窃贼怎么会这么大胆，大白天居然把阿D家偷得这么彻底呢？并且，据说在窃贼们偷盗的时候，有两名巡逻警察还站在旁边看了一会儿热闹。这到底是怎么一回事？

侦查小帮办

主 述	阿D	事 件	家中被盗
时 间	大白天	地 点	家里

人物及关系	侦查手段	证据及线索	关键点	嫌疑人	侦查方向
在警察眼皮底下盗贼偷走了全部家当	推理	①一切都没了；②看热闹	大白天	小偷	这么彻底的被盗有点类似于搬家了

24 列车失窃案

在一列从南方开往北京的特快列车上的第10号硬座车厢里，相对坐着4位旅客。他们的目的地分别是徐州、济南、德州和北京。

列车在南京站停靠13分钟，4位旅客都有事离开了自己的座位。13分钟后，列车启动继续北行。这时，那位去北京的旅客，突然发现自己的公文包丢了，里面有2000元现金。列车上的乘警王大凡闻讯来到10号车厢开始调查。丢失公文包的旅客说："列车靠站之前，公文包一直放在行李架上，后来我到列车办公室问有没有卧铺，回来后发现公文包没有了。"去徐州的旅客说，列车停靠时，他到10号车厢去看望同事了；去济南的旅客说，他下站去活动了一下身体；去德州的旅客说，他那时正好上厕所解手去了。王大凡听完4个人的叙述，和同事刘可交换了一下眼色，耳语了几句，对其中一个旅客说："请你到办公室来一趟！"

请问，被带走的是哪位旅客，王大凡他们发现他有什么可疑之处？

25 毒气入口

约翰是哥伦比亚贩毒集团的成员，也是受警方保护的证人，3月10日，他将会出庭指证贩毒集团的首脑。约翰被警方关在警察总部的密室内，密室里面没有空调装置，也没有窗户及地道。除了铁门外，就没有第二个出口，而室内的空气也是透过铁门而流通。

不幸的是，约翰在一天早上被发现昏迷在密室内，而原因是吸入了毒气。闭路电视的录影带显示，事发时没有人去过约翰的密室门口。最后，警长却从角落里找到了答案。你知道毒气可能是从哪里进入密室的吗？

侦查小帮办
★★★★★

主 述	警长		事 件	证人被毒昏	
时 间	晚上		地 点	密室内	

人物及关系	侦查手段	证据及线索	关键点	嫌疑人	侦查方向
证人在警察总部被毒昏	现场查看、物证	①角落里发现答案；②毒气致昏迷	角落里	罪犯	检查牢房里的卫生设备

26 录音机里的证据

上午10点30分，日本某公司正在召开会议，一位秘书无意中在会议桌下面发现了一台窃听用的录音机。董事长暴跳如雷："我们公司里有商业间谍，散会，马上调查。"

秘书检查着录音机，他倒回磁带，将录了音的带子重新放音，以此计算时间。"董事长，我估计这是罪犯在10点15分安放的。"一位董事说："我稍稍提前到达，乘电梯到7楼时，好像看见一个穿着我们公司工作服的女人，在走廊一头一闪而过，也许她就是罪犯。一时只看到背影，没看清面貌。""马上命令各科科长，在自己科里调查一下，把在10点一刻离开科室的女职工全部带到这里来。"董事长严厉地命令道。一会儿，来了3名女职员。董事长亲自问："请说明理由，10点15分时，为什么离开自己的岗位？"

第一个回答的，是总务科的木原久子："我在一楼休息厅，挂了一个私人电话，因公司内的电话禁止私人使用。""为什么穿着球鞋呢？在本公司，只准穿皮鞋。""今天早上上班时，人多太挤，把脚脖扭伤了，一走路就疼，所以换了双球鞋。"第二个回答的是经理科的一位女职员，她穿着一双高跟皮鞋："我到药房买药去了。"接着她拿出了药品。最后回答的是人事科的一位女职员，她穿着高跟皮鞋。她说："我献血去了。""那么，请把献血卡给我看看。""医生说我贫血，不能献血。"

3个人的话音刚落，秘书开腔了："我已知道你们中谁是罪犯了，不信，你们听。"接着秘书打开了录音机的开关。录音机开始转动，开始一片静寂，随后响起了轻微的关门声。"啊……"一位女职员不觉发出一声惊叫。她已发现自己留下的证据，顿时脸色苍白。这个人是谁呢？

侦查小帮办

主 述		秘书		事 件		查商业间谍	
时 间		会议前15分钟		地 点		会议室	
人物及关系	侦查手段	证据及线索		关键点	嫌疑人	侦查方向	
公司领导询问三个女嫌疑犯	现场查看、物证	①三个人的鞋子；②录音机里的关门声		球鞋	木原久子	从录音机录下来的声音里找线索	

27 有惊无险的冒险

在一次酒会后，一个从非洲回来的探险家自吹自擂地说："那时，我被一伙可怕的吃人肉的土著人抓住，眼睛被蒙住，两手被反绑着，弃置在一条小道上。那条小道只有一米宽，并且两侧都是令人眼晕的悬崖峭壁，可是我格外冷静，丝毫不感到害怕，一步一步地走到了平原安全逃脱。怎么样，够惊心动魄的吧！"

大家都为这位探险家的勇气所感动，但只有一个人在冷笑着，此人是福尔摩斯。

"像你那种探险连小孩子都能，也值得在这里吹嘘？"那么，这是为什么？

侦查小帮办

主 述		探险家		事 件		吹牛	
时 间		非洲归来		地 点		酒会上	
人物及关系	侦查手段	证据及线索		关键点	嫌疑人	侦查方向	
探险家被福尔摩斯揭穿谎言	情景再现、逻辑推理	蒙着双眼；悬崖峭壁		峭壁	探险家	用地理知识分析一下峭壁的样子	

28 信箱钥匙

　　约翰去海滨度假，嘱咐女管家及时把收到的信转给他。女管家保证，一定办好这件事。一个月过去了，约翰却一封信也没有收到。他感到很奇怪，便打电话向女管家问道："怎么搞的？您为什么不及时把信给我转寄过来？""先生，因为您没有把信箱钥匙给我留下。"女管家告之说。约翰当即表示歉意，并答应将信箱钥匙寄回。几天后，约翰把钥匙装进信封，写好地址，将信寄了出去。可是直到假期结束，他还是没有收到信。一回到家里，约翰便向女管家大发脾气。"先生，我能有什么办法呢？"可怜的女管家委屈得哭了起来。请问约翰为何收不到信？

侦查小帮办
★★★★★

主　述	约翰		事　件	邮递信箱钥匙
时　间	度假期间		地　点	某海滨度假地

人物及关系	侦查手段	证据及线索	关键点	嫌疑人	侦查方向
约翰要求女管家转寄邮箱里的信件	询问、推理	①信箱钥匙没留下，无法打开信箱；②约翰将钥匙装进信封邮给女管家；③女管家委屈地哭起来	钥匙邮回去之后，约翰还是没有收到信	约翰	想象一下信件投递后的情景推理此案

29 村长的诡计

　　福尔摩斯一次在美国南部旅游时，来到一个村庄。当时村民们正在庆祝丰收，再过一会儿，庆祝活动就要进入高潮，那就是激动人心的26英里长跑比赛。可是不知为什么，福尔摩斯发现人们的脸色都那么阴沉沉的，似乎不太高兴。于是他找到了负责这次比赛的唯一一名裁判，询问原因。

裁判说道："这个村子每年都举行一次长跑比赛，冠军可获一千美元的奖金。老村长死后，他的儿子当了头儿。他让他自己的儿子杰克参加比赛。从那以后，杰克每年都拿冠军，一千美元的奖金也总是落到了他的手中。村长给长跑定了新规矩：运动员不是一起出发，而是每隔五分钟起跑一个，穿进那边的森林，在那儿转个圈，然后再跑出森林，回到原先的起跑线上。而杰克总是第一个跑，我肯定杰克只是跑进森林后就躲在里面，等到差不多的时候再跑出来而已。你知道，这场比赛就我一个裁判，我是从另一个村子被喊来的。我不怕这儿的村长，我想揭穿杰克的把戏，但没人帮我的忙。这儿的村民敢怒不敢言。村长命令不许任何人跟在运动员后面。而且，如果村民们不参加长跑比赛，村长就威胁说要增加捐税。"

听完裁判一席话，福尔摩斯说道："你没必要请谁来帮忙。你只需要一卷皮尺，就足够揭穿他的诡计。"

裁判听从了福尔摩斯的建议，果然揭穿了村长的诡计。

福尔摩斯是怎样揭穿村长的诡计的？

侦查小帮办
★★★★

主 述	裁判		事 件	赢奖金
时 间	比赛后		地 点	美国南部某村

人物及关系	侦查手段	证据及线索	关键点	嫌疑人	侦查方向
福尔摩斯帮助裁判揭穿村长作假	现场取证、推理分析	①5分钟出发一人，无人监督；②杰克每次都是冠军	皮尺	村长和他的儿子杰克	用皮尺量哪个部位能证明杰克没有跑26英里

30 两页中间

　　"二战"期间，德国间谍希莱成功地从苏联盗得了一份坦克资料，这份资料详细记录了坦克的重要数据。一旦这份资料落入德军之手，这些坦克在战场上就将成为破铜烂铁。情况十分危机。但幸运的是，就在希莱盗取资料后的很短时间内，苏联就发现资料被盗了，于是立刻命令封锁莫斯科，严禁任何人进出，于是希莱依然被留在了莫斯科内。同时，以帕科夫少校为首的特种部队也在莫斯科内搜捕希莱，很快在一个酒吧内抓住了这名间谍，并立即展开了审讯。可资料却被希莱藏起来了，并不在他身上。

　　帕科夫问道："你究竟把资料藏到哪儿去了？马上交出来。"希莱说道："我把它藏在一家图书馆内的书里面。""哪家图书馆？"帕科夫问道。"离红场不远的一家小图书馆，我还记得那本书的书名是《圣经》，资料就夹在这本书的第43页和第44页中间。""好了，希莱！"帕科夫少校拍了一下桌子，怒不可遏地说，"别再撒谎了。快把资料交出来！"帕科夫少校怎么知道希莱在说谎呢？

侦查小帮办

主　述	帕科夫少校		事　件	抓获间谍	
时　间	"二战"期间		地　点	莫斯科	
人物及关系	侦查手段	证据及线索	关键点	嫌疑人	侦查方向
帕科夫识破希莱的谎言	现场查看、询问	①资料不在身上；②夹在书页的中间；③帕科夫断定希莱说谎	第43页和第44页中间	希莱	随便找本书看看希莱的话有什么破绽

第三章
缜密思维

第一节　概要

托尔斯泰在他的名著《复活》中这样说过：侦探永远以明察秋毫为一生的荣誉。的确，侦探的思维应该是"滴水不漏"的。一个犯罪现场，在普通人看来，或许只是一个血淋淋场面；而如果让侦探来看，一次犯罪的前因后果、过程细节仿佛都历历在目，这也是观察层次、认知层次的差别。

缜密思维是通过细致缜密的分析，从错综复杂的联系与关系中认识事物本质的思维能力。为了完整地反映整个事物，反映事物的本质和内在规律性，更为了思维成果在付诸实践的过程中得以顺利施行，必须多视角、多侧面、多因素、多向度地进行思考和论证，必须对可能出现的情况、可能起作用的因素、可能发生的后果逐一进行考察和预测，然后经过分析、综合，依据对主要矛盾和主要矛盾方面的基本判断做出科学的判断。判断的把握性取决于多向度思维的缜密性。没有"水银泻地"般的缜密思维作前提，便不可能有"闪电行空"般的判断。

第二节　如何在探案过程中应用缜密思维

缜密进行逻辑推理，是侦破疑案的关键环节

任何疑案的侦破，都离不开逻辑推理。在一定意义上讲，破案就是推理。在《尼罗河上的惨案》这部电影中，一船丧五命。七人都有作案的可能，作案经过长期准备，精心设计，案情扑朔迷离，十分复杂。但经验丰富的大侦探波洛，忽然想起女仆路易斯生前的一句话，他就是以这句话为线索，进行了一系列逻辑推理，无可置疑地推出，女仆路易斯是林内特被谋杀的目击者，而赛蒙是杀人凶手。一个疑难案件，往往是情节独特、复杂，或者现场经过伪造，或者痕迹特征很少，或者时过境迁，痕迹物证难以找到，或者发生了变化，所以，侦破疑案的任务往往不是一下子完成的，往往需要通过反复调查研究，逐步深化和扩大认识，由知之不多到知之甚多，最后完全掌握整个案件的各方面情况。这是一个不断提出假设、修改假设、否定假设或证明假设的复杂过程。而在这整个过程中，都离不开逻辑推理，也就是说，假设这个侦破疑案的理性思维形式，是由一系列环环相扣的逻辑推理构成的。

只要留心，现场的鸡毛蒜皮都可能成为破案的钥匙

深夜，宁静的山村突然一声巨响，女生产队长家的土墙被炸开了一个大洞，洞口靠近队长的床头，队长和女儿却幸免于难。勘查证实，是被安放在墙外的炸药爆破的。显然，这是一起谋杀未遂案件。罪犯是谁？侦查人员在炸开的杂草中，发现了一根吸剩的纸烟头。这里是菜地，平时没有行人。检验结果表明，该烟头是AB分泌型人吸过的。于是，公安人员根据这个线索进行侦查。村里有几个人的血型属于这个型，但都有确凿的证据证明当时不在现场。最后，在邻村发现了一个AB分泌型的人，原来他就是女生产队长的前夫，他有作案动机和时间。经审问，该犯供认不讳。

一个烟头竟然帮助公安人员破了一起大案。原来，A、B、O血型的物质，不仅存在于红细胞膜上。早在1910年，已发现体液中也含有，故血型的检验便扩大到唾液。唾液的鉴定可应用于现场遗留的烟头、果核、瓜子壳、手帕、口罩、咬痕、贴胶的邮票和信封等。这些东西都可以成为罪犯到过现场的铁证。

某地麦田里发现一具女尸，现场勘查时发现了一根掉落的毛发。侦查时

发现一名嫌疑对象。为了证实是否是此人作案，将他的毛发送检。经检验证实，该毛发所有者血液为A型，与死者血型（O型）不符，亦与该嫌疑对象血型（O型）不符。据此，排除了对此人的怀疑。后经侦查，证实另一在逃犯（血型A型）为真正的罪犯。可以看出，一根毛发对案件的侦破可以起到决定性的作用。

毛发具有重要的物证价值。因为毛发主要由角蛋白组成，能抵抗腐败，不易毁坏，又可长期保持原形。人体体表除手掌和足跖外均生长着毛发。身体受外伤时，毛发首先受损伤，若脱落，又可长期残留于现场。所以在斗殴、凶杀和盗窃等案件中，必须在现场、凶器、车辆或其他可疑犯罪工具上，受害人衣服、身体或手中，罪犯的衣服或物件上仔细寻找毛发，据以判断受害人与致伤物体的关系或揭露罪犯。例如，某地发生一起凶杀案，现场留有凶手一顶帽子，在帽中找到两根头发。在显微镜下，发现头发的截断处的锐角较新，便断定凶手理发不久。于是在刚理发的人中来找寻，使侦查范围缩小，很快找到了凶手。又有一次，在现场找到了作案者的头发，用紫外线灯照射，发出明显的荧光。公安人员知道，一般的头发，在紫外线下会显出明亮、蓝色、有光泽的边缘。那根头发显然与众不同——它是用人工染色的。这样，大大缩小了侦查范围，把注意力集中于染发的嫌疑者，很快就抓住了作案者。从头发不但可查出血型，而且可以知道全身的信息，推出一个人的特征，大大有利于破案。

蛛丝马迹判断真相

笔迹学、弹迹学也往往为侦查工作提供帮助，成为破案的有力武器。1956年，在美国长岛发生了绑架孩子的案件。警方注意到，绑架者给孩子家长赎金索取单末的落款中的两个"y"字上都有"乙"形笔法，抓住这一特征，查阅了当地20万人的档案，终于在一个犯人的假释报告上，查到了类似

的笔迹。据此，侦破了案件，逮捕了绑架者，救出了孩子。

不光笔迹可以鉴定、辨别，用打字机打的信件，也能鉴定、辨别。杜鲁门在当美国总统时，经常收到群众来信。信是由他的助手代拆、代阅、代为处理的。有一次，收到了一封用打字机打印的信，把杜鲁门的助手吓了一跳，信上写着："我准备杀死你，总统先生。"这封信立即转到了安全勤务局局长鲍曼手中。鲍曼在查看了邮戳，查明信是从阿肯色一个名叫"潘斯维尔"的小镇上寄出的，信上没有留名，是一封匿名信。这案件如不及时查清，对总统的安全是一种威胁。但是，信是用打字机打的，无从鉴别笔迹。

细心的鲍曼用放大镜来回查看信件上的每一个字母，突然，他发现了一个有点碎裂变形的字母"O"。这个变形的"O"，就是破案的线索。很显然，那架英文打字机上的小写字母"O"的铅字变形了，也就是说，凡是用那架打字机打印的信件，"O"都是变形的。只要查到变形"O"信件的寄出者，就可以破案。鲍曼把变形"O"拍照、放大，印发给阿肯色的安全勤务局分局。分局负责人立即通报当地有关邮局，注意变形"O"信件。半年后的一天，潘斯维尔镇邮局局长看到一封信，那封信上打印的地址中，"O"是变形的。拆开了信，信也是用打字机打的，在放大镜下，每个"O"字都是碎裂、变形的。信上有寄信者的姓名、地址。保安人员迅速查明，寄信者是一位有三个孩子的妇女。她的打字机上的"O"字，确实变了形。她患有精神病。为了保障总统的安全，这位妇女被送进精神病院，受到严密监禁。

可以看出，即使用打字机打的字，也是有线索可寻的。每台打字机都有自己的特点。每人打字的习惯不同，按键的力度不同，都可以成为破案的根据。

第三节　经典案例展现

1 登山者的遭遇

一位女登山者的尸体在溪谷被发现了。她背着背包，被埋在溪谷的残雪中。大概一星期了，她左手戴着的数字型手表，至今仍走着。脸部埋在残雪中，几乎没有腐坏，鼻梁挺直。

"每个为登山者所设的山中小屋都没有接到求救信号。可以判定这位女性大概是一个人上山的。这么说，一定是登山老手。"年轻的救难队员说道。

"不！这位遇难者是生手，对登山不太了解。她大概想一个人攀登。"经验老到的登山老手、救难队长如此断定。理由何在？

侦查小帮办
★★★★

主　述	救难队长			事　件	登山者遇难		
时　间				地　点	溪谷的残雪中		
人物及关系	侦查手段	证据及线索		关键点		嫌疑人	侦查方向
救难队长断定女登山者是生手	现场查看、物证、情景再现	①死者背着背包；②数字型手表；③鼻梁挺直		翻落溪谷、数字手表			从高处翻落应有的现象推理此案

2 "独眼龙"之谜

　　小明有个在公安局工作的叔叔，他一直想能像他叔叔一样亲手抓住一名罪犯。有一天，他从叔叔那里看到一张通缉令，知道有一个瞎了左眼的罪犯逃到他所在的城镇来了。小明想，这个逃犯特征明显，我一定要找到这个"独眼龙"。于是小明每天都在大街小巷里转悠，希望能碰上那个罪犯。

　　这天，小明走进一家理发店，看见一个理发师正在给一个人理发，由于那人后脑勺朝外，小明只能从那人对面的大镜子里看到他的脸。小明的眼睛突然一亮——那人有一只眼是瞎的！可再仔细一看，瞎的是右眼，那人的左眼好好的，自己白高兴了。

　　第二天，小明把这件事告诉了叔叔，叔叔说："小明，你搞错了，那人很可能正是逃犯！"小明愣住了。通缉令上明明写的是左眼，怎么就是这个理发的人呢？你知道这是怎么回事吗？

3 机智擒贼

　　一老翁家中养了十几只鸽子。一天，他到粮店买了几斤黄豆回来喂鸽子，当他回到家门口时，发现门锁被撬，此时，室内的窃贼也听到老翁的脚步声，知道事情不妙，便急急忙忙冲出门往楼下急逃。

　　窃贼是个年轻人，长得高头大马，腰粗臂圆，而老翁是个年过七旬的瘦弱老人。但老翁灵机一动想了一个办法，很容易地捉住了窃贼。试问，老翁想的是什么办法呢？

4 迷幻药与色盲

美国阿肯色州歌剧院女高音希尔是迷幻药集团的一个成员，不久前失踪。警方经过一番调查和排查，筛出了两名绑架嫌疑犯，一个叫亚森，一个叫哈利，他们都与迷幻药走私有关。希尔有收藏鞋子的嗜好。在她的房间里，存放着120双鞋子，分门别类地摆放在鞋箱内。

警长霍士发现一个奇怪的现象：在标示红色的鞋箱内，有20双绿色的鞋子和红色的鞋子整齐地放在一起；而在标示绿色的鞋箱内，则有36双红色的鞋子和绿色的鞋子同放。显然，绑匪先是将鞋子全部取出，查看是否藏有迷幻药，然后放回箱内。

霍士警长问："你们两人当中谁是色盲？"哈利不吭声，亚森则回答说："他是色盲，分不清红色与绿色！""好，那么，真正的绑匪就是你！"

请问，警长为什么如此断言？

侦查小帮办
★★★★★

主述	霍士警长		事件	辨认绑匪	
时间			地点	希尔的房间	

人物及关系	侦查手段	证据及线索	关键点	嫌疑人	侦查方向
霍士警长判断出真正的绑匪	现场取证、推理确认	①希尔分门别类摆放鞋子；②红色和绿色鞋子摆放混乱	整齐地放在一起	摆放鞋子的人	从绑匪犯案后是否会整齐地摆放鞋子推理此案，找到真正绑匪

5 错误百出的考卷

杰伦在侦探学院当学员。他以"贩毒犯"为题写了一份案例。内容如下：

某日中午，太阳当空照，湖上留下长长的树影。马捷和沙多把一艘预先准备好的小船推进了湖。他们顺着潮流漂向湖心。这个湖是两个毗邻国家的界湖，由地下涌泉补充水源，不会干涸。马捷和沙多多次利用这个界湖干着走私的勾当。

他们在湖心钓鱼，不时能钓到一些海鳟，把内脏挖出，然后装进袋里。夜幕降临，四周一片漆黑，两人把小船快速划到对岸，与接应人碰头。然后一起把小船拖上岸，朝天翻起，船底装着一个不漏水的罐子。他们把小包毒品放在里面。他们干得相当顺利，午夜刚过10分钟，便开始往回划，在离开平时藏船处以北半千米的地方靠岸。两人将100包毒品取出平分了。5分钟后，一只海关巡逻队在午夜时分发现这只船时，没有引起丝毫怀疑。但当他俩回到镇上时，撞上了巡逻的警察，马捷和沙多被缉拿归案了。

福尔摩斯看完后，哈哈大笑，说："这张考卷里错误百出，杰伦应该留一级才对。"

这张考卷里有多少处错误？

6 拖延了的侦破

福尔摩斯接过一个匿名电话，对警长说："露丝太太是两天前家中被盗。这位孤独的老妪多年来一直住在某山顶上破落的庄园里，与外界几乎隔绝。你想这是什么性质的盗窃呢？我们现在去现场看看吧！"

　　警长对福尔摩斯说："由于城里商店不设电话预约送货，而必须写信订货，老太太连电话都很少打。除了一个送奶工和邮差是这里的常客之外，唯一的来客就是每周一次送食品杂货的男孩子。"福尔摩斯紧盯着放在前廊里的两摞报纸和一只空奶瓶，

然后坐在一只摇椅上问："谁最后见到露丝太太？""也许是卡森太太，"警长说，"据她讲，前天早晨她开车经过时还看见老太太在前廊取牛奶呢。""据说露丝太太很有钱，在庄园里她至少藏有5万元，我们还没有别的线索。"福尔摩斯更正道："罪犯实在没料到咱们会拖延这么久才开始侦查！"

　　福尔摩斯怀疑谁是罪犯？

侦查小帮办
★★★★★

主　述	福尔摩斯	事　件	老妇家被盗
时　间		地　点	山顶上破落的庄园

人物及关系	侦查手段	证据及线索	关键点	嫌疑人	侦查方向
福尔摩斯为警长释疑	现场查看、物证	①匿名电话说的是真事；②据说老太太很有钱；③两摞报纸和一只空奶瓶	一只空奶瓶	送报纸的或者送牛奶的人	从现场的物证入手推理此案

7 美军医院

1945年，盟军登陆诺曼底前的春末，美军特别派出特务雅伦到德军占领区搜集敌军情报。雅伦由飞机跳伞降落，不幸降落伞发生故障，使他坠落地面而致昏迷。

当雅伦醒来的时候，发觉自己躺在一间医院中。那里是一间特别病房，床上挂有一面美国星条旗，医生、护士都说着满口流利的美式英语，雅伦被弄糊涂了。到底他是被德军俘虏了，还是被盟军救回了呢？这间美军医院，是真的还是伪装的呢？雅伦必须自己做出判断。他数了数美国国旗上的星星，上面共有50颗，雅伦忽有所悟，找出了答案。

这到底是真的美军医院，还是假的呢？

侦查小帮办

主　述	雅伦		事　件	昏迷后醒来
时　间	"二战"时		地　点	医院

人物及关系	侦查手段	证据及线索	关键点	嫌疑人	侦查方向
雅伦判断自己在盟军医院还是敌人伪装的医院	现场查看	国旗上的星星	50颗	医院	了解一下美国国旗推理此案

8 冒牌丈夫

女作家玛莎上月逝世，出版商对她所著的《莫斯科回忆》一书停付版权费。玛莎在她书中谈到自己的丈夫死于1910年，却有一位自称是玛莎的丈夫的人，带着俄国护照、出生证明和结婚证书，来索取这本书的版权费。

应出版商的要求，侦探福尔摩斯与这位自称玛莎的丈夫的人进行了如下交谈："您的夫人在她的书中谈到您死于肺炎，您没让她知道您又活过来了，真是令人难以理解。""我们婚后6个月，我得了麻疹，不是肺炎，医院把我同别人搞混了，结果传出了我死亡的消息，而我不想更正这个误传。""您的英语不错，我想您这几十年一定走过不少地方，事业上也获得了很大的成功。""您说得不错，在纺织品贸易方面我相当成功。在我死亡消息传出的第二年，我把自己的商行转卖给彼得格勒的一个大商行，保留股份，此后就到世界各地旅游。"

谈话过后，福尔摩斯告诉出版商："要报告警署检查他的证件，我认为证件是伪造的。"福尔摩斯为什么做出这样的结论？

侦查小帮办

主　述		福尔摩斯侦探		事　件		复活的丈夫
时　间				地　点		

人物及关系	侦查手段	证据及线索	关键点	嫌疑人	侦查方向
福尔摩斯辨别玛莎丈夫身份真伪	询问、调查取证	①不想更正死亡误传；②把商行转卖出去；③突然前来索取版权费	玛莎丈夫犯了一个常识性地理错误	玛莎的丈夫	用地理和历史知识推理此案

9 聪明的监视

在某偏僻村落藏匿了大批通缉犯及黑社会头目，为避免打草惊蛇，警长做出周详而严谨的部署，乔装村民，视察现场环境后，发觉村屋坐落在隐蔽的丛林内，四面有窗及门，很方便逃走。警长为防行动失败，特派八名干练警探，静悄悄地埋伏在丛林内，等待晚上伺机行动，各出口有两人把守。

到了深夜时分，秋风吹过，树叶哗哗落下，通缉犯正蒙头大睡。警长见机不可失，调动数十人准备突袭行动，却发现八名警探中有四名失踪了，为怕阻延行动，只好急召警察救援。最后，终把各人拘捕，解上法庭。事后，警长质询四名失踪的探员，为什么竟敢违抗命令，幸好行动成功，不然的话，便得受降职的处分。

谁知他们却说："我们觉得现场不需八人驻守，便可把整间屋包围了，所以我们没有遵守你的意见，希望你原谅！"

警长细听他们擅自更改计划的原因后，觉得非常有理，再没有追究此事。你知道四名干探如何监视那批罪犯的吗？

10 诺贝尔破案

诺贝尔是瑞典的著名化学家，举世闻名的炸药发明者。年轻时，他从美国学习技术回来，就在父亲所办工厂中的研究所工作，并且开始了对炸药的研究。一天晚上，天气闷热，研究所的助理员汉森，突然在值班室被炸死了。诺贝尔赶到现场，看见值班室的地板上有许多炸碎的厚玻璃片和一块直径十五厘米的石头。汉森躺在床上，脸部和胸口都扎进了不少玻璃碎片，满床是血。地板上还有一个直径很大的被震碎的玻璃瓶瓶底。瓶盖上拴着几根打着结的钢琴弦。看样子，这爆炸好像是由玻璃瓶内的什么东西引起的，诺贝尔捡起一块碎片嗅了嗅，有酒精的味道。这就怪了，现场没有爆炸危险的硝酸甘油，没有火药，没有燃烧过的痕迹，这爆炸又是从何而起呢？诺贝尔又发现，书架上湿漉漉的，还在淌水，地板也是湿漉漉的。他想，这爆炸的玻璃瓶中一定装满了水。然而，水也不该爆炸呀！诺贝尔迷惑不解。他知道与汉森同时值班的还有一个夜班警卫，便把这个年轻警卫叫来。

"是这样的，诺贝尔先生。"这个警卫内疚地说道，"在9点钟左右，艾肯先生在加完班回家的时候，说要请我去吃夜点，我想反正有汉森先生值班，我出去一会儿没关系，便跟他到村里一家饭店里去了。""你没有听到这里的爆炸声吗？""没有，没有。我和艾肯先生分手回到厂里，已经近11点，才发现值班室的玻璃窗像是震坏了，大吃一惊。请原谅，我……"这年轻人知道擅离职守所造成的后果严重，害怕得几乎哭起来。

艾肯是所里研究液态硝酸甘油冷冻的技术员。诺贝尔听说是他把警卫约出去的，立即警觉到爆炸与艾肯有关，因为诺贝尔知道他和汉森都爱着厂里一位漂亮姑娘，他们两个是情敌。联系到艾肯搞的冷冻试验，诺贝尔明白了。"凶犯肯定是艾肯。他是借这爆炸事故来掩盖他消灭情敌的真相。这倒是一个很巧妙的发明。"然而，这"发明"瞒不过有科学头脑的诺贝尔。在诺贝尔入情入理的分析面前，艾肯无法抵赖，终于被押上审判台。

你知道艾肯是怎么作案的吗？

侦查小帮办
★★★★★

主 述		诺贝尔	事 件		爆炸杀人
时 间		夜晚	地 点		研究所的值班室

人物及关系	侦查手段	证据及线索	关键点	嫌疑人	侦查方向
诺贝尔发现了艾肯炸死汉森的犯罪手段	现场查看、物证、推理	①天气闷热；②有酒精的味道、地板上湿漉漉的；③玻璃碎片	冷冻试验	艾肯	用化学知识推理此案

⑪ 一无所获

在从伦敦开往伊斯坦布尔的东方特快列车上，美国姑娘安妮和玛莎夫人在餐车上谈得十分投机。分手时玛莎夫人把她的包厢的号码告诉了安妮，邀她有空去聊聊。

第二天凌晨3点30分，安妮趁乘客们熟睡时，提着一只泡沫塑料包悄悄来到玛莎的包厢门前，从泡沫塑料包里取出一件金属工具和一个带吸管的小玻璃瓶，从锁眼里吹进药物，将玛莎蒙倒。10分钟后，得手的安妮回到自己的包厢，安然睡去。天亮了，列车快到米兰时，玛莎夫人发觉价值100多万美元的珠宝全部被盗。列车还没有停靠站，可以肯定珠宝还在车上。于是乘务员赶紧给米兰警察局挂了电话。

列车在米兰站停下后，警察通知暂时不放乘客和行李下车。警长带了玛莎夫人，和侦探们到每个乘客的包厢里逐个进行检查。查到安妮时，玛莎夫人忽然看到行李架上一只衣箱很熟，便对警长耳语了几句。警长对安妮周身查过之后，就打开她的衣箱，可箱子里只是一般的衣物。搜查长达4小时，仍没珠宝的影子。于是，所有旅客很正常地都下了列车，到月台上取行李。但是，几天后安妮确实携了许多珠宝，走进了珠宝商店里。

安妮究竟用什么巧妙的办法盗了珠宝而又蒙过警察的呢？

侦查小帮办
★★★★★

主 述		安妮		事 件		盗珠宝
时 间		晚上		地 点		火车上

人物及关系	侦查手段	证据及线索	关键点	嫌疑人	侦查方向
安妮狡猾地将珠宝藏在最不容易发现的地方	现场查看、物证	①安妮的箱子；②搜查长达4小时	玛莎看到衣箱眼熟	安妮	安妮为什么有一个玛莎夫人看着眼熟的衣箱呢

12 猫侦探

一个寒冷的冬夜，这些天来一直异常干燥。可是，这天夜里 1 点钟开始却下了一场小雪，小雪夹着雨，下了一个小时左右。正巧在这段时间里，在 A 市近郊发生了一场恶性肇事逃跑事件，一个醉汉驾着汽车撞了行人后驾车以最高时速逃离现场。

这个司机30分钟后返回市内家里，将车停进了院子里的车库内，车库只有一层尼龙板顶棚，地面是水泥，用水管冲洗了湿漉漉的轮胎，也消失了车子出入的痕迹。幸亏车身没留下明显的痕迹，连车灯也没损坏，被雨淋的车身用干毛巾擦过，又把一个轮胎的气放掉。可是，在其逃离现场时目击者记下了他的车牌号码，马上找到了车主。在晚上11点，刑警和他的朋友福尔摩斯找到了逃犯的家。检查存放在车库里的汽车，并询问其作案时间不在现场的证明。

"正如你所见，我的车子昨天就放炮了，今天一次也没开出去。所以，逃跑的罪犯不是我，目击者一定是记错了车号。"罪犯辩白着说。

车前盖上不知什么时候留下几处猫爪印儿，是猫带泥的爪印和卧睡的痕迹。

"你府上养猫了吗？"
福尔摩斯问。

"没有，这是邻居的猫，或是野猫吧。经常钻进我家院子里来，在车上跳上跳下的淘气。"

"的确，如果是那样，你所说的这车子昨天就放炮了的说法是不能信服呀！你可以若无其事地说谎，可猫和汽车都是老实的。"当场福尔摩斯就揭穿了他的谎言。

福尔摩斯为什么说"猫和汽车都是老实的"？

⑬ 香烟的联想

福尔摩斯半夜去拜访他的老朋友——一位心理学博士，请教刚发生的一起案件。"3天以前，在郊外某别墅内有一位女子被迷昏，家里被盗，至今未苏醒。根据推断，作案的时间可能是下午1点30分到2点之间。而……""对不起，福尔摩斯，请给我一支烟。"博士接过香烟，深深地吸了一口。福尔摩斯又继续说："现在发现两个人有嫌疑，一个是女子的朋友，另一个是去推销商品的推销员。有人在别墅大门外见到过他们，但是他们都说是刚好从那里路过，未进过屋里。因为证据不足，无法确定谁是真凶。"

博士留心听着福尔摩斯对案情的叙述，当他听到在别墅门口台阶上找到一支只吸了一两口的烟蒂时，眼睛突然一亮，"这两个人都会抽烟吗？"博士打断了福尔摩斯的话。"都会抽烟，并且他们口袋里的香烟和现场发现的烟蒂都是同一个牌子，因此不好确定谁是真凶。"

博士吸完最后一口烟，捏灭烟蒂，然后肯定地说："凶手就是他！"究竟博士说的凶犯是谁，你能推断出来吗？

◆ 侦查小帮办 ◆
★★★★

主 述	博士		事 件	辨别真凶		
时 间	半夜		地 点	博士的家		
人物及关系	侦查手段	证据及线索	关键点	嫌疑人	侦查方向	
博士帮助福尔摩斯分析案情	情景再现、物证、推理	①都说未进屋；②台阶上的烟蒂	门外台阶上的烟蒂	烟蒂的真正主人	从两者的身份和职业推理此案	

14 第一个飞人

在18世纪80年代初，热气球刚在欧洲出现不久，人们对这种飞行器还不十分相信，当时人们已经用热气球成功地把鸡、鸭、羊送上了天空，但从来还没有人乘热气球离开地面。1789年法国国王批准了科学家第一次用热气球送人上天的计划，并决定用两个犯了死刑的囚犯去冒这个风险。

这件事被一个叫罗齐埃的青年知道了，他想人第一次飞上天是一种极大的荣誉，荣誉不能给囚犯。他决定去作一次飞行，于是又找了另外一个青年人向国王表示了他们的决心，国王批准了他们的请求，于是在1789年11月21日，他俩乘坐热气球，成功地进行了世界上第一次用热气球载人的飞行。那次共飞行了23分钟，行程8.85千米，罗齐埃由此成了当时的新闻人物。

第二年，罗齐埃计划乘气球飞跃英吉利海峡。当时已经发明了氢气球，使他拿不定主意的是：乘热气球好呢，还是乘氢气球好？最后，罗齐埃决定两个气球都乘，也即把氢气球和热气球组合在一起去飞跃海峡。热气球下面还挂了一个火盆，目的是给气球气囊中的空气加温，使气球里充满着热的空气。

一天，他们将两个气球组合在一起，升空了，然而，升空不久，就发生了悲剧，两只气球碰在一起，发生了爆炸，罗齐埃和另一位青年葬送了年轻的生命。罗齐埃是一个敢于冒险的青年，可惜他只有勇敢精神，却缺乏科学的头脑，导致了一场球毁人亡的悲剧发生。是什么原因导致了这一悲剧的发生呢？

侦查小帮办

★★★★★

主　述		事　件	氢气球爆炸
时　间	18世纪	地　点	欧洲

人物及关系	侦查手段	证据及线索	关键点	嫌疑人	侦查方向
罗齐埃不幸在氢气球爆炸中身亡	调查取证、推理	①氢气球和热气球组合在一起；②热气球下面挂了个火盆；③气球爆炸	火盆	罗齐埃	用化学知识推理此案

⑮ 水都快相

　　某案件的嫌疑犯刚从欧洲旅游回国，就被早以等在机场的刑警逮捕。当问他上周有无不在现场的证明时，他拿出一张照片递给刑警，并作了回答："如果是星期五，我在水都威尼斯。那是我从西德去罗马的途中，在威尼斯逗留了一夜，住在桑马尔格寺院附近的一家小旅馆里。这就是住在旅馆附近拍的照片。你瞧，汽车停在街道上，后面的运河还照上了游览船。"

　　可是刑警的朋友福尔摩斯只看了一眼照片就一针见血地揭穿了他的谎言："你胡说，这是你在其他什么有运河的地方的街上拍的。我虽然没有去过威尼斯，但你也别想用这种照片来骗我。"

　　你知道问题出在哪里吗？

16 列车上的讹诈案

夜深了，乘列车旅游的里克先生正准备睡觉，突然，一个女人闪进他的高级软卧包厢。一进门她就把门反扣上，胁迫里克先生乖乖交出钱包，否则就要扯开自己衣服，叫嚷是里克先生把她强拉进包厢，企图非礼她。看到里克先生没有做出反应，这个女人嬉皮笑脸地说："先生，即使是你床头的警铃也帮不了你的忙，因为我只需要把我的衣服轻轻一扯……"

里克先生陷入困境，他只好讷讷地说："让我想想，让我想想。"说着，他点燃了一支雪茄。就这样，双方僵持了三四分钟。出乎这个女人的意料，里克先生还是轻轻地按了一下床头的警铃。这个女人不由得气急败坏，她果然说到做到，立即脱了外衣，扯破了胸前的衣衫。待乘警闻声赶到，躺在里克床上的这个女人又哭又闹，她直着嗓子嚷道："三四分钟前，这个道貌岸然的先生把我强行拉进了包厢……"这时，里克先生依旧平静地、不动声色地站在那里，悠闲自在地抽着雪茄，雪茄上留着一段长长的烟灰。

福尔摩斯也目睹了这一切，没有立即做出判断。他仔细地进行观察，不一会儿他就明白了：这个女人想讹诈里克先生。于是就毫不犹豫地让乘警把这个女人带走了。

福尔摩斯根据什么做出判断认定里克先生是无辜的，而这个女人却是在讹诈呢？

侦查小帮办
★★★★★

主 述	乘警		事 件	讹诈钱财
时 间	深夜		地 点	火车包厢

人物及关系	侦查手段	证据及线索	关键点	嫌疑人	侦查方向
福尔摩斯帮助里克澄清坏女人的陷害	现场查看、物证	①点燃了一支雪茄；②僵持了三四分钟；③女人的哭诉	雪茄	女人	从现场的一个特殊物证推理此案

17 识破疑阵

某博物馆一件珍贵的青铜器被盗，警方锁定了两个嫌疑人，一个是瘦高个，一个是小矮胖子。这两人发现情况不妙，就朝海边一座山上匆匆逃去。由于雨过初晴，他们走过的山间小路留下了清晰的足迹。足迹延伸到一个陡坡边的乱草丛中消失了，之后又在坡上重新出现，一直到悬崖边上就不见了，望下去就是滔滔海浪。

警察发现旁边草丛里丢着一个日记本，最后有字的一页上写的是："一切都将逝去，一切皆可抛弃……"一位警员看罢后说："可能是畏罪自杀了。"协助办案的福尔摩斯仔细查看了脚印，果断地说："人就藏在土坡附近，分头搜索！"果然在坡下百米外一个茅棚里揪出了这两个罪犯。

在回来的路上，福尔摩斯对一脸疑惑的警员说："脚印中的奥秘猜到了吗？你想想那现场：土坡以上大个子的步距比小个子的短；大个子的脚印是前掌使劲，而且大脚印有几次重在小脚印上，小脚印从来没有压上大脚印。这是个疑阵。"警员恍然大悟道："险些被他们骗了！"

想想看，这两个罪犯是怎样布置这个疑阵的？

侦查小帮办

主 述	福尔摩斯		事 件	脚印之谜
时 间	雨过之后		地 点	海边悬崖

人物及关系	侦查手段	证据及线索	关键点	嫌疑人	侦查方向
福尔摩斯指导警察破解脚印的秘密	现场查看、推理、物证	①一个瘦高个，一个小矮胖子；②土坡以上脚印的特点；③在坡下提住两个罪犯	坡上有两个人的脚印，却在坡下捉住罪犯	罪犯	想象一下两个罪犯如何留下的脚印推理此案

18 巧取王冠

这是福尔摩斯应邀出席阿拉伯国王的招待会时发生的事情。国王在15米见方的豪华地毯正中放了一顶金光闪闪的王冠。"各位，谁能不上地毯拿到这顶王冠？只能用手，不准用其他任何工具。谁能拿到，就把它作为礼物送给谁。"人们全都聚在地毯周围争先恐后地伸出手，但谁也够不到。这时，福尔摩斯微笑着说："好吧，我来试试！"说着，便轻而易举地拿到王冠。

福尔摩斯是用什么办法取到王冠的呢？

19 还差1厘米

一天，大个子警长和他的两个助手正在追捕一个罪犯。他们追赶进一间地下室，里面什么也看不见，漆黑一团。这时，突然听到高处窗口传来罪犯得意的笑声。他们赶快返身出来，但地下室的门被反锁上了，他们被困在了地下室。他们见墙上有一扇窗，人完全可以从窗口爬出去。因窗户离地面很高，他们就用叠罗汉的办法向上爬，站在最上面的小个子助手无论怎样使劲，他的手离窗沿总差1厘米，就是够不着窗户。

怎么办？如果再爬不出去，罪犯就会逃脱，他们自己也就困在地下室出不去了。这时，警长突然想出了一个办法，使他们爬出了窗口。他想出了什么办法？

20 冬夜"目击者"

在一个雪花纷飞的冬夜，A公寓303号房间被盗，作案时间为当晚10点。警察在案发半小时后即赶到现场。屋子里因为有暖气，虽然从窗缝里不时吹进冷风，室温还是相当高，电灯依然亮着，宽大的玻璃窗只掩着半边窗帘。

与这扇窗子相对的是20米外的B公寓，在这幢公寓的3层楼上住着一个年轻人，就是他及时向警方报的案。他曾目击一个金发男子蒙着面在屋里偷窃。警方根据描述，找到了那位金发男子。这位男子要求与证人当面对质，并对他说："几个月前我就发现你鬼鬼祟祟地偷看这个房间。"

"你胡说，这完全是报复！""那么说，昨天晚上你是偶然向303房间看一眼，凑巧发现我在作案，对吗？""是的，因为房间里的灯很亮，窗帘又没有全遮上，因此我从20米外清清楚楚看到你干的一切。"金发男子却突然放声大笑，然后说："你错了，你完全是撒谎，你根本什么也没看到，因为罪犯就是你！"

青年听完这些话，脸色骤然变得十分苍白，在金发男子说出一番道理之后，他只得低头认罪。金发男子说的是什么道理呢？

侦查小帮办
★★★★★

主 述	金发男子		事 件		偷窃
时 间	冬夜		地 点		303号房间

人物及关系	侦查手段	证据及线索	关键点	嫌疑人	侦查方向
金发男子揭穿证人的谎言	询问、情景再现	①雪花纷飞的冬夜；②屋里有暖气；③室温相当高	冬季	证人	用冬天的生活常识推理此案

21 老太婆夜擒小偷

从前，在印度喀拉拉的农村里，有个小偷常常夜里潜入农民家里偷东西。一天，他听到两个女人在谈话，说到邻村有个老太婆叫莫力雅，非常勤俭。一个女人说："这个老太婆肯定很有钱。"另一个女人说："她平时一分钱都舍不得花，一定都攒起来了。"听到她俩的对话，小偷四处打听，最后终于弄清了那老太婆家的地址。一天晚上，小偷决定去莫力雅家偷东西。

他上了房，悄悄地扒开用棕榈树叶子盖的屋顶。莫力雅听到房顶上有声音，怀疑房上有小偷。怎么办呢？最后，她想好了对策。当时，她的儿子阿瓦兰睡得正香，她故意大声嚷道："阿瓦兰，我放在天花板上的钱柜安全吗？"小偷听到喊声，非常高兴。他认为，这个钱柜现在睡手可得了。他只要跳到那平平的天花板上，就可以把钱柜拿到手。本来他还担心老太婆把钱埋在地板下呢。现在虽已夜色沉沉，但要偷走那个钱柜仍然是很容易的。

小偷从房顶上跳了下来，以为下面就是天花板，结果他从20多米高的房顶跳下来，"咚"的一声落到地板上，摔伤了，痛得他大叫道："你干吗说假话骗人？你这个老太婆！"于是，小偷被抓住，交给了官府。

小偷为什么会摔伤呢？

22 屠狗洞的秘密

在意大利某地有个奇怪的山洞，人走进这个山洞安然无恙，而狗走进洞里就一命呜呼，因此，当地居民就称之为"屠狗洞"，迷信的人还说洞里有一种叫作"屠狗"的妖怪。

为了揭开"屠狗洞"的秘密，福尔摩斯来到这个山洞里进行实地考察。他在山洞里四处寻找，始终没有找到什么"屠狗妖"，只见岩洞里倒悬许多的钟乳石，地上丛生着石笋，并且有很多从潮湿的地上冒出来。福尔摩斯透过这些现象经过科学的推理，终于揭开了其中的奥秘。你知道这个奥秘吗？

㉓ 无赖的马脚

无赖龙南打听到海滨别墅有一幢房子的主人去旅游度假，要到月底才能回来，便起了邪念。他找到懒鬼海涛，两人决定去碰碰运气。两天后的一个夜晚，气温降到了-5℃，龙南和海涛潜入了别墅，撬开前门，走进屋里。他们发现冰箱里摆满食物，当即拿出两只肥鸭放在桌子上让冰融化。几个小时过去了，平安无事。龙南点燃了壁炉里的干柴，屋子里更暖和了。他们一边坐在桌边，转动着烤得焦黄、散发着诱人香味的肥鸭，一边把电视打开，将音量调得很低，看电视里的天气预报节目。突然，门铃响了，两人吓得跳起来，面面相觑，不知所措。门外进来了两个巡逻警察，站在他们面前，嗅嗅烤鸭的香味，晃晃两副叮当作响的手铐。他们究竟在什么地方露出了马脚？

侦查小帮办

★★★★★

主 述	巡逻警察		事 件	入室被擒	
时 间	冬天的夜晚		地 点	海滨别墅	

人物及关系	侦查手段	证据及线索	关键点	嫌疑人	侦查方向
巡逻警察发现入室盗窃的罪犯	现场查看、物证	①打听到别墅主人外出；②气温很低；③点燃干柴	壁炉	龙南和海涛	用生活常识来推理此案

㉔ 失踪的图纸

某大公司研究所发明了一种非常先进的制造工艺，为此公司总裁指派研究所陶所长偕工程师李雄，一起带着工艺图纸去公司下属的生产厂进行开发生产。为防止图纸泄密，总裁指派两名公司保安人员陪同陶、李一起乘上高速列车前往，并叮嘱保安人员时刻注意陶、李动向，更要注意图纸不可丢失，因为他已发现同行公司正密切关注该项工艺，很可能会在半路窃取图纸。

4人登上列车后，一直坐在一间软卧包厢内，谁也不能带着图纸离开包厢，图纸则一直由李雄工程师保管。

半夜里，大家都睡着了，突然被李工程师的惊叫声惊醒。大家睁开蒙眬的眼睛一看，满地都是散落的图纸，而李雄工程师则急得双手直搓。大家赶紧下床将地上图纸

全部捡起，经李工程师一一清点，
居然少了最重要的3张，而且四处查
找再也不见。

陶所长和两名保安厉声责问李雄
是怎么回事？李雄回答，半夜时分他
正在翻阅图纸时，感觉车厢内太闷，
便打开窗子，岂料车外的风一下子将
桌上的图纸吹得满地都是。

陶所长急问："有没有被吹到
窗外？"李雄回答："好像没有，
也许会有。"

保安人员也摸不着头脑，便用移动电话报告了总裁。总裁下令，4人不准离开车
厢，他马上坐飞机赶到前方车站亲自来处理此事。

那么，图纸究竟是否失踪了呢？是如何失踪的呢？

25 火车刚刚到站

这是一个气温超过34℃的
炎热夏天，一列火车刚刚到站。
女侦探麦琪站在月台，听到背后
有人叫她："麦琪小姐，你要去
旅行吗？"叫她的人是和她正在
侦查的一件案子有关的梅丽莎。
"不，我是来接人的。"麦琪
回答。"真巧，我也是来接人
的。"梅丽莎说。说着，她从手
提包里掏出一块巧克力，掰了一半递给麦琪："还没吃午饭吧？来吃点巧克力。"

麦琪接过来放到嘴里。巧克力硬邦邦的，这时，麦琪突然想到什么，厉声对梅丽
莎说："你为什么要撒谎，你分明是刚刚从火车上出来，为什么要骗我说你也是来接
人的？"梅丽莎被她这么一问，脸色也变红了。但她仍想赖，反问说："你怎么知道
我刚下火车？你看见的？""不，我没看见，但我知道你在撒谎。"麦琪自信地说。

为什么麦琪断定梅丽莎在撒谎？

侦查小帮办

★★★★★

主 述		麦琪		事 件		说谎的人
时 间		炎热的夏天		地 点		火车站的月台

人物及关系	侦查手段	证据及线索	关键点	嫌疑人	侦查方向
麦琪揭穿梅丽莎说谎的事实	现场确认、物证、推理	①气温超过34℃；②手提包里的巧克力；③你怎么知道我刚下火车	巧克力硬邦邦的	梅丽莎	从夏天的高温来推理此案

26 侦探捉贼

由于工作忙，福尔摩斯雇用一名女管家照顾他的起居饮食。一天，电视机坏了，只有声音而没有画面，福尔摩斯却如往常一样躺在沙发上听电视机发出的声音。那女管家知道福尔摩斯有一颗名贵的宝石放在厅中的暗格内，趁福尔摩斯看电视之际(那沙发是背着暗格的)，将那个宝石偷去。

谁知过了一会儿，福尔摩斯找到女管家说："如果你把那个宝石交出来，我就饶恕你一次，否则就报警！"那女管家起初否认，但当福尔摩斯说出他如何发觉女管家盗窃的行为时，她就无话可说了。你知道福尔摩斯究竟是如何发觉的吗？

27 急中生智

某夜，间谍J潜入K公爵的住宅，从三楼卧室偷出一份重要的信件，正要离开房间，听到门外有脚步声——K公爵参加晚会回来了。J的处境十分危险。幸好窗下有一条运河，J若跳进运河就可以脱身，但顾虑信件会被弄湿。犹豫中看到自己的助手在对面的一幢房子的窗口向他打手势。J灵机一动，打算先把信件递给助手，再只身逃走。他钻到窗外，站在窗台上，探身，伸手，很遗憾，还差七八十厘米够不着，手边又没有杆子或棍子之类的工具。对面楼房的窗台很窄，跳过去又没有落脚之处。把信件扔过去，又担心被风刮跑。一时，足智多谋的间谍J也束手无策。

"有了！就这么干。"J急中生智，什么工具也没用，就把信件安全地递给了助手，然后只身跳入运河之中安然逃去。你知道J是怎样把信件递过去的吗？

28 停电之夜的证词

"上周日晚上，你借用亲戚的别墅，一个人住在那里。你对刑警是这么说的吧。可是有谁能证明呢？"因为某案件的调查，福尔摩斯侦探询问嫌疑犯。

"是的，没错。因此我不是罪犯。""可是，据住在离别墅一百米的邻居说，那天晚上9点钟左右去你那里时，你住的别墅里一片漆黑，怎么按门铃也没有回音。"

"不可能，我一直在家。晚上8点左右我突然感觉很冷，便拿出旧式电炉点上，由于发生短路而停电。又没有备用保险丝，无奈只好喝了点酒早早地睡下了。因此，门铃没电也不响了，我也就没注意到有人来过。"嫌疑犯回答说。

可是这个谎言被事先早做过调查的侦探一下子就揭穿了。为什么？

29 并没有看错

警方正在调查一起凶杀案。唯一的目击者声称，那天晚上正好是农历十六，他借着月光看见一个穿深灰色羽绒服的人从作案现场走出，身影极像邻村的马某。可是，经过调查，马某只有一件橙黄色的羽绒服，而且从未穿过深灰色的羽绒服。不过，最后马某还是被警方以杀人罪逮捕了。警方一度认为，证人可能看错了。但事实并非如此，你知道为什么吗？

侦查小帮办

主 述	目击者		事 件	指认凶犯
时 间	农历十六晚上		地 点	

人物及关系	侦查手段	证据及线索	关键点	嫌疑人	侦查方向
警察对目击者的证词产生怀疑	现场调查、物证	①月光下；②颜色的差别	色差	马某	颜色在月色下会有视觉差异

30 福尔摩斯的推断

有一天，福尔摩斯到郊外去度假。忽然，他听到有枪声。于是他顺着枪声追了过去。还好，死的是梅花鹿而不是人，真是不幸中的大幸，但是杀保护动物也是犯法的。

不远处有一个人走了过来，这个人穿了一身牛仔，戴了一个帽子，抽着香烟。福尔摩斯问他："嗨，老兄，你看见是谁开枪杀死了这只鹿了吗？"

"哦，我看见一个大约30多岁的人朝北边跑了，他带着枪。我真为这只可爱的小鹿表示难过，我听到了它的哀鸣之后，马上赶了过来，但是还是落在了枪声的后面。"

"我为你的卑鄙行为和愚蠢的谎言感到遗憾。举起手！"福尔摩斯说。

请问福尔摩斯是怎么知道他在撒谎的，破绽在哪里？

第四章
形象思维

第一节　概要

　　以观察作为破案的切入点的思维过程，运用的主要是形象思维。形象思维是用直观形象和表象解决问题的思维，其特点是具体形象性，属于感性认识阶段。形象思维是在对形象信息传递的客观形象体系进行感受、储存的基础上，结合主观的观察和认识进行识别，并用一定的形式、手段和工具创造和描述形象来解决问题的一种基本的思维形式。

　　相信看过《福尔摩斯探案全集》的朋友都知道这样一个场景：在福尔摩斯第一次与华生见面时，就立刻辨别出华生是一名去过阿富汗的军医。福尔摩斯为什么能够那么快地辨别出来面前的这个人就是一名军医呢？是观察。敏锐的观察力使得福尔摩斯能够迅速地辨别出一个人的职业、经历。从这个例子可以看出：福尔摩斯之所以能够很快地破那么多案子，敏锐的观察力是其中的决定因素之一。

　　一个合格的侦探，首先要有敏锐的观察力。而且只观察表面现象是不行的，重要的是要科学地进行观察。在犯人留下的证据中，有些是会随着时间消失、变化的，所以要科学地观察作案时的特定条件以及现场的特殊情况，再做进一步的分析，直至最后破解谜题。

第二节　如何在探案过程中应用形象思维

认真地进行现场勘查

　　现场勘查是侦破疑案的基础，是取得犯罪痕迹物证的重要手段，是案件侦破的首要和关键环节，是分析案件性质，划定侦查范围，确定侦查方向的前提条件。它包括技术勘验、调查访问等工作。只有及时、全面、细致、客观地进行现场勘查，才能得到同犯罪分子人身有直接关系的痕迹，例如手印、脚印、唇纹、毛发、血液、分泌物等；只有及时、全面、细致、客观地进行现场勘查，才能得到犯罪分子作案时使用的各种工具的痕迹，例如撬压工具痕迹、剪切工具痕迹、枪弹痕迹、交通工具痕迹等；只有及时、全面、细致、客观地进行现场勘查，才能得到犯罪分子作案时遗留的各种物品，如工具、衣服、鞋帽、烟头、金属屑等；只有及时、全面、细致、客观地进行现场勘查，才能找到犯罪分子书写的字迹，伪造的证件和票证，如书信、日记本，以及作案时的假证件；只有及时、全面、细致、客观地进行现场勘查，才能发现被害人的尸体和各种附着物，包装捆绑物等，如移尸拖尸时体上黏附的泥沙、杂草、树叶、粉尘以及碎尸后包装尸体的床单、衣服、麻袋等物品。只要犯罪是客观的，就不可避免地留下相应的痕迹，告诉人们一定的信息。即使是假象，也会使人们取得必要的情报，通过其把握住犯罪的本质。只要侦查员能慧眼识金，明察秋毫，善于发现和鉴别现场上的鸡毛蒜皮，那么，任何罪犯都不可能逃脱法律惩罚。一根头发，一个指纹，一个脚印，一点气体……很多痕迹都可以开口说话，充当向导，提供揭露罪行的线索，引导我们抓住罪魁祸首，成为制伏罪犯不可辩驳的铁证。

观察方法是形象思维的综合运用

观察作为一种侦查方法，是形象思维的综合运用。这种思维方法的使用是有条件的：一方面，观察者必须具备良好的素质和丰富的刑侦经验，否则无法对所观察的对象做出正确的判断，更无法判定证据之间有必然联系；另一方面，被观察的对象是有形物体，是可见、可触的，或者通过现代科技可以显现的。正确观察的条件如下：

第一，观察要客观，不能主观臆断，要从现象中发现本质。这就要求侦

查员不囿于过去的经验，切忌凭想当然办案。

第二，观察要全面，对被观察的对象各个方面都要注意，不能只注意大的方面而忽视小的方面。观察应该本着从外围向中心渗入的原则。观察现场的目的在于防止漏掉或破坏痕迹物证。在观察现场时，尸体旁边的带血的凶器容易发现，但那些稍远物体后面的小东西，或者米粒般大小的血痕却不易被发现。有的案件，那些在现场上发现的微量物证往往成为破案的关键。为了发现那些细微的物证，必须按既定的顺序，逐一地对每一个角落进行仔细周密的观察。

第三，观察的范围要宽，不能仅限于作案地点的痕迹物证，在距离抢劫现场几百米远的地方也可能发现犯罪的证物，如发现罪犯的指纹、罪犯逃跑路上的足迹、遗留物等。

第四，在局部观察基础上进行综合分析。局部观察是必要的，在此基础上，要把局部观察和整体观察结合起来。在侦查开始阶段，往往只能看到局部而无法准确地判定被害人与作案现场有什么关系，以及犯罪动机和目的。只有综合地观察每个局部，才可能悟出这些局部所存在的内在联系，局部在整个案子中的作用才会显现出来。有同行曾问李昌钰，"现场是怎么找到证据的？"他回答说："站着看、弯腰看、腰弯深一点看、蹲着看、跪着看、坐着看、各种方法综合起来看。"下面这一案例是李昌钰博士通过仔细观察和推理破的案子：

有一年暑假，一位13岁的小姑娘去参加学校组织的暑期游泳队。一天游泳回来，教练把她放在离家100米远的地方，让她自己走回去。可从那天起，她再没有出现。两年后，小姑娘的尸骨在野外发现。尸体已经腐烂。当时在场的警察都直着身子站在那里看。我蹲在地上看了一会儿，发现小姑娘的尸骨上少了三根骨头，旁边有一些狗毛。据此推断，那三根骨头可能被狗叼走了。于是，让就近的警察局查找两年来的报告，看有没有狗带骨头回家。警察局发现：一年半以前，有一位女士报告过。我马上访问报案女士，

这位女士说，有一天，她的狗叼了一根人骨头回来。她很害怕，打了狗一顿，第二天，狗又叼回来一根人骨，她向警察局报警，警察没有来，第三天，狗又叼回一根骨头，她对丈夫说了情况。丈夫说："没有关系，我来处理。"第四天，狗果然没有再叼骨头回来。因为，她的狗也失踪了。答案有了，我让人把她丈夫找来，经过调查，案情真相大白。原来，是这位女士的丈夫杀死了小女孩。发现狗叼回来骨头后，他又用枪杀死了狗，然后把狗埋在草地里。我们找到狗的尸体，将小女孩身上的弹孔与狗身上的弹孔比对，果然是同一支枪所为。这样，我蹲着找到证据破了案。

第五，观察犯罪现场的条件。犯罪现场的观察要尽量在作案时相同的条件下进行，要尽量减少外界影响，还要考虑各种可能的时空因素对观察带来的影响。如果是夜晚发生的案件，原则上应该在夜晚进行观察。获得犯罪真相是提出这一条件的目的。现场状况对人的影响极大，被害人及其他人对案发现场的叙述，现场目击者的陈述都会影响警察的思维，从而给侦查工作带来影响。下面这个案例很能说明这个问题：

东京曾发生过一起女用人被抢劫的案件。由于被害人是在熟睡中被人用钝器击中头部导致重伤，因此她什么也不知道。老板娘讲，她当时正躺在床上看杂志，听到女用人的叫声就出来，罪犯正站在走廊上，正好和她撞个满怀，罪犯威胁她，让她把钱包拿出来，她就回到屋里，拿出钱包交给了罪犯。她说罪犯是个身穿茶色大衣的三十岁左右的男人，长脸白皮肤，头发好像烫过，弯弯曲曲的。警察根据这些情况侦查了三天，毫无进展。后来，前来增援的本部侦查员将照明及其他条件布置成与被害时相同的情景，再次表演了与老板娘相遇时的情形，确认了走在走廊上只能看到罪犯黑乎乎的身影，大衣颜色及罪犯的脸根本无法辨认。再次问老板娘，她回答说："说真的，我什么也不知道，介于考虑到刑警们特意向我了解各种情况，而我又什么都不知道，有点对不起人家。"

第三节 经典案例展现

① 抬病妇

福尔摩斯有一日清晨路过邻县，看到有几个男子抬着一张床在城外急行，床上躺着一个病人，上面盖着一条大被子，从头到脚蒙得严严实实，只从枕头上露出卷发，看来是个女人。抬床的有两个男子，床边还跟随着三四个壮男，只见他们不时地用手把被子往病妇身下塞进去，好像是怕进风受凉。过了一会儿，抬床的两个显然是累了，于是在路边停下歇息，另外两个男子去换着抬。看到这里，福尔摩斯就对一个同行人说："这是一伙盗窃贼。"后来经过调查，这伙人果然是盗贼。

有人问福尔摩斯怎么知道这伙人是盗贼的，福尔摩斯笑着说道："这很简单，仔细观察就会发现很多疑点。"你发现这些疑点了吗？

侦查小帮办

主 述	福尔摩斯			事 件	发现盗贼	
时 间				地 点	邻县	
人物及关系	侦查手段	证据及线索	关键点	嫌疑人	侦查方向	
福尔摩斯识破盗贼的真面目	现场查看、推理确认	①三四个壮男抬，还需要歇息；②塞被子	床的重量	抬床的人	从生活常识和人的体重推理此案	

② 邮票失窃

美国旧金山，有次举办世界邮票大奖赛，尽管有科学的保卫措施，但获得二等奖的一张价值很高的邮票还是被人乘乱窃走了。作案人就是世界大盗史莱福。他手法高超，行动诡秘，盗得邮票后，立即返回居住的一家廉价旅店。他自以为此次行动神不知鬼不觉，哪想到所有的行动全被监视了。

很快，警察们冒着盛夏的酷暑，包围了旅店，闯进史莱福的房间。旅店的条件很差，连窗都没有的房间里除了一台密封式的呼呼开着的电扇外，只有非常粗糙的一床、一柜、一桌、一椅。史莱福斜靠在床上，若无其事地打量着警察。据警察所知，史莱福一路上并未同谁联系，也未停顿。回来后一直无人找他，他也从未离开过房间。显然，邮票肯定在房间里，然而，警察搜遍了史莱福全身和房子的每一个角落后，仍然一无所获。没办法，旧金山警察局请来了福尔摩斯侦探，福尔摩斯仔细了解了整个案情，然后走进史莱福房间，向四周审视了一会儿，忽然指着一处说："邮票就在这儿！"警察们走上前一搜，果然取到了史莱福偷窃的邮票。邮票放在哪儿了呢？

❦ 侦查小帮办 ❦
★★★★★

主　述	福尔摩斯		事　件	寻找邮票	
时　间	盛夏		地　点	廉价旅馆	
人物及关系	侦查手段	证据及线索	关键点	嫌疑人	侦查方向
福尔摩斯帮助警察破案	现场查看、物证	①盛夏；②廉价旅馆；③邮票肯定在房间里；④简陋的家具和电扇	电扇	大盗史莱福	从现场某一个重要的物件推理此案

3 识破假和尚

某日，几个警员押来一个僧人，说此僧在酒馆酗酒食肉并殴打服务员。张咏警长一瞧，此僧面目非善，不似修性之相，厉声道："大胆僧人，酗酒食肉违反佛规戒律第几条？"僧人略微一怔，随即现醉状支吾不清。张咏细察僧人表情，心中生疑，又问："你在哪儿出家？"僧人答道："灵隐寺。"张咏再问："有何凭证？请速取来。"僧人忙从身上取出戒牒作为身份的证明交给张咏。张咏看了良久，拍案而起，道："将此僧押入后牢，明日再审。"僧人不服，高声叫屈不绝。张咏摆手命警员将僧人带走，随后在纸上唰唰地写下几行字：此是假僧人。

次日清晨，群官聚集听审。当介绍完此僧人昨日的劣迹后，众人不解，单凭这些何能断定是假冒僧人呢？更令人迷惑的是，张咏又如何推断此人是杀人犯呢？于是私下文耳议论。张咏微微一笑道："本官自有道理，各位看审吧。"说完传令将那僧人押上。

僧人一进审庭，见此架势，心中生惧，跪在地上口念冤枉。张咏道："你先别喊冤，待我问你几句话便可结案。昨日念你酒醉不作计较，今再问你，出家人酗酒食肉违反佛门戒律第几条？"那僧人头上冒汗，一时语塞。张咏再问："你出家为僧几年了？"僧人即答："七年了。"张咏笑着追问："你额头上是什么痕迹？""束裹头巾的痕迹。"张咏听罢哈哈大笑。僧人惊恐万分，自知语失。张咏喝道："假僧，还不快快招供！"

僧人在严厉的审讯下，终于招供。原来他前几日夜晚在路上遇见一位云游僧人，假意结伴，行至荒僻处，剥下僧衣，取了他的户部戒牒，自行披缁剃发假冒僧人，以靠化斋为生，不想竟被张咏识破。

张咏是怎么识破这个假和尚的？

侦查小帮办

主　述	张咏	事　件	辨认假和尚
时　间	某日	地　点	

人物及关系	侦查手段	证据及线索	关键点	嫌疑人	侦查方向
张咏识破假和尚的真面目	现场查看、盘问、推理	①戒律不明；②裹头巾的痕迹	头巾的痕迹	假和尚	七年的和尚不该有头巾痕迹

4 书房里的抢劫案

这天凌晨，福尔摩斯接到报案，在收藏家的花园洋房里发生了一起抢劫案。福尔摩斯迅速赶到案发现场，只见二楼的书房里，两扇落地窗敞开着，桌子上有两支点了一大半的蜡烛，烛液流了一大堆；桌下散落了好多文件，现场似乎发生打斗；另外，地上还有一截绳子。收藏家告诉福尔摩斯："昨晚，房间突然停电了，于是我点了蜡烛，打算看看到手的珍贵手稿。谁知蜡烛刚点亮，门突然被风吹开了，我就去关门，不想从窗外爬进来一个蒙面人。他把我摁倒在地，捆住我的手脚，堵住我的嘴。然后他抢走了手稿，又从窗口爬了出去。我好不容易挣脱绳子报了警。"

福尔摩斯听完，环顾了一下四周，哈哈大笑起来："先生，虽然您制造假现场的本事很大，但是您还是忽略了关键的细节。看来以后还要更细心一些才是！"请问，福尔摩斯是如何发现破绽的呢？

侦查小帮办

主 述	福尔摩斯		事 件	报假案
时 间	凌晨		地 点	收藏家的花园洋房

人物及关系	侦查手段	证据及线索	关键点	嫌疑人	侦查方向
福尔摩斯识破收藏家的谎言	现场查看、物证	①门突然被风吹开；②点了一大半的蜡烛，烛液流了一大堆；③桌下散落好多文件	蜡烛	收藏家	用生活常识推理此案

5 仙鹤引路

　　一支军队在转移途中误入了侵略军的埋伏圈。"全体人马，原地休息。"聂士成下达了命令，部队便开始原地待命。"我们在这异邦之地，人生地不熟的，怎么才能突出重围呢？"将士们乱作一团，不知所措，部队充满了绝望的情绪。

　　聂士成沉着冷静地打量着四周的环境。突然，他发现右前方的一个高山冈上站着两只仙鹤，悠闲自在地在土岗的草丛里觅食。聂士成心里一亮，于是带领部队悄悄地从鹤立的地方往外走，果然一路上未遇到伏兵。走出有十里地了，士兵们才敢出声讲话。"好险啊，要不是我们聂将军料事如神，今天我们可要全完了。"将士们以十分敬佩的目光望着聂士成。聂士成还是那种沉着冷静的神情："今后你们可要记住，战争中遇事要多观察，多思考，只有这样，才有可能出奇制胜，置之死地而后生。"

　　你知道聂士成是怎样进行观察和思考的吗？

侦查小帮办

主　述	聂士成			事　件	脱离险境	
时　间				地　点	战场上	

人物及关系	侦查手段	证据及线索	关键点	嫌疑人	侦查方向
聂士成发现埋伏圈的薄弱之处	现场查看、物证	仙鹤觅食	仙鹤警惕性非常高		从动物的习性和本能推理此案

6 揭穿谎言

　　一座公寓发生了盗窃案。刑侦队员在勘查现场时，女佣人反映："我听到房间里有声音，就走到门口，因为害怕，我就透过门上的锁孔向里瞧，看到一个男人从房间左侧的暖炉里，把什么东西装到口袋里，然后穿过房子，从右侧窗户跳窗逃跑了。"刑侦队员听罢，立即做出判断：这是谎话。

　　他的依据是什么？

7 项链被窃

某夜，伯爵夫人在她的别墅举行了一个小型舞会。大侦探福尔摩斯也应邀参加。伯爵夫人很宠爱她的白毛哈巴狗，经常把它抱在膝上抚弄。这天晚上，伯爵夫人一面抚弄她的爱犬，一面和3位女士谈天。话题是其中一位女士安妮的珍珠项链。这串项链是前埃及女王的饰物，十分名贵。正说着，只见在座的安妮解下项链，放在桌子上，得意地让大家观看。

就在这时，突然停了电，室内漆黑一片。一分钟后，灯光再度亮起。众人正感惊讶，安妮忽然大叫起来："哎呀！我的项链不见了。"大家一看，果然停电时放在桌上的项链不翼而飞。"想来，必定是在停电时，被人偷去的。当时，男士们正在隔壁打桥牌，因此只有我们围桌而坐的4人嫌疑最大。不过，安妮是失主，项链当然不是她偷的，所以嫌疑犯就剩下我们3个了。"伯爵夫人边说边盯着那两位女士，"与其互相猜疑，倒不如我们都让安妮搜身。"伯爵夫人建议说。安妮认真地搜了她们3位的身，却一无所得。

这时，人们都闻讯赶来帮助安妮寻找，可连影子也没见到。正当众人疑惑难解时，大侦探福尔摩斯却在细心地环视室内的一切。他发现所有窗户都上了锁，认为窃贼是不可能在一分钟内把窗户打开，将项链掷出去的。同时，几位女士在停电时也没有离开桌边一步。福尔摩斯沉思了一会儿，心里有了数，当安妮要去报警时，他说："不用了，我知道谁是窃贼了。"

试问，窃贼是谁呢？

侦查小帮办

★★★★★

主　述	侦探福尔摩斯		事　件	项链被盗	
时　间	夜晚		地　点	伯爵夫人的别墅	

人物及关系	侦查手段	证据及线索	关键点	嫌疑人	侦查方向
福尔摩斯现场辨别盗窃项链的女士	现场查看、推理	①一分钟后来电；②只有女士嫌疑最大；③搜身一无所得；④项链不可能转移	白毛哈巴狗	伯爵夫人	从珍珠项链的特征推理此案

⑧ 遗书真伪

　　侦探福尔摩斯的助手卡拉近几天正为女友遇到的麻烦而心神不定，终于他向福尔摩斯讲了这件事的原委：女友的父亲因交通事故住院，上星期去世了。在葬礼之夜，她的伯父，也就是死者的哥哥，拿着她父亲的遗书，提出要分一半财产给他。遗书很长，是去世的前两天写的，大概内容是："生前多蒙哥哥照料，故将我财产的一半馈赠于您，作为报答。唯恐儿子或女儿反对，故立此遗言。"女友的父亲负重伤后就卧床不起。她伯父说这份遗书是她父亲在他一人去探视时写的，没有第三人在场，因为不能坐起来，是仰面躺在床上用普通的圆珠笔写的，所以上面的字简直就像蚯蚓一样七扭八歪的，无法同生前的笔迹相比较，也就无法判断遗书的真伪。

　　福尔摩斯听罢，向着卡拉吼了一声："愚蠢！"卡拉莫名其妙，愣在那里了。

　　"那份遗书纯粹是伪造的。还不快点儿告诉她，好让她放心。"

　　福尔摩斯连遗书都没看，怎么知道那是伪造的呢？

9 巧取手提箱

一列开往纽约的列车即将靠站，这个站很小，停车时间很短。因此，旅客们急匆匆地赶着下车去。突然，一位女士急叫道："我的手提箱不见了。"刚巧，同车厢的福尔摩斯侦探听到这位女士的叫声，马上赶过来叫她别急，看看是不是有人拿错了。女士赶紧朝四处张望，果真看到一位男士提的箱子像自己的。于是，她快步冲了上去，抓住那个男士："这是你的手提箱吗？"男士一怔，马上道歉说："对不起，我拿错了。"于是把手提箱还给女士，自己朝出口走去。

福尔摩斯侦探看到这里，立即追过去说："先生，你下错了车，快回去！"说着，不由分说就把男士拉上了车。然后他叫来警长说："那个男子是个小偷，你去把他控制住。"警长把那个男子带到警备车厢，果然从他身上搜出了很多现金、首饰等值钱物品，那男子在事实面前只好坦白招供。

福尔摩斯侦探是怎样看出他是个小偷的呢？你看出来了吗？

侦查小帮办

★★★★★

主 述	福尔摩斯侦探	事 件	捉小偷
时 间	列车到站后	地 点	站台

人物及关系	侦查手段	证据及线索	关键点	嫌疑人	侦查方向
福尔摩斯用计抓获小偷	询问、物证	自己说拿错了	朝门口走去	男士	男士的行为反常

⑩ 谁偷走了邮票

　　一天，卡特给福尔摩斯打来电话，说自己珍藏的"黑便士"邮票被盗走了。福尔摩斯立即赶到卡特家里。卡特告诉福尔摩斯，自己把"黑便士"邮票和其他珍贵邮票都放在收藏室的矮玻璃柜里。今天上午家里来了个叫桑格的客人，卡特陪他去参观邮票。没想到，桑格突然从后面打昏了卡特，并撬开柜子，盗走了"黑便士"邮票。等卡特醒来时，桑格已经逃之夭夭了。

　　福尔摩斯仔细察看了矮柜，看到里面放了很多珍贵的邮票，只有一块地方是空的，估计是原来放"黑便士"的地方。而在柜子上还有好几处被撬的痕迹，看来这个窃贼花了不少工夫。福尔摩斯直起身子，问道："你为'黑便士'投过保吗？""当然，这可是世界上第一枚邮票，价值连城，所以我为它投了30万的保险，有什么问题吗？"福尔摩斯打了个响指，说："我说你是打算骗取巨额保险金，你不会反对吧？"

　　你知道福尔摩斯是怎么判断的吗？

⑪ 难做的动作

　　某动物园里，有一只猴子专爱模仿人的动作。人们逗它，它的姿势、手势简直像一面镜子，立刻模仿得毫无半点差别。一个人走到猴子跟前，右手抚摸自己的下巴，猴子就用右手抚摸下巴；人闭上左眼，猴子闭上左眼；人再睁开左眼，猴子也立刻照办。可是，福尔摩斯侦探却说："猴子再有本事，有时一个简单的动作它却永远也不会模仿，这不仅是猴子办不到，人恐怕也不能办到。"请问，到底是什么动作那么难呢？

12 狡猾的走私者

亨利的职责是在边卡检查那些入境车辆是否带有走私物品。除周末外，每天傍晚时分，他老是看见一个工人模样的汉子，从山坡下面用自行车推着一大捆稻草向入境检查站走。每当这时，亨利总要叫住那人，要他将草捆解开接受详细的检查，接着将他的每个衣袋也翻了个遍，看看能否搜出点金银珠宝之类或别的什么值钱的东西，但遗憾的是每次都未能如愿，尽管他搜查得一丝不苟。但是他料定此人准是在搞走私，然而却苦于查不出走私物。

辞职的前一天，亨利对那人说："今天是我最后一班岗。我观察你很久了，知道你一直在携带走私物品入境。你能否告诉我你屡屡得手，究竟贩运的是什么物品？要是你告诉我，我绝对为你保住秘密，决不食言！"

那汉子沉吟片刻，最后，大笑着向亨利透露了底细。你能判断出走私物是什么吗？

侦查小帮办

主述	汉子		事件	走私之谜	
时间			地点	边境检查站	

人物及关系	侦查手段	证据及线索	关键点	嫌疑人	侦查方向
汉子告诉亨利自己走私的秘密	现场查看、物证	①自行车推着一大捆稻草过检查站；②查不出走私物；③汉子确实在走私	走私物是什么	汉子	从汉子奇怪的行为推理此案

⑬ 聪明的女孩

某报刊登了一个案件的简短报道，并附发了一幅照片。消息说："昨天深夜，警长为捉拿一个毒品集团的主犯，潜入某大楼。正当他抓住一些证据时，主犯却被暗杀了。主犯在临死前写了一张小便条，上面写了几行数字。可以肯定这是密码。为了迅速破案，特将密码公布于众，能破译者将获得5000元的奖金。"

```
710
57735 34
5509
51 036 145
```

福尔摩斯足足想了两个小时，最后还是无可奈何地摊了摊手。晚上，他刚满8岁的小侄女拿着报纸翻了一会儿，突然对他说："我把报纸上征答的问题想出来了。"

当他还在将信将疑时，8岁的小侄女已经在动手给警察局写信了：

"警察先生，这几行数字，其实并不是什么密码，只是用英文写的一句话，我已经把它读出来了，它的意思是……"

你能说出这几行数字表示的是什么意思吗？

⑭ 侦破敲诈案

最近，一名女子向私人侦探福尔摩斯求助。她遭到了住在同一幢公寓里的一个人的敲诈，她收到了一张字迹潦草的纸条，是不久前的一个早晨从门缝下面塞进来的。侦探盯着纸条看了一会儿，然后向女士要了一支铅笔。5分钟后，侦探便拘捕了敲诈者。他是怎么知道谁是敲诈者的？

15 地铁站的嫌疑犯

一个冬天的夜里，福尔摩斯和查理警官正在回警局的路上，突然发现前面有个歹徒正在拦路抢劫，便冲上去想抓住他。歹徒一看见他们，掉头就跑，跑了好长一段路后进了地铁站，福尔摩斯和查理警官紧跟着也追了进去。此时，地铁站上只有六个人，体形和歹徒都很像。

一个人正在和管理人员争吵，吵得很凶，第二个人在一旁津津有味地看热闹；第三个人正在看一张报纸，报纸把脸遮住了，看不清面目；第四个人正在原地跑步取暖；第五个人一边等地铁，一边不停地看手表，显得很着急；第六个人裹着大衣坐在座位上，冷得直发抖。

福尔摩斯观察了一下，指着其中一个人对查理警官说："他就是嫌疑犯！"你知道他指的是哪个人吗？

侦查小帮办
★★★★★

主 述	福尔摩斯		事 件	抓嫌疑犯
时 间	冬天夜里		地 点	地铁站

人物及关系	侦查手段	证据及线索	关键点	嫌疑人	侦查方向
福尔摩斯帮助查理警官辨认嫌疑犯	现场查看、推理	①跑了很长的路；②紧追	被紧追后的身体表现	其中之一	从人疯狂跑步后的生理特征推理此案

16 两盘草莓饼

女模特安娜垂涎劳伦公子囤积的珠宝，一心想把其据为己有。但这名美女也发现，这名叫劳伦的公子贪食超过了贪色，于是她筹划在餐桌上做点手脚。

这天晚上，旅馆服务员给这对野鸳鸯送来了咖啡和两盘草莓饼。劳伦快要把自己的那盘草莓饼都吞进肚子时，打了个嗝儿，眼珠翻了翻，从椅子上摇摇晃晃地倒下去了。15分钟后，安娜打电话找医生，惊动了正在这个旅馆住宿的名探福尔摩斯。安娜把福尔摩斯请进了劳伦的房间，劳伦仍在昏睡。安娜对福尔摩斯说，自己在失去知觉前把自己那盘草莓饼都吃光了，劳伦没醒也许是因为劳伦的那盘掺进了过多的安眠药。说着，露出一口洁白光亮的牙齿，这引起了福尔摩斯的注意。

警方人员来到以后，福尔摩斯对警长说："如果劳伦的珠宝被盗，安娜的嫌疑最大。"福尔摩斯根据什么做出这种判断？

侦查小帮办 ★★★★★

主 述	福尔摩斯		事 件	谋害劳伦
时 间	晚上		地 点	旅馆

人物及关系	侦查手段	证据及线索	关键点	嫌疑人	侦查方向
福尔摩斯识破安娜的盗窃计划	物证、现场查看	①她把自己的都吃光了；②洁白光亮的牙齿	牙齿	安娜	从人们吃草莓后牙齿的生理现象分析此案

17 如何平分

兄弟四人继承了父亲的遗产，遗产共有如图所示的土地、四棵果树和四所房子。遗嘱上注明要公平分配，但没有写明怎么分配，兄弟四人一筹莫展，还因此闹出了矛盾。最后一个侦探听说了这件事，帮他们解决了难题。如果你是那位侦探，怎么分才能让四位兄弟每人都分到相同面积的土地，并且每人都有一所房子和一棵果树？

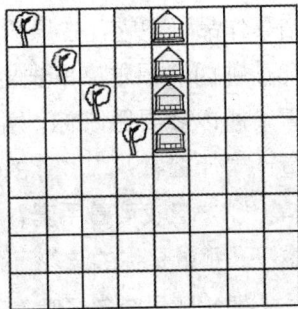

18 逼真的赝品

市艺术博物馆失窃了一幅雷诺的原作。馆长向侦探福尔摩斯介绍说："这个窃贼相当精明，他将一幅逼真的临摹品挂在墙上。直到昨天，一位艺术教授来博物馆参观时，他看出墙上的那幅画是赝品。"当侦探长了解到有一批艺术学院的学生喜爱临摹雷诺的画时，向馆长要了艺术学院来临摹的学生名单。他们一共是五个人，福尔摩斯通知这五个学生带了临摹作品到博物馆来。

五个学生中有四人带了临摹作品来了。只有一个名叫玛丽的女学生没带作品来，她解释说："我把它卖了，我知道博物馆的临摹品是不该卖的，但我需要钱来交学费。""你将画卖给谁了？""卖给一个30多岁的男子。是他提出买画的，以后我再也没看见他。""这个人有什么特征？"玛丽竭力回忆着："他像是左手缺了根小拇指。"福尔摩斯又领着玛丽来到挂画的地方，那里挂着的果然是玛丽的那幅临摹品。玛丽的神情非常沮丧，只得尽自己的记忆，将那买画人的像画出来交给福尔摩斯。

福尔摩斯寻找罪犯档案，没有发现玛丽所说的那种类型的人。他就把注意力又集中到博物馆中。博物馆的五个清洁工人正在打扫，他像是发现了什么，问馆长："你们有没有男清洁工？""我们馆里共有六名清洁工，每天都有一人轮休，今天轮休的是一名新来的工人。可都是女性，没有雇用过男清洁工。"福尔摩斯说："窃贼成功地换走了雷诺的名画，他可能还会如法炮制的，我们必须加强戒备。"

第二天，到下班时，福尔摩斯又来到艺术博物馆。他发现昨天轮休的女清洁工今天来了。她中等身材，30多岁，戴着工作手套，拿着一只垃圾箱，从一个房间打扫到另一个房间，干得很卖劲。由于光线比较暗，那名女工没有看见福尔摩斯。她走到毕加索的一幅小画前，利索地把那幅画从墙上取下，然后从垃圾箱里拿出一幅逼真的临摹作品，把它挂在原画的所在处，再把毕加索的画放进垃圾箱里，整个事情发生在几秒钟内。福尔摩斯走上前去，拦住她："你很聪明，但你也有疏忽，你忘了一件事，所以我要跟踪你，并当场目睹你第二次偷画。"那"女工"却用男人的声音问道："什么事？""你的左手——你应该明白我们会了解到那个盗窃犯左手缺根小拇指。""但我戴着手套，"那盗贼说，"我不明白怎么……"福尔摩斯打断那人的话说："那就是你的疏忽了，好了，跟我去警察局吧！"

罪犯哪里疏忽了呢？

侦查小帮办

★★★★★

主　述	福尔摩斯		事　件	盗窃名画
时　间	下班之后		地　点	艺术博物馆

人物及关系	侦查手段	证据及线索	关键点	嫌疑人	侦查方向
福尔摩斯识破盗窃犯的伪装	现场查看、调查取证、物证	①玛丽的临摹画被人买走；②现场抓获窃贼；③戴着手套被辨认出	手套	男扮女装的清洁工	想象疑犯戴手套的情景推理此案

19 无用的救生圈

　　海滨浴场有一个孩子掉到了海里。人们急急忙忙地在救生圈上绑上绳了(如图)，把救生圈扔向了他。孩子很准确地抓到了救生圈，可是，尽管他不断把绳子两头向自己这边拉，可他还是被海水逐渐冲远了……这根绳子既不是太长，也没有变长或截断，并且救生圈也没有裂开。请问，这是为什么？你能用一根绳子和线圈还原出现场吗？

20 恶劣的珠宝商人

　　在一个珠宝商店里来了一位女性，她要修理如下图所示的镶有珍珠的项链坠子。她当着珠宝商面强调说"从上数到下共有13颗珍珠，从上数下来中途向左拐或者向右拐也都是13颗"，然后就回去了。但是，修理完毕以后，珠宝商骗取了坠子上的两颗珍珠。来取的那位女士和第一次一样又数了一遍珍珠的数目，她没有发现少了两颗，于是便安心地回去了。那么这个恶劣的珠宝商人用的是什么手法呢？请你先数数图中的珠子，仔细思考一下，揭穿这个骗局。

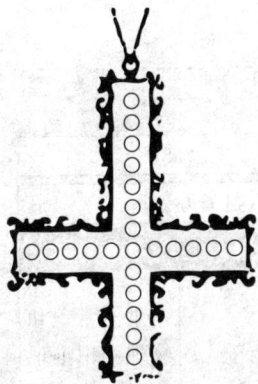

21 破窗而入

这天，一家工厂打电话报警，说厂里发生了盗窃案，放在财务办公室保险箱里的10万元现金不翼而飞了。福尔摩斯和警察赶到了现场，只见办公室的玻璃窗被打碎了，室内满地都是碎玻璃，看样子小偷是从窗子跳进来作案的。

当晚值班的保安对警察说："小偷一定是后半夜作的案，因为我12点钟的时候，曾经到这个房间巡视过，当时门窗都好好的。"警察追问道："你确定吗？"保安点点头："当然，我还顺手拉上了窗帘了呢。"警察指了指地上的玻璃碴儿："可是满地的碎玻璃这么多，看起来当时小偷砸玻璃时用了很大的力气，难道你没有听见声音？""没有，"保安摇了摇头说，"厂房边上有条铁路，可能小偷是趁火车经过时把窗子砸破的。火车一来，什么都听不见了。"

一直站在旁边勘查现场的福尔摩斯突然打了个响指，冲着保安说："不要狡辩了，你就是小偷！"你知道福尔摩斯是如何做出判断的吗？

侦查小帮办
★★★★★

主　述	福尔摩斯	事　件	现金被盗
时　间	夜晚	地　点	财务办公室

人物及关系	侦查手段	证据及线索	关键点	嫌疑人	侦查方向
福尔摩斯帮助警察分析案情	现场查看、询问、物证	①室内满地都是碎玻璃；②12点钟的时候门窗好好的；③顺手拉上了窗帘。	窗帘	保安	用生活常识和物理知识推理此案

22　侦探的头发谁来剪

福尔摩斯侦探来到一个小镇，镇上的朋友告诉他，小镇只有两家理发店，每家只有一个理发师，他先来到第一家，见里面干净整洁，理发师的发型漂亮有型，然后他又去第二家看看，只见里面又乱又脏，理发师的发型乱七八糟，你说他应该光顾哪一家？

侦查小帮办

主　述	福尔摩斯侦探		事　件	理发	
时　间			地　点	理发店	

人物及关系	侦查手段	证据及线索	关键点	嫌疑人	侦查方向
侦探选择理发店	现场查看	两家理发店和理发师的不同	只有2个理发师	第一家	谁的手艺好一目了然

23　藏匿的巨款

黑老大将犯罪所得到的金钱存于瑞士某银行内，而他每年春天就会到瑞士将黑钱带回英国。英国警方已经留意了黑老大很久，故在他每次过关时，都会特别细心地搜查他的行李。海关在他的行李内只找到一些衣裤，并没有什么特别的东西。而在黑老大的身上，就只有一副名贵的太阳眼镜、名牌皮带、 皮鞋、名牌钱包，钱包内则只有数张面值不大的现钞及一些硬币等，似乎并没有什么值钱的东西。然而，明察秋毫的福尔摩斯还是发现了藏匿的巨款，你知道藏在哪里了吗？

24 下雪夜的不在场证明

某天，W村所在的地区下了一天大雪，直到晚上8点多钟雪才停了，地上积有15厘米厚的雪。在晚上9点左右，W村发生一起偷窃案。经过公安人员的初步调查，发现一名有重大嫌疑的男子，他是住在村子另一头的单身汉汪某。于是，公安人员连夜传讯他，汪某提出了自己不在场的如下证明：

"我是一个人独居在此，所以没有人能证明我当时不在现场。但是我确实一直都待在家里。8点多雪停之后我烧水准备洗澡。9点左右我大概正在洗澡呢。"

公安人员在他的院子里察看一番，情况如图所示。

你相信汪某不在场的证明吗？

侦查小帮办

主 述	公安人员		事 件		确认口供
时 间	夜里		地 点		村子里

人物及关系	侦查手段	证据及线索	关键点	嫌疑人	侦查方向
公安人员发现疑犯的谎言	看图找线索	①屋顶上厚厚的雪；②烟囱的样子	烧水准备洗澡	汪某	如果烧水烟囱口会是什么样子

25 手机短信的秘密

上海市公安局根据举报线索，在江苏省洪泽县洪泽湖度假村里，抓获一名涉嫌进行毒品交易的毒贩，查获了大量将用于购买毒品的现钞，共计人民币20万元，还有手机和笔记本电脑。但是该贩毒嫌疑人拒不交代其何时何地交易及向谁购买毒品，只交代了自己的名字叫赵无极，河南洛阳人。经上海市警方与河南洛阳当地联系，得知其毕业于华中理工大学，毕业后分配到洛阳市轻工局，后因吸毒被单位开除，之后一直没有找其他工作，据其家人透露，上个月27号，赵无极对家人说要到外地一家单位应聘。

　　警方仔细搜查了他的个人物品，调查了他的手机短信，又请计算机专家对他的笔记本电脑里的内容作了全面的分析。经过计算机专家的检验，在赵无极的笔记本电脑里没有找到什么可疑的文件。电脑里除了WINDOWS系统文件以及一些常用的工具软件，还安装了很多热门游戏，如《雷神之锤》、《极品飞车》等。

　　但是在调查赵无极的手机短信时，发现了几个疑点：

　　1. 上个月27号他离家之前，收到两条奇怪的短信，都是让人难以捉摸的英文字母串，一串字母是：

QEEBCZFFHIJDFSFDARSKWSYEWLHGEJKHQSXABHSUFTQGO

另一串字母是：

CGJOTWAEJLOSVAE

　　2. 此外，赵无极的手机还收到一条奇怪的短信，全文内容只有四个数字：3214。

　　3. 手机上还有一个无法查询到对方身份的电话号码。就是在收到上述三条短信后不久，赵无极又接了一个电话，经警方调查，这个电话是河南省洛阳市区一个IC卡电话，无法查到是何人拨打了这个电话。

　　你能根据以上线索破译手机短信里的秘密吗？

26 摄影家之谜

　　摄影家偶然路过公园时，目击到暴力团伙在交接毒品的场面，便将此情景拍入了镜头，但却被一暴力团成员发觉，遭到枪击。身负重伤，好不容易才挣扎到警察署的摄影家只留下一句"毒品交易现场已经拍了下来，开枪打我的是右数第2个人"然后就断气了。

　　刑警将摄影家送来的胶卷送鉴定科冲洗后，得到下面的照片（如图）。以该照片为线索，以违反毒品取缔法为由将照片上的6人逮捕，并以杀人罪对右数第2人进行起诉。

　　但被起诉的人辩驳说"我没杀人，开枪的是别人。"那么，到底是谁开的枪呢？

㉗ 怪贼

侦探福尔摩斯兼任爱鸟协会的会长，他把业余时间几乎都花在研究鸟类上了。有一天，福尔摩斯到郊外一座别墅处理一起失窃案。失窃现场是一幢度假别墅的3层楼，失窃者是前来度假的西佐夫人。据西佐夫人说，案发时她在浴室洗澡，出来后，发现放在梳妆台上的三样饰物中，丢失了一只最廉价的钻石戒指，而台上不知为什么留下一根火柴棍。

福尔摩斯仔细观察了现场，特别研究了这根火柴棍上咬啮的痕迹。他又了解了整个别墅环境和人员的情况，知道别墅附近有一座大花园，园中养了不少热带雀鸟、猫头鹰、相思鸟等，他还了解到管理员负责照顾这些鸟，有人还见过他训练这些鸟。最后福尔摩斯肯定地说："哈，管理员就是此案的主谋，但窃贼却是无罪的。"

你知道福尔摩斯根据什么下的结论吗？

㉘ 瓦特智破毒针案

英国格拉斯葛大学的里斯德教授的办公室里，里斯德教授和机器修理工瓦特坐在椅子上喝咖啡。喝着喝着，瓦特觉得脑袋有点儿晕："不好，咖啡里放了安眠药。"他意识到这一点时，已经晚了，只觉得浑身麻木，一会儿就迷迷糊糊地睡着了。当瓦特醒过来时，已经是第二天了。一个骇人的情景使他猝然大叫起来：里斯德教授的颈上扎着一枚约五厘米长，带有软木塞的针，身子靠在椅子上昏过去了。

瓦特努力地回忆着昨晚的事——昨晚，里斯德教授把他请到这里，对他说："我发明的一份机器设计图，昨天突然被人偷偷地翻拍去了。由于这种机器在技术上的难度很大，其中一定有些问题是偷拍的人所不能解决的，以后他会来求你帮忙……"教授说到这里，见他的一个青年助手端着两杯咖啡，推门进来，就收住了话头。那助手给他们送来咖啡后，又拿来一把水壶，把它放在火炉上，就把门关上走了出去。教授小心翼翼地把钥匙插到门上的锁眼里，把门锁上，说："我不想让任何人打扰我的谈话。现在我连自己的助手也不敢相信了。"教授又坐了下来，和瓦特边喝咖啡，边谈话，他谈了设计图被偷拍的经过，并说：一旦有人就这设计图的问题请教瓦特时，请瓦特立即告诉他……瓦特回忆完昨晚的事后，又想，在咖啡中放安眠药的，看来是那青年助手干的。但他出去了再没有进来过。那么，教授颈上的针又是谁扎的呢？他绕着火炉转了几圈，又盯着教授颈脖子上的毒针看了好一会儿——咦，毒针的根部怎么会扎在软木塞里呢？瓦特又仔细看了看，发现那壶嘴对准了教授所坐的位置和他的颈脖的高度。哦，原来如此……

警察来了，根据瓦特提供的情况与科学的分析，终于弄清了此案的真相：原来那青年助手偷拍了教授的设计图后，进一步想占有这项发明的专利权，才下此毒手。

案破了，瓦特从水蒸气原理中进一步得到启发，后来他使蒸汽机不断完善，成了闻名世界的"蒸汽机之父"。

你知道青年助手是怎么作案的吗？瓦特又是根据什么科学道理进行推理的？

侦查小帮办

主 述	瓦特		事 件	昏迷后的凶案
时 间	夜晚		地 点	里斯德教授的办公室

人物及关系	侦查手段	证据及线索	关键点	嫌疑人	侦查方向
瓦特发现了助手谋害教授的行径	现场查看、物证、推理	①水壶放在火炉上；②毒针上有软木塞；③壶嘴对准教授的脖子。	火炉上的水壶	教授的助手	用物理知识和生活常识推理此案

29 冰川考察队

德国的一支冰川考察队，历尽艰险，最终到达了目的地北极。此时，他们发现带的淡水用光了。发信号给救护船，但要等10多天才能送到，等着接雨水吧，可北极从不下雨。队员们焦急万分，队长弗兰克急中生智，想出了好办法，大家的脸上这才重新露出了笑容。弗兰克的办法是什么？

30 北极"英雄"

牛皮先生正在酒桌上侃侃而谈：那是圣诞节前的一天早上，他和海军上尉一同赶往他们在北极设下的气象观测点。突然，上尉摔倒了，大腿骨折，十分钟之后，他们脚下的冰层松动了，两人开始向大海漂去。"我意识到如果没有火，我们就会冻死。怎么办？我取出放大镜，又撕碎了几张纸，用放大镜聚焦的办法点燃了纸片。 啊，火拯救了我们。更幸运的是，24小时后，我们让一艘路过的快艇救起。因此，我获得了英雄的奖章。" "可是，有谁相信你这假的北极英雄故事？" 福尔摩斯侦探戳穿了他的谎言，众人无不开怀大笑。

请问，你能发现故事中的漏洞吗？

31 北极狐的照片

6月的一个下午，有个行人在路上被抢劫。根据路人的描述，福尔摩斯很快就找到了嫌疑人丘林。但是，丘林却说当天他正在动物园里游玩，因为每年夏季，他都会到动物园里去走走。为了证明他不在现场，丘林还拿出了几张他所拍的动物照片。其中一张是北极狐的照片，在照片上北极狐浑身皮毛呈雪白色，真是可爱极了。然而，福尔摩斯看了照片后却对丘林说："你的这些照片虽然拍得不错，但这张北极狐的照片却说明你是在撒谎！"

你知道福尔摩斯是如何识破丘林的谎言的吗？

第五章
抽象思维

　　破解疑案的过程，是一个不断地发现信息、收集信息、整理信息、调查取证的过程，也是对众多纷繁复杂的信息去粗取精、去伪存真、由此及彼、由表及里的分析过程。一个侦探在破案的时候，他不会只寻找现场罪犯所留下的线索，还会考虑罪犯的作案心理动机、作案时间、作案经过等。破案的过程，其实也是思维基本过程的具体化。思维的基本过程包括分析、综合、比较、抽象、概括等诸多方面。把一些已知线索概括、分析，从中提炼出有价值的信息，有时候就真相大白了。这个"真相大白"的过程，主要运用抽象思维。

　　抽象思维是人们在认识活动对客观现实进行间接的、概括的反映的过程，属于理性认识阶段。抽象思维凭借"科学的抽象"对事物的本质和客观世界发展的深远过程进行反映。"科学的抽象"是反映自然界或社会物质过程的内在本质的思想，它是在对事物的本质属性进行分析、综合、比较的基础上，抽取出事物的本质属性，形成概念和判断。

　　形象思维能力是抽象思维能力培养和发展的基础，就像感性思维是理性思维的基础一样，而敏锐的观察力、判断力则是这两种思维能力形成的基石。善于平中见奇，就能在"蛛丝马迹"中找到解决问题的突破口，进一步解决复杂的问题，直至"水落石出"，过一把当"包公"、"福尔摩斯"的瘾！

第二节 如何在探案过程中应用抽象思维

破译密码是应用抽象思维的典型案例

　　"密码"也是侦探小说和影视作品中出现频率相当高的一个词。"一物降一物"，有密码技术，就有相应的破译密码的技术。汉字是世界上最古老的文字之一，因此可以毫不夸张地说，汉字字谜就是世界上最古老的密码之一。字谜不仅供娱乐使用，学习中、生活中也用得到，甚至破案中也能用到！无论是犯罪分子还是侦探，都把密码作为达到目的的重要手段，字谜更是当仁不让。用字谜破案不是神话，我国自古有之。猜出字谜，恐怕是破译出密码的最简单形式之一，但仅仅是破译汉字密码的初级阶段，因为在侦探工作中，破译汉字密码是一项非常复杂的工作。汉字是音、形、义的综合体，具有相当丰富的表意性，是世界上其他文字都无法比拟的。也正因为如此，汉字组合也具有了极大的"歧义性"，也便于编制密码，而且难以找到通用的规律，需要根据实际情况区别对待。自古以来，通过标点、笔画、读音、字句、诗词、对联、书画、哑谜等破译文字密码来断案的例子比比皆是，体现了中华民族的非凡智慧。本章列举了很多这样的思维游戏，可以检验你对母语的掌握程度。

　　相比汉字密码，数字密码、字母密码就比较容易找到规律了。"8"之所以成

为中国人最喜欢的数字，就是因为它和"发"谐音，这其实就是一种简单的数字密码，只是探案工作中涉及的数字密码要复杂得多而已。除汉字之外，世界上的其他文字，几乎都是拼音文字，所以字母密码成了用得最广泛的密码。汉字密码虽然也涉及拼音，但是比起其他国家的字母密码要简单得多。在汉语之外，我们最熟悉的文字莫过于英文了，因此，本书选编了一些简单的涉及英文字母密码的探案游戏。这里简单介绍一下英文字母密码的编排规律。

（1）用字母表序号代表数字

26个英文字母正序表

英文字母	A	B	C	D	E	F	G	H	I	J	K	L	M
对应序号	1	2	3	4	5	6	7	8	9	10	11	12	13
英文字母	N	O	P	Q	R	S	T	U	V	W	X	Y	Z
对应序号	14	15	16	17	18	19	20	21	22	23	24	25	26

26个英文字母反序表

英文字母	Z	Y	X	W	V	U	T	S	R	Q	P	O	N
对应序号	1	2	3	4	5	6	7	8	9	10	11	12	13
英文字母	M	L	K	J	I	H	G	F	E	D	C	B	A
对应序号	14	15	16	17	18	19	20	21	22	23	24	25	26

（2）反字母表

就是丹·布朗在《达·芬奇密码》一书中提到的埃特巴什码。它的原理是取一个字母，指出它位于字母表正数第几位，再把它替换为从字母表倒数同样的位数后得到的字母。比如，E被替换为V，N被替换为M等。

明码表　A B C D E F G H I J K L M N O P Q R S T U V W X Y Z
密码表　Z Y X W V U T S R Q P O N M L K J I H G F E D C B A

（3）手机键盘密码

最简单的手机键盘密码，是采用坐标法加密，用数字替换字母，如21=A，22=B，94=Z。特点是：第一项数字为2－9，第二项数字为1－4。

复杂一些的手机键盘密码，是把手机上的数字替换为钟表上的数字，如图所示。

（4）计算机键盘字母密码

即把键盘上的字母按顺序对于A、B、C……Q、W、E=ABC。上方的按键字母为明码，下方的字母就是暗码了。

（5）计算机数字小键盘字母密码

数字小键盘的字母分布规律如下：

$$7 \quad 8 \quad 9$$

$$4 \quad 5 \quad 6$$

$$1 \quad 2 \quad 3$$

对照小键盘，按照特别的编号输入字母，根据组成形状推断含义。

英文字母密码远远不止上述5种，上述5种是最简单的。根据同样的原理，所有的字母文字都可以编制密码。所以，世界上的密码类型数不胜数，也奥妙无穷。

用归纳法找到抽象事物的规律

归纳法是从个别或特殊的经验事实概括得出一般原理、原则的思维方法。一个科学理论的提出，首先是在观察和实验的基础上得到一定数量的单称陈述，然后运用归纳方法推导出全称陈述。例如：我们根据鸡的活动有时间上的周期节律，蛇的活动、青蛙的活动、大雁的活动、牵牛花的活动、人的活动等生命体的活动具有时间的周期节律，在考察这些生命体活动时没有遇到相反事例，从而推出"一切生命体的活动都具有时间的周期节律"。

归纳推理可作如下陈述：

如果大量的A在各种各样的条件下被观察到

如果这些A都具有B性质

如果在观察时没有遇到相反事例

如前所述，破译密码的过程，实际上就是归纳现象、总结规律、发现规律、利用规律的过程。归纳的目的在于探索事物的规律性，这是对在实践中得到的科学事实进行概括的恰当形式，也是科学认知中不可缺少的步骤。

第三节 经典案例展现

1 丈母娘的考问

福尔摩斯第一次去未婚妻菲丽家时，菲丽的母亲想试试他的智力，便故意问他："如果有一天我和菲丽一起掉到河里，而时间只允许你救起一个人的话，你先救谁？"福尔摩斯一时为难了，心想：如果说先救菲丽，菲丽母亲肯定不乐意，如果说先救菲丽母亲，她会知道这显然是骗她。他想到了一个好的回答，使大家听了都很满意并开怀大笑。你知道他是怎样回答的吗？

侦查小帮办

主 述	福尔摩斯		事 件		先救谁
时 间	第一次去未婚妻家		地 点		未婚妻家

人物及关系	侦查手段	证据及线索	关键点	嫌疑人	侦查方向
福尔摩斯巧妙回答丈母娘的提问	两全其美的话	都很满意，开怀大笑	一语双关		考虑未来母女，一个是他的妈妈，一个是孩子的妈妈

2 暖间和寒间

暖1　暖2　寒
寒　暖3　寒
入口　入口　入口

一个被追捕的逃犯逃进了一家旅馆。如左图所示，这个旅馆是由三栋房子组成的，每栋房子各有两个互相连通的房间，共六个房间，按室内的温度高低，分为"暖间"和"寒间"，每一间都有自己的入口。如果旅客走进去的是"暖间"的话，那么，与它紧相毗邻的隔壁房间，是"暖间"的可能性大呢，还是"寒间"的可能性大？请你先仔细观察示意图，然后用手比画一下可能的情形，再考虑其中概率。

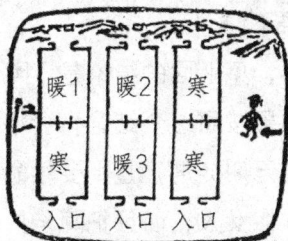

3 隐蔽的住所

东京郊外的某夏日午后的三点左右，杨艳偶然发现报纸上通缉的两个人走进一所房子，并用随身携带的相机拍了下来。第二天，杨艳便将此事告诉了警方。警方因此马上去那所房子想看个究竟。到那里一看，一共有四座造型一模一样的房子，搞不清楚到底哪所房子是。这四所房子的门分别是面朝东南西北。

那么，通缉犯的房子是照片中A、B、C、D的哪座呢？照片左上角是我们画出的方向示意图，请你仔细观察并做出判断。

4 改一字救命

从前有个专帮穷人打官司的讼师叫张胜，常能反败为胜，化险为夷。一次，当地流氓刘金宝调戏农民林阿狗的妻子，正巧被林阿狗撞上，两人就打了起来。那流氓有些武功，把阿狗打个半死。阿狗妻急了，随手拿着一把斧子朝流氓劈去，谁想正劈在要命的地方，竟把他打死了。于是官府把阿狗夫妻俩抓到县衙门去。

阿狗的穷乡亲请张胜去为阿狗主持公道。张胜查了案卷，见上面的结论是：阿狗妻见丈夫被刘金宝打伤，急了，就用斧子劈死了刘金宝。如果按照这个结论，会将阿狗妻判为故意杀人罪，这罪名可大了，轻则要判十几年甚至无期徒刑，重则要偿命。办案的法吏是张胜的朋友，张胜对他说："刘金宝要入室欺侮女人，而且把阿狗打得要死，阿狗妻是为了自卫才动了斧子，按情理应该轻判，请老兄笔下留情。"法吏说："已经记录在案，盖上了官印，不能再更改啦。"张胜说："小弟倒有办法，只需改动一笔，就可救她。"

"改一笔就能救人？"法吏忽然想起了两件事：前些时候，斗笠湖口漂来一具浮尸，法吏前去验尸，呈报单上写了"斗笠湖口发现浮尸"，湖口岸的老百姓很着急，怕官府因此来找麻烦，敲竹杠，张胜就请法吏把"湖口"的"口"字当中加上一竖，改成"斗笠湖中发现浮尸"，这样就使湖口的老百姓没了关系。又有一次，有个农民因交不起租，家中的东西全被财主抢去。那农民一时性急，奔到财主家夺回一口锅，财主就告农民"大门而入，明火执仗"。张胜知道后，在"大"字的右上角加了一点，就变成"犬"字。这样就显得不符合事实了：既"明火执仗"却"犬门而入"，使财主落了个诬告的罪名。法吏想到这里，想看看张胜这次有什么妙计。就说："我也同情阿狗夫妻俩，如果你能改得巧妙，就请吧。"

　　张胜笑了笑，在"用柴刀劈死"中的某个字上轻轻加上了一笔，法吏看后笑道："你真是改一字救一命啊！"你知道张胜是怎么改的吗？

侦查小帮办
★★★★★

主　述	张胜		事　件	一笔救命	
时　间	古代		地　点	县衙	

人物及关系	侦查手段	证据及线索	关键点	嫌疑人	侦查方向
张胜与法吏主动帮助杀人者减轻罪罚	物证、反证法	①状词；②只添一笔	一字救命		用语文知识试试哪个字可以一笔改变命运

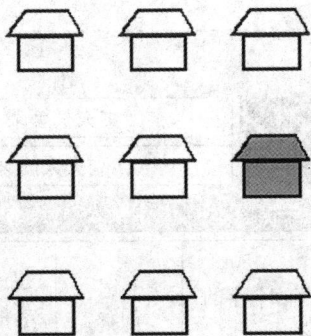

5 寻找嫌疑犯

　　警察已经知道嫌疑犯藏在如图所示的10座房屋中的一座，将这10座房屋包围了起来。为了减少对居民的影响，警察决定挨户搜查。这10座房屋中，有9座是以3x3的形式排列着，其中第二行第三座的嫌疑最大，警察决定从这座房屋开始搜查；独立于这9座房屋之外的一座嫌疑最小，警察决定最后搜查。如何用最快的时间、最短的路线完成这一任务？请你在图中画出来。

6 报警的数字

这天傍晚，比利夫人在妹妹家里刚住了一天，管家就打电话让她赶快回家。她刚进家门，电话就响了，听筒内传来一个陌生男人的声音："你丈夫比利现在在我们手里。如果你希望他继续活下去，就快准备40万美金，你要是去报警，可别怪我们对比利不客气！"比利夫人听罢，险些瘫坐在地上。她思来想去了一整夜，觉得还是应该去报警。

福尔摩斯接到电话后，立即驾车来到比利的别墅。首先，他去询问管家。管家说："昨天晚上来了个戴墨镜的客人，他的帽檐压得很低，我没看清他的脸。看样子和先生很熟，他一进来先生就把他领进了书房。过了1小时，我见书房里毫无动静，就推门进去，谁知屋里空无一人，窗子是开着的，我就给夫人打了电话。"

福尔摩斯走进书房查看，没有发现什么线索。他又看了看窗外，只见泥地上有两行脚印，从窗台下一直延伸到别墅的后门外。看来，绑匪是逼迫比利从后门走出去的，福尔摩斯转回身又仔细看了看书房，发现书桌的台历上写着一串数字：7891011。福尔摩斯想了想，问比利夫人："你丈夫有个叫加森（JASON）的朋友吗？"她点了点头，福尔摩斯说："我断定加森就是绑匪。"果然，福尔摩斯从加森家的地窖里救出了比利，加森因此锒铛入狱。

你知道福尔摩斯为什么根据那串数字，就断定加森是绑匪吗？

侦查小帮办

主 述	福尔摩斯		事 件	丈夫被绑架	
时 间	晚上		地 点	比利夫人的家	
人物及关系	侦查手段	证据及线索	关键点	嫌疑人	侦查方向
福尔摩斯看懂了比利留下的线索	现场查看、物证、推理	①客人和先生很熟；②台历上的数字7891011的含义；③名字叫加森的朋友。	数字和名字的联系	加森	想一想字母表的顺序推理此案

⑦ 佳画讽贪官

绍兴新任知府胡大人上任第三天大发请帖，邀请全城富绅名流赴宴。一则有利于今后立足；二则还可捞到大笔财礼。徐文长知这位知府是严嵩的心腹，善于捧上压下，搜刮钱财。开贺这天，徐文长也大模大样地进府去。知府大人知他是有名的书画家，就请他作一幅祝酒行乐之图。徐文长说声"献丑！献丑！"唰唰几笔，画了一僧（和尚）一道（道士），毕恭毕敬地站在一起。又在画卷上角题了"僧在有道"四字。

贺客们看罢暗笑不止，只有知府老爷还蒙在鼓里，假充斯文地连声称赞徐文长的书法和绘画均为"上乘之作"。你知道徐文长这幅画的含义吗？

侦查小帮办
★★★★★

主　述		徐文长		事　件		作画	
时　间		宴会上		地　点		知府大人府上	

人物及关系	侦查手段	证据及线索	关键点	嫌疑人	侦查方向
徐文长为知府作画	推理	贺客们暗笑不止	题的字	徐文长	谐音

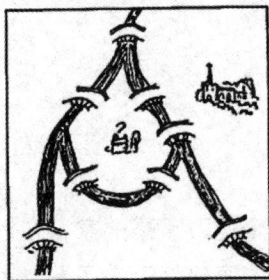

⑧ 搜寻间谍的路线

某国的边境线上有一条小河，河的分岔处形成一个岛，岛上有一个哨所。在河的一边是边防军的指挥部。河上分布着8座桥梁。敌国的一名间谍逃到了边境线上，由于封锁严密，未能越过边境，但也莫名其妙地失踪了，很可能隐藏在某座桥下面。指挥部制订了搜寻计划。为了不引起敌国注意，指挥部计划派一队哨兵从指挥部出发，先对这8座桥梁进行搜寻后，到达哨所，与守卫哨所的士兵换防；换防下来的士兵，沿着哨兵的搜寻路线逆向返回，再对这8座桥梁搜寻一次，然后到达指挥部。这样，整个搜寻计划看起来就像一次普通的哨兵换防。为提高搜寻效率，要求换防的双方，每次搜寻只经过每座桥一次，最后终于把间谍抓住了。你能画出搜寻路线吗？

⑨ 到底谁骗谁

福尔摩斯是一个思维敏捷的人。有个人想刁难他，对他说："我妻子在赏梅时被毒蛇咬伤了，请问用什么药？"福尔摩斯不假思索，随口就说："用六月六那天下的雪。"那人说："你骗人，六月六哪会下雪？"福尔摩斯反驳道："我们俩到底谁骗谁呀？"那人哭笑不得，狼狈地走了。请问，他俩到底谁骗谁？

侦查小帮办

主 述	福尔摩斯		事 件		刁难
时 间			地 点		

人物及关系	侦查手段	证据及线索	关键点	嫌疑人	侦查方向
福尔摩斯反制刁难他的人	以其人之道还治其人之身	①赏梅被蛇咬；②六月六的雪	言语里提到的事物		用书本知识和自然科学知识推理此案

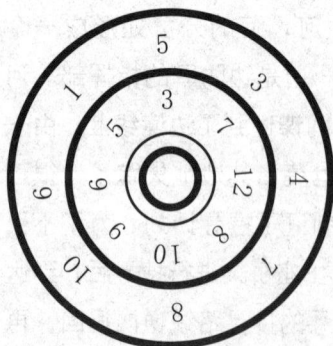

⑩ 打开保险柜

黑老大的弟子蒙斯溜进了一个亿万富豪的家，在地下室找到了秘密保险柜。保险柜的密码是请教了黑老大后才知道的。黑老大告诉他："开保险柜前，要转动密码锁里圈的数字盘，只有在里圈的数字与外圈的数字相加，每组数字之和都相同时，门才会打开的。"

可是，蒙斯不擅长心算，算了半天越算越糊涂，怎么也打不开保险柜。那么，你看外圈的5和内圈的几对在一起，里外的每组数之和才相同呢？（外圈数字是5 3 4 7 8 10 6 1，内圈数字是3 7 12 8 10 9 6 5）

11 "赢"字破案

从前，有个人在旅店过夜，第二天早上起来，发觉自己的五十两银子不翼而飞。因为那天夜里没有别的旅客和他住在一起，因此，这个旅客怀疑是店老板偷的，于是，他就把失窃银子的事告到县衙门。县官传令店老板到公堂，店老板自以为偷银子时做得手脚利落，一点蛛丝马迹也没留下，所以矢口否认。县官很有办案经验，初步确认银子是他偷的，但由于店老板坚决不承认，没有确凿的证据，定不下案来。

县官想了一会儿，终于想出一个好办法。他叫店老板伸出手来，用毛笔在他手心底里写了一个"赢"字，然后对他说："你到门口台阶下去晒太阳，如果很长时间字还在，那么你的官司就算打赢了。"这店老板好不奇怪，心想：这县官也真是个糊涂官，只要我不去洗手，写在手心里的字怎么会没有呢？再说县官把店老板支开后，马上派差役到这家旅店。县役按照县官的吩咐，对老板娘说："你家主人已在公堂承认夜里偷了客人的银子，请你把银子交给我们带回公堂，还给客人吧！"谁知，狡猾的老板娘心想，既然我男人已在公堂上承认偷银子，为何不把他一起带回来取银子呢，这样还少费些周折，肯定是县官想用计谋来哄我。所以她便装着什么也不知道的样子。公差见老板娘装模作样，便把她带到了公堂上。老板娘见自己的男人在门口台阶下晒太阳，也弄不清到底是怎么一回事，又不好跟丈夫说话，心中充满了疑虑。只听得县官又照前面的话说了一遍，她还是不作回答。

县官突然对她丈夫大声说道，"店老板，你的'赢'字还在不在？"店老板唯恐"赢"字不在，所以马上回答说："在，在！"老板娘一听，居然把偷银子的事实都讲了出来，只能乖乖领着公差回到家里，把窝藏的五十两银子如数交还给旅客。你知道这个"赢"字为何发挥了这么神奇的功效吗？

侦查小帮办

主 述	县官		事 件	偷银子
时 间	夜里		地 点	旅店

人物及关系	侦查手段	证据及线索	关键点	嫌疑人	侦查方向
县官用计找回客人丢失的银子	各个击破；巧用谐音	①确认店老板偷的银子；②找到物证；③语言施加心理压力	"赢字"的谐音	店老板和老板娘	用语文知识推理此案

145

12 出差到哪里

这天中午，柯南来到福尔摩斯的办公室，高兴地说："咱俩明天去中国出差吧，这一次要去两个地方。"福尔摩斯问："去哪里？"柯南拿起桌上的圆规，在纸上画了个圆圈，说："你看我画的鸡蛋像不像，它就是我们出差的第一个目的地。"福尔摩斯又问："那第二个地方是哪里？"柯南说："只要车子在路上不出什么事故，我们就可以到达第二个目的地了。"福尔摩斯听后，想了一想，就知道了此次出差的两个地方。你知道他们要到哪两个地方去吗？

侦查小帮办
★★★★★

主　述	柯南		事　件	出差	
时　间	中午		地　点	办公室	
人物及关系	侦查手段	证据及线索	关键点	嫌疑人	侦查方向
柯南给主任福尔摩斯出谜语	引申、推理	①鸡蛋画得太圆了；②旅途顺利就可以到达	要展开联想		用地理知识和语文知识推理此案

13 山冈上盛开的花

位于加拿大太平洋海岸，一个夏天的早晨，发现了一个昏迷的三十五六岁妇女。在可以俯视海湾的山冈上的草地里，铺着一块塑料布，尸体就躺在上面。

警察经过身份调查得知，此人原来住在市内的一家公寓里，是过着孤独生活的寡妇。她丈夫在几年前因飞机失事遇难。此后她便靠抚恤金和生命保险金维持生活。她因花粉过敏很少外出，喜欢织毛衣和刺绣，是个性格孤僻的女人。

推定她是安眠药服用过多导致昏迷。身体旁边扔着安眠药的空筒，空筒上还留着她本人的指纹和唾液。并且，发现她的手提包里装着日记本，里面抄写有一首美化死亡的诗句。于是，警察把它当作遗书，认定此案为自杀。

可是，当女子的哥哥赶来，并顺便到山冈上看看妹妹昏迷的现场时，就马上向警察提出："刑警先生，我妹妹不是自杀。如果服药自杀，也绝不会选择这种场所的。"

刑警大吃一惊，问他理由。他指着现场盛开的黄色野花说明了理由。之后，他又接着说出："罪犯一定是从妹妹那里抢夺了钱财而对她下药的。然后又移至此，伪造服毒自杀的假现场。至于那份所谓的遗书，其实是妹妹从小就喜欢诗词，早就抄到日记本上的。一定是罪犯拿到了妹妹的日记而利用了它。总之，请重新进行搜查。"

在他的强烈要求下，警察重新进行了侦查，几天后便抓到了罪犯。罪犯是个叫杰克逊的中年单身汉，是今年年初才搬到被害人住的公寓里来的。当他知道隔壁住着个小有钱财的单身女子后，便花言巧语地接近她，百般引诱。此后，正如被害人的哥哥所推理的那样，罪犯伪造她服药自杀的假象，将尸体转移到山冈上的草地里。罪犯以为自己伪装得成功，但没想到由于被害人哥哥的出现而使事情败露。

奇怪的是，被害人的哥哥怎么一眼就看出现场的问题，对妹妹的自杀提出疑问了呢？

⑭ 秘密通道

荷兰油画大师戈赫年轻时曾在荷兰哈谷市的美术公司工作。一天，经理让他送一幅画到一位绅士家里，这个绅士性情古怪，一直过着独身的生活。上个月，戈赫曾经把农民画家米勒的《播种的人》的复制品给他送去。戈赫来到绅士家里，见大门开着，就径自走了进去。他听见从卧室里传来一阵阵痛苦的呻吟声，便冲了进去。只见一位警察被击倒在地，而那个绅士不知到哪里去了。"秘密地……从洞里……逃走……"地上的警察费力地用手指了指床底下。戈赫往床下看看，那里有个像盖板样的东西，估计那绅士是从这里逃走的。"盖板的开关……米勒……"警察说着就昏去了。戈赫钻到床下，想把盖板揭开，可是盖板却纹丝不动。

警察不是说起米勒吗？这大概指的是米勒的那幅画，这正是上个月他送来的《播种的人》的复制品，是不是与盖板有关呢？戈赫就把这画取了下来，看了看画框和画后面的墙壁，都不见有什么开关。为了寻找盖板的开关，戈赫仔细地搜遍了房间里的每一个角落。当他在一架钢琴及钢琴的四周搜寻的时候，突然若有所悟，打开钢琴按了两个键。果然，奇迹出现了，床下的盖板启动了，打开了。原来盖板下面是一个洞，绅士把警察打伤后从这洞里通过下水道逃走了。戈赫弄清了这个秘密通道，才去向警察局报案。你知道秘密通道是怎么找到的吗？

侦查小帮办
★★★★★

主 述	戈赫		事 件	密道开关	
时 间			地 点	绅士的家	
人物及关系	侦查手段	证据及线索	关键点	嫌疑人	侦查方向
戈赫发现了绅士逃跑时密道的开关	现场查看、推理验证	①警察的提示；②按了两个琴键盖板打开了	"米勒"与琴键的关系	绅士	用音乐知识来推理此案

⑮ 黑手党的枪战

如图所示，七名黑手党徒大模大样地从酒店里出来，每个人都自以为在即将开始的枪战中占据了有利的位置。阿里、法亚、皮得、巴比、汤妮、胡安和奥费都在准备射击，上图表示他们各自的位置。可以看出，从任何一个人的位置上都可以向两个人瞄准。七个人谁也没有移动过位置，便射完了所有的子弹。巴比第一个倒下，他是被阿里射中的，阿里是那场枪战中唯一的幸存者。

请你仔细观察这幅图，然后推断：谁开枪打伤了谁？他们是按怎样的顺序倒下的？请在图上标出顺序。

⑯ 奇怪的车号

一辆汽车肇事后逃跑了，福尔摩斯在出事地点附近。一位见证人说："当时发现自己车的后面有一辆车突然拐向小路，飞驶而去，他顺手记下了那辆车的车牌号。"福尔摩斯说："那可能就是肇事的车，我马上叫警察搜捕这辆18UA01号车！"几小时后，警察局告知福尔摩斯，见证人提供的车号18UA01是个空号。现在已把近似车号的车都找来了，有18UA81号、18UA10号、10AU81号和18AU01号共四辆车。

福尔摩斯环顾了所有的车号，终于从四辆车中找出了那辆肇事车。请问他是如何判断的呢？

17 吕安访友

三国时期，文学家吕安和"竹林七贤"非常要好。一次，吕安不远千里，驱车来到河南修武看望"竹林七贤"之一的嵇康。不巧，嵇康外出了，只有嵇康的哥哥嵇喜在家。嵇喜是个德才不高的庸俗官吏，吕安素有耳闻，对他十分鄙视。因此，尽管嵇喜再三挽留，吕安拒不进门，只在门上写下一个大大的"鳳"（凤）字，然后，微微一笑，登上车，扬长而去。

嵇喜一看，以为是这位雅士夸赞自己日后能攀龙附凤、步步高升呢，乐得手舞足蹈。嵇康回来后，嵇喜把这件事告诉了他，聪明的嵇康一看，笑笑说："他是在讽刺你呢！"经他一解释，嵇喜顿时感觉又羞又愧。

你明白这是怎么回事吗？

侦查小帮办
★★★★

主 述	吕安		事 件	拜访友人
时 间	三国时期		地 点	嵇康家

人物及关系	侦查手段	证据及线索	关键点	嫌疑人	侦查方向
嵇康提醒哥哥吕安在嘲笑他	拆字	①"鳳"（凤）字；②讽刺	如何拆字	吕安	考虑一下繁体字的构成

18 找到了6位数

德国女间谍哈莉以"舞蹈明星"的身份出现在巴黎，任务是刺探法国军情。在她结交的军政要人中，有一位名叫莫尔根的将军，原已退役，因战争需要又被召回到陆军部担任要职。将军最近因老伴去世，颇感寂寞，对哈莉追求得也很急切。不久，哈莉弄清了将军机密文件全放在书房的秘密金库里。但这秘密金库的锁用的是拨号盘，必须拨对了号码，金库的门才能开启，而这号码又是绝密的，只有将军一个人知道。哈莉想：莫尔根年纪大了，事情又多，近来又特别健忘。因此秘密金库的拨号盘号码，肯定是记在笔记本或其他什么地方，而这个地方决不会很难找，很难记。每当莫尔根熟睡后，她就检查将军口袋里的笔记本和抽屉里的东西，但都找不到这号码。

一天夜晚，她用放有安眠药的酒灌醉了莫尔根，蹑手蹑脚地走进书房。这时已是深夜两点多钟。秘密金库的门就嵌在一幅油画后面的墙壁上，拨号盘号码是6位数。她从1到9逐一通过组合来转动拨号盘，但都没有成功。眼看天将透明，女佣人就要进来收拾书房了，哈莉感到有些绝望。忽然墙上的挂钟引起了她的注意。她发现来到书房的时间是深夜2时，而挂钟上的指针指的却是9时35分15秒。这很可能就是拨号盘上的号码，否则挂钟为什么不走呢？但是9时35分15秒应为93515，只有5位数，这是怎么回事呢？她进一步思索，终于找到了6位数，完成了刺探情报的任务。

她是怎样找到的呢？

侦查小帮办

主 述	哈莉	事 件	破解密码
时 间	夜晚	地 点	巴黎莫尔根将军的家

人物及关系	侦查手段	证据及线索	关键点	嫌疑人	侦查方向
哈莉破解了莫尔根将军保险柜的密码	现场查看、逻辑推理	①莫尔根特别健忘；②保险柜是6位数密码；③9时35分15秒的含义	进一步思索后找到了6位数		从时钟的特点推理此案

⑲ 包公训儿

　　包公中年得子，夫妻俩对儿子包缤十分疼爱，尤其注重对儿子的教育培养。一日包拯散朝回家，领着包缤在后花园游玩，边走边给儿子讲古代名人的故事："孔子原是鲁国大贵族手下一名主管仓库的小官吏，每日里在库房数着数码，画着记号，监督财物出入。后来，齐景公向孔子请教治理国家的办法，孔子回答：'理在节财。'讲到此，包拯编了四句诗谜考儿子：'一宅分成两院，五男二女当家。两家打得乱如麻，打到清明方罢！'并说明：'孔夫子在世之日尚无此物，现在到处可见！'聪颖的包缤并未直接回答父亲的考问，而是吟诗一首作答：'古人留下一座桥，一边多来一边少，少的要比多的多，多的反比少的少。'包公一听，乐得直捋胡须。你知包公父子所吟为何物？

◆ 侦查小帮办 ◆
★★★★★

主　述	包公	事　件	父子猜谜
时　间		地　点	包公家里后花园

人物及关系	侦查手段	证据及线索	关键点	嫌疑人	侦查方向
父子互相考问	推理	①父子说的是谜语一个东西；②孔子原来的工作内容	孔子的话		古代用来算数的工具

⑳ 特务越狱

　　英国特务詹姆斯到德国偷取情报时，不幸失手被擒，被关进了一个阴森森的监狱里。正当他在想办法越狱时，突然间从远处传来警报声，所有的守卫都前往增援。詹姆斯利用这个时机，成功地逃走了。

　　德国情报部门后来得知，詹姆斯当时身上只有一个打火机和一粒以子弹为吊坠的项链，那他是用什么方法逃出牢房的呢？

〈21〉 王冕对字谜

　　元代著名画家、诗人王冕，出身于贫寒的农家，少年时白天替财主放牛，边放牛边在青石上写字画画，晚上便到寺庙里去借长明灯读书。长大后，因未考中进士，一气之下，归隐九里山，卖画为生。其画多作墨梅，在当地颇有名声。

　　王冕少年时替财主放牛，有一年到了年终该领工钱时，突然财主出难题，说："你得先回答我一个问题，答对了，我就把工钱给你，如果答不上，分文不给。"王冕只好同意："老爷，你问吧！"财主说："从前有一帮穷人在锄地，突然挖到一块璧玉，这些穷人叫嚷说：这是块宝贝，我们分了吧！于是他们就把璧玉摔碎了，一人分了一块。但他们哪里知道，这价值连城的璧玉一打碎了就不值钱了。结果，他们仍旧是穷光蛋。这是个故事谜，打一个字，你说是什么字？"王冕立即回答说："这有何难？这不过说的是穷人分宝贝还是穷，不就是'贫'字吗？"财主没难住王冕，只好把一年的工钱全付给了王冕。

　　王冕拿到钱但心里不高兴，停了一会儿，王冕说："老爷，我也说个故事谜，打一字。老爷如果猜对了，我白给你干一年，如果猜不出，那我就要告辞回家了。"财主心想："你说吧！"王冕说："从前有一位财主想出外做生意赚大钱，于是他雇了一位伙计，并在契约上写明，财主出钱，伙计出力，赚钱后年终三七开。一年生意下来果然赚了大钱，财主为了独吞，当伙计来分红时，财主哭丧着脸说：'真是倒霉透了！昨天我俩分手时，因马受惊狂奔乱跳，一下子就把装钱的箱子给踏扁了，钱没法取出来。'这样，财主就把钱全部私吞了。老爷，你猜这是什么字？"财主听了，抓耳搔腮，怎么想也猜不出来。王冕忍不住差点笑出声来，说出了答案。财主一听恼怒万分，但先前有约，又不好发作，只得让王冕回家。

　　你知道这是个什么字吗？王冕是怎么解释的？财主又为什么恼怒？

侦查小帮办

主　述	王冕	事　件	要工钱
时　间	元代	地　点	财主家

人物及关系	侦查手段	证据及线索	关键点	嫌疑人	侦查方向
互相出谜语做赌注	会意拆谜语	①王冕捉弄财主；②财主恼羞成怒	马踏扁箱子	王冕	用语文知识推理这个字

22 神秘的暗号

警方截获一封犯罪组织的密信，内容如下：

X先生：如若您想救出Y，您需解开密码，向未来迈进，我在XX银行中11、12、13箱中其一里藏了一张支票，能不能拿到就只能看你了……当狮子怒吼的开端，东方圣兽正在与王决斗，这空虚的深沟到底有多长，唯有全能的天神所知。

黑手

根据这封信的内容，你知道支票在哪个箱子里吗？

23 波斯太子起死回生

古时候，波斯帝国有一位年轻的太子，聪明过人。一次，他率波斯大军与阿拉伯帝国的倭马亚王的军队交战时，不幸兵败被俘。军士们把他押送到倭马亚王的面前，国王二话没说便下令推出去杀头。太子一听，马上装出一副可怜相说："慈悲的国王啊，我渴极了，您让我喝点水再走吧，那我也就死而无憾了。"国王点点头，随后命令左右给太子递了一碗水，太子接过来却不喝，而是左顾右盼起来。"你怎么不喝，看什么！"一名军士喝道。太子扑通跪在地上，说："我担心，不到这碗水喝完你们就会举刀杀我啊！"国王一听，不禁哈哈大笑起来，心想：堂堂的波斯国太子也不过如此。于是，倭马亚王说："笑话！我从来都是说一不二的。你尽管喝好了，我向全能的真主起誓，在你喝完这碗水之前，肯定不会杀你。"没想到这句话居然让波斯太子起死回生！你知道波斯太子接下来是怎么做的吗？

24 书法家机智自救

清代某书法家为慈禧题扇，内容是王之涣的《凉州词》，哪知一时疏忽，漏掉了一个"间"字，老佛爷一看，这还了得，明明欺我满人不懂唐诗嘛，立即传上此人，欲问此人欺君之罪。此人急中生智，辩道：此乃臣将诗改为词，并非欺君，并断句：……慈禧明知此人狡辩，但爱其文才，只好不了了之。该书法家凭借自己的智慧保住了性命。你知道该君是怎样把缺了"间"字的《凉州词》断句成一首词的吗？试试看。（附：《凉州词》：黄河远上白云间，一片孤城万仞山。羌笛何须怨杨柳，春风不度玉门关。）

侦查小帮办

主 述	书法家		事 件		题字	
时 间	清代		地 点			

人物及关系	侦查手段	证据及线索	关键点	嫌疑人	侦查方向
书法家为慈禧题词少写了一个字	重新断句	少了一个字，是欺君之罪	让慈禧挑不出毛病	书法家	用标点符号重新标注一下

25 空手除险

美国特务H奉命派往某地，收取一份由潜伏间谍所获得的秘密情报。H装扮成一个渔翁，在海岸登陆以后，迅速找到了自己的同伴，取得了那份秘密情报，任务完成，可以返国了。按照预定的计划，H仍然扮成一个渔翁，在海边垂钓，等候自己国家派来的潜艇。

但是，这一切都被苏联特工知道了，他们迅速乘坐一架直升机赶到海滩。H见到苏联直升机大吃一惊，他一时疏忽，什么武器都没有带，手上只有鱼竿和钓鱼线，怎么办呢？

26 大使中招

福尔摩斯在某大使馆举行的酒会上发现大使不见了。于是他端着一个酒杯，装作一副喝醉了的样子跌跌撞撞地闯进大使馆的书房，发现大使正在写字台前认真地阅读一份文件。

大使对福尔摩斯的出现有些措手不及，想把文件藏起来，又觉得那样反倒会引起注意，于是神色自若地放下文件同福尔摩斯聊起天来。文件用的是打字机小型文字，即使福尔摩斯眼力再好，隔着一张写字台也是无法偷看的。可福尔摩斯就坐在对面的椅子上，过了一会儿，便清楚地看完了这份文件，他并没有使用间谍使用的特殊工具，而是靠他那双1.5视力的肉眼看完文件的。你猜，他是怎么偷看文件内容的呢？

27 纪晓岚题字戏和珅

清朝乾隆年间，皇宫侍读学士纪晓岚，能诗善文，通晓经史，生性诙谐，常以奇言妙笔戏谑权贵，揶揄公子王孙。

一次，尚书和珅为示风雅，在官邸后花园建书亭一座，邀请纪晓岚题匾。纪晓岚素闻和珅的几个宝贝儿子，全是嫖赌逍遥、不通文墨的花花公子，有意作弄一下。他挥笔写下"竹苞"二字，莞尔而去。

和珅以为纪晓岚是取"竹苞松茂"之意，赞的是书亭四周的翠竹美景，于是乐呵呵地说："清高，雅致，妙不可言！"继而令工匠将这龙飞凤舞的"竹苞"两字，精雕细刻，镶挂于书亭之上。

不久，乾隆皇帝御驾光临，见书亭匾额，大笑不已。和珅瞠目不解，乾隆解释说："爱卿，这是纪晓岚在嘲笑你家宝贝儿子呢……"

和珅听了，哭笑不得，直骂自己糊涂。

知道乾隆是怎样解释的吗？

侦查小帮办
★★★★★

主 述	乾隆	事 件	题字捉弄人
时 间	清朝	地 点	和珅官邸

人物及关系	侦查手段	证据及线索	关键点	嫌疑人	侦查方向
乾隆识破了纪晓岚嘲笑和珅的字谜	物证、推理确认	①竹苞的用意；②嘲笑他的儿子	竹苞如何拆字	纪晓岚	用语文知识分析这个题字

28 怪盗基德的预告函

某市美术馆有一批印象派大师的名画，将在5月14日展出，它们是：《泉》、《向日葵》、《火种》、《秋的恶作剧》、《古镇》、《堕落天使》、《彩虹》和《自画像》。

但是展出前一星期，也就是5月5日星期六的上午，美术馆突然收到怪盗基德的预告函。研究了一上午，美术馆的馆长也不知上面写的是什么，于是带着预告函去请教侦探亨利。亨利看了半晌，决定把预告函告示全市，请全市的所有人一起来帮忙破解。

以下就是怪盗基德的预告函：

乘着康乃馨的祝福，绅士一刻间，就偷走大地之子的礼物，潘多拉的魔盒。

怪盗基德
5月5日

那么，请你试着解开谜底吧！

《29》虚构的钓鱼故事

英国著名的作家狄更斯，不仅写出伟大的作品，让人们念念不忘，而且还是一个机智、幽默的人。有一天狄更斯想要放松一下心情，就到江边去钓鱼了。一边观赏沿岸的风景，一边等待鱼儿上钩。

这时候从远处走来一位年轻人，一直走到他的跟前，然后说："怎么，您在钓鱼？"

"是啊，"狄更斯随口回答，"今天运气真糟，都这时候了还没钓到一条鱼儿呢。可是昨天也是在这里，这个时间就已经钓了15条呢！"

不过，好像那位年轻人并不搭理这事，因为那个年轻人说道："是这样吗？"那人继续说，"可是您知道我是谁吗？我是专门管这段江面的，这儿是禁止钓鱼的！"说着，年轻人从口袋里掏出发票本，要记名罚款。

可是就在这时，狄更斯灵机一动，说了一番话挽回了这场损失，年轻人也苦笑着离开了。你知道狄更斯是怎么说的吗？

侦查小帮办

主 述	狄更斯	事 件	钓鱼罚款
时 间		地 点	江边

人物及关系	侦查手段	证据及线索	关键点	嫌疑人	侦查方向
狄更斯用计策避免了被渔业管理员罚款	现场查看、调查取证、询问	①昨天钓了15条；②记名罚款；③灵机一动，一番话挽回了损失	他是一个机智、幽默的作家	狄更斯	从狄更斯的职业背景推理他的一番话

第六章
想象思维

第一节　概要

　　破解疑案离不开丰富的想象力。想象思维是人体大脑通过形象化的概括作用，对脑内已有的记忆表象进行加工、改造或重组的思维活动。想象思维可以说是形象思维的具体化，是人脑借助表象进行加工操作的最主要形式，是人类进行创新及其活动的重要的思维形式。

　　想象思维有再造想象思维和创造想象思维之分。再造想象思维是指主体在经验记忆的基础上，在头脑中再现客观事物的表象；创造想象思维则不仅再现现成事物，而且创造出全新的形象。无论是哪一种想象思维，都需要调动自己积累的生活经验，进行创造性的加工，进而形成新的判断，找到事物的真相。可以说，正是因为有了想象思维，人类才能翱翔蓝天、登上月球，乃至探索整个宇宙。运用你的想象思维，去破解下面一个个迷案吧！

第二节　如何在探案过程中应用想象思维

侦查假说的作用

　　侦查假说是开展侦查活动的行动纲领，是确定侦查方向的依据，是发现新的犯罪证据的重要手段，是发现罪犯的主要方法，是侦查破案的表现形式。侦查假说包括：案件性质的假设，作案时间、动机、工具、地点的假设，作案人的假设，被害人的假设等。这些假设的提出修改、否定和证明，都要运用逻辑推理。例如：某地发现一具女尸，现场上虽无喷溅的血迹，但检验尸体时发现腹腔内有大量积血，刑侦人员遂提出，犯罪分子作案后没有移动尸体，发现尸体的地方就是杀人现场。一开始，曾怀疑某乙是杀人凶手，经调查，某乙没有作案时间，遂予以排除。经进一步调查，发现某甲具有作案的所有必要条件，并且现场留有某甲的指纹，于是确定某甲是杀人凶手。推理如下：①如果尸体腹腔有大量积血，那就说明罪犯作案后没有移动尸体，发现尸体的地方就是杀人现场；经查，尸体腹腔有大量积血；所以，罪犯作案后没有移动尸体，发现尸体的地方就是杀人现场。

　　1977年9月13日，山东××市梁××，将其妻打死在村南芦苇中。9月22日，将此事告诉其父，要他帮助处理尸体，然后潜逃东北。逮捕梁父后，侦破组分析了杀人凶犯梁××的去向：①可能暂时在亲友家躲避，观察动静，伺机潜逃；②梁会木工技术，可能在铁路沿线或周围邻县干木工活维持生活。据此，对梁的八个社会关系，布置治安积极分子控制。通知邻近德州市的六县和河北省五县，请求协助查缉。派出民兵23名，分赴石家庄、天津、东北三地，进行全面堵截和顺线追缉。依兰县以南60里有个农场，该农场附近的永济公社马家大队有个王××，王家最近从山东陵县来了个叫梁华的，正在帮助人家盖房子。由于侦破组两位同志均未见过梁××，只见过其弟，既怕抓错，又怕若真是梁××失之交臂。当发现所谓的梁华与罪犯之弟极其相似时，立即意识到就是梁××。他们急中生智，在其毫无准备的情况下，出其不意地喊了一声："梁××！"罪犯没有准备，改口不及，应声而答。随即又想改口，但已来不及了，只得束手就擒，归案伏法。

在料想不到的情况下突然袭击

　　在军事上常常采用出其不意，攻其不备的谋略，在对方料想不到的时候、地点突然袭击，取得战役战斗的绝佳效果。在刑事侦查中，也可以采用这种谋略，以出乎犯罪分子预料之外的奇妙方法制服犯罪分子。犯罪分子在作案前后，大都准备有对付公安机关的各种办法。但是，他们借以想象的基础是唯心的，逃避刑罚的行为是违背现实的，掩盖罪行的方法是形而上学的，因此，免不了漏洞百出，顾此失彼。如果能在办案中善于利用罪犯的这些无法克服的矛盾，采取隐蔽、迂回、侧攻、突袭等战略战术，在犯罪分子准备不足或毫无准备的环节上发起攻击，就会使罪犯措手不及，使我方避免或减少损失，制服罪犯。

抢枪杀人犯叶××是会东铅锌矿劳改就业人员，有修汽车的技术。为了尽快逮捕叶犯归案，办案人员兵分两路，一路以查户口为名，到叶常去的大巷口修车店查找，一路包围叶的住房，严密控制叶犯行踪。叶犯曾被劳教，又有双枪在身，硬捕易造成危害。天亮后再行动，又会失去战机。于是侦破组设计了一个出其不意的智擒方案。黎明前，由干警扮成司机，把汽车开到叶犯住房前的机耕道上，取掉两根引火线，又是轰油门，又是打马达，连放几"炮"后就再也开不动了。故意大声呼叫："这里有个修车的叶师傅在家吗？请他帮忙修一下车。"叶犯在家中听到，以为财神上门，可以大捞一把，当即回答："是谁？等一下！"他很快起床，只穿一条内裤便开门招呼顾主。当其刚刚跨出门槛，"司机"立即上前握手，乘其不备，将其拉倒在地，迅速按住，其他干警们一齐上前，手铐一锁，叶犯乖乖就擒。随即在叶犯家缴获手枪两支，子弹38发等罪证，一举侦破了抢枪杀人案。

第三节 经典案例展现

1 谁是匪首

有个边境线旁的小村寨，交通非常不方便，村民的生活很艰苦，最让人恐怖的是边境线的对面，有一帮土匪经常来村里抢劫，吃饱喝足了，临走的时候还要带走鸡鸭鹅羊，谁敢反抗，就会遭到毒打和枪杀。等到边防警察局接到报警，要走很长的山路才能赶到，这时候土匪已经逃走了。

为了把土匪一网打尽，克莱尔探长带领部下，忍受着寒冷和虫咬，埋伏在附近的山洞里。整整半个月过去了，土匪没有动静。有的警员说："也许土匪知道我们埋伏了，不会来了吧？"探长说："马上要到圣诞节了，土匪一定会来抢东西，好回去过节的！"

果然，就在圣诞节早上，土匪又来了。边防警察迅速出击消灭了几个土匪，其余的都乖乖举手投降了。克莱尔探长早就听说，这帮土匪的头目心狠手辣，杀害了不少人，得先把他揪出来。他来到俘虏群前，看到土匪们都穿着一样的军服，谁是土匪头子呢？

克莱尔探长问："谁是带队的？"土匪们都低着脑袋，一声不吭。探长知道，土匪头子一定混在当中，所以土匪们都怕他，不敢说话。克莱尔探长想了一想，突然大声问了一句话，话音刚落，他就知道谁是土匪头子了。

聪明的克莱尔探长问了一句什么话呢？

侦查小帮办 ★★★★

主 述	克莱尔		事 件	抓越境土匪
时 间	圣诞节前夕		地 点	边境线旁

人物及关系	侦查手段	证据及线索	关键点	嫌疑人	侦查方向
克莱尔探长擒获土匪头子	询问、现场查看、突然袭击	①土匪都不敢说；②一句话	让土匪们不打自招	土匪头子	用突如其来的语言试探土匪

② 红宝石谜案

　　房门被猛地推开，一个人冲进屋来，激动地说："福尔摩斯先生，实在冒犯……"话还没说完，竟一头栽倒在地，失去了知觉。华生给来人灌了口酒，使他苏醒过来。他叙述起来访的原委。此人叫安德鲁·乔利夫。以前曾犯过罪，从监狱出来后，由马斯曼特上尉介绍给他的姐夫约翰爵士做管家。约翰是个百万富翁，他有三件爱好：一爱他容貌出众的妻子，二爱他亲自培植的红山茶，三爱祖传的阿巴斯红宝石。今天下午，约翰爵士大宴宾客，马斯曼特上尉提议请约翰爵士将红宝石取出让大家欣赏一番。约翰爵士兴致很高，领大家到图书室里，从保险箱里取出红宝石给大家观看，还提议到温室观赏红山茶。乔利夫奉命去温室做准备，却发现红山茶的花朵全不见了。他要赶紧回图书室报告。约翰爵士赶紧将宝石装进盒子放进抽屉里，引着众人来到温室查看。待他回到图书室时，那颗宝石也不翼而飞。当乔利夫吩咐马童去报警时，他听见马斯曼特上尉在对约翰爵士说，他不该将乔利夫介绍来做管家，这时乔利夫知道自己被怀疑为盗宝者了，于是冒雪前来向福尔摩斯求助。

　　这时，门又被推开了，苏格兰场警官格雷格逊大步走了进来，对乔利夫说："跟我走吧！"乔利夫申辩说："我是无辜的。"格雷格逊举起手中的一只匣子："这只装宝石的匣子是在你的被褥里搜出来的。"福尔摩斯说："能给我看看这只匣子吗？"他接过匣子用放大镜仔细地观察了好大一会儿，将匣子归还警官："格雷格逊，我不耽搁你了！"当格雷格逊铐走了乔利夫后，福尔摩斯沉思了一会儿，抬起头来："华生，你听说过无匹俱乐部吗？这是一个赌博俱乐部。"说着他从书架上抽出一本书翻阅着，喃喃地说："果然有他的名字……"当夜，福尔摩斯和华生先到约翰府上拜访。约翰显得很兴奋，约翰夫人却很冷淡："这个案件已由警方破获，不知两位还有何赐教？""我和华生对某些复杂的案件具有特殊的兴趣。"福尔摩斯说，"夫人，你胸前佩戴的红山茶花是什么时候采摘的？"夫人的脸色有些苍白："6点钟。"福尔摩斯和华生又来到温室观察，他清楚偷花只是个声东击西之计，但摘下来的花到哪里去了呢？他们来到温室旁边的走廊，发现墙根有些凹凸不平。福尔摩斯和华生告别约翰后，绕道来到那墙根下面，扒开雪堆，见到了那里埋着一堆摘下的红山茶。他们又来到了位于伦敦中心的无匹俱乐部，找到了正在赌博的马斯曼特上尉，直截了当地说："无匹俱乐部的秘书先生，请你把红宝石于清晨8点钟前交到贝克街来。""怎么，你竟敢诬蔑我偷盗了红宝石！"上尉暴跳如雷，"警官已在乔利夫的裤子底下找到了宝石匣子，铁证如山！"

"这是你犯的第一个错误，"福尔摩斯平静地说，"我察看了那只匣子，那是只从未放过任何首饰的新货，是你放在乔利夫的裤子下面的。"马斯曼特竭力否认："那时，我一直和大家在一起，怎能跑到乔利夫的房里去？""这是你犯下的第二个错误。你还有第三个错误……"听完福尔摩斯严密的分析，马斯曼特显然走投无路了，绝望地低下了头。

根据前面的叙述，你能替福尔摩斯揭露马斯曼特的后两个错误吗？

3 判断失误

最近，在某高速公路上连续发生了几起抢劫案。罪犯每次得手后，都会飞车逃离现场。一天，警方派出的便衣警察在这条路上巡视。突然，有一辆红色小车以超高速度从他们身边擦过。警察们对这辆车产生了怀疑，紧紧追踪，直到岔路口才追上这个飞车的年轻人，并命令他交出证件。也许是过于紧张，年轻人匆忙中拿出一个与他的车对不上号的车照。于是，警察便把这个年轻司机逮捕了。但陪同巡视的福尔摩斯对警察说，这个年轻司机是做汽车买卖的，但并不是要抓的抢劫犯。你知道警察为什么会判断错误吗？

4　羊皮招供

南北朝时，北魏的雍州太守李惠某天审理这样的案子。有个盐贩子背着一口袋盐到雍州城去卖，半路上遇到一个卖柴的樵夫。走了一段路，他们在一棵大树下一起休息。当他们站起来准备赶路时，却为铺在地上的一张羊皮争执起来。都说是自己的，最后竟打了起来。过路人把他们拉开，叫他们到太守李惠那里去告状。"去就去！"两人面红耳赤地赶到州府。

太守李惠让他们讲讲事情的前因后果。背盐的抢着说："这羊皮是我的，我带着它走南闯北贩盐，用了五年了。"砍柴的也嚷道："你好不知羞！竟要把我的东西说成是你的！我进山砍柴时总要披着它取暖，背柴的时候总拿它垫在肩上。"两个人滔滔不绝地讲得头头是道，一时竟不能看出谁真谁假。李惠对两人说："你们先到前庭去一下，等一会儿就有审理结果了。"

两人退下大堂后，李惠问左右差役："如果拷打这张羊皮，能问出它的主人是谁呢？"左右觉得很奇怪，心中暗笑着不回答。李惠吩咐道："把羊皮放在席子上，打它四十大板！"四十大板打过之后，李惠上前拎起羊皮看了看，说："它果真吃不住打，已经招供了。"接着又喝道："传他们上来！"盐贩子和砍柴的上堂后，李惠说："羊皮已经招供了，说卖盐的是它的主人。"砍柴的定睛一看，知道无法再蒙骗了，只好认错。

你知道羊皮是怎么招供的吗？

侦查小帮办

主　述	李惠	事　件	判羊皮
时　间	南北朝	地　点	雍州府

人物及关系	侦查手段	证据及线索	关键点	嫌疑人	侦查方向
李惠分辨谁是羊皮的主人	物证、拷打	①四十大板过后；②羊皮属于卖盐的	拷打后羊皮里掉出了什么	砍柴人	从二人的职业上推理此案

5 喇叭盗窃案

星期六晚上，一家乐器商店被盗。盗贼是砸碎了商店一扇门上的玻璃窗后钻进店内的。他撬开三个钱箱，盗走大量钱财，又从陈列橱窗里拿了一只价值价值不菲的喇叭，放在普通喇叭盒里偷走了。

警方对现场进行了仔细调查，断定窃案是对乐器商店非常熟悉的人干的。警方把怀疑对象限在曲岩、洪伟和李丰三个少年学徒身上，认定他们三人中肯定有一个是罪犯。

三个少年被带到警长面前，桌子上放着三支笔和三张纸。警长对他们说："我请你们来，是想请你们和我合作，帮我查出罪犯。现在请你们写一篇短文，你们先假设自己是窃贼，然后设法破门进入商店，偷些什么东西，采取什么措施来掩盖罪迹。好，开始吧，30分钟后我收卷。"

半小时后，警长让他们停笔，并朗读自己的短文。

曲岩极不情愿地读着："星期六早晨，我对乐器店进行了仔细观察，发觉后院是最理想的下手地方。到了晚上，我打碎了一扇边门的玻璃窗，爬了进去。我先找钱，然后从橱窗里拿了一个很值钱的喇叭，轻手轻脚地溜出了商店。"

轮到洪伟说了："我先用金钢刀在橱窗上剖了个大洞，这样别人就不会想到是我干的。我也不会去撬三个钱箱，因为这会发出响声。我会去拿喇叭，把它装进盒子里，藏在大衣下面，这样就不会引起人们的注意。"

最后是李丰："深夜，我在暗处撬开商店边门，戴着手套偷抽斗里的钱，偷橱窗里的喇叭。我要用这钱买一副有毛衬里的真皮手套，等人们忘记这桩盗窃案后，我再出售这只珍贵的喇叭。"

警长听完，指着其中一个说："小家伙，告诉我，你为什么要干这种坏事？"那个少年惊恐万状。

这个少年是谁？警长凭什么识破了他？

6 寻获赃银

唐朝时，某个秋高气爽的早晨，有一只小货船正在长江峡谷中行进。船很沉重，速度很慢。商人们想这船再过一个晚上便到达目的地，暗中庆幸自己将要发财了。这中间有一个大商人，怕身边的银子遭人偷窃，趁着其他商人不注意的时候，悄悄把银子藏在货物中间。但是他的举动却被一旁掌舵的小伙子看在眼里。

船行了十余里，晚上停靠到一个码头，商人们都到镇上买东西或散步去了。等商人全部上岸，年轻的船夫偷了那个大商人的银子，却照原样将货物安置好，然后也上岸去了。

第二天，船终于到了江南的一个码头。那个大商人发现自己藏在货物里的银子不见了，在船上翻了几遍，均没发现。于是，大商人便扭着年轻的船夫到了官府，官府派人对小船重新进行搜索，始终没见银子的踪影。

案子交到太守阎济美手中，他对船夫审讯几句后也没有结果，最后问几个商人，从商人口中得知了或许能找到银子的地方，便命令几个差役立即去找，果然找到了银子。人赃俱在，那个船夫只好认罪。

你知道银子是在什么地方找到的吗？船夫的作案手段是什么？

侦查小帮办
★★★★★

主 述	太守阎济美		事 件	盗银子	
时 间	晚上		地 点	码头	
人物及关系	侦查手段	证据及线索	关键点	嫌疑人	侦查方向
太守破获船夫盗取银子案件	询问、现场查看	①船上没有；②找到银子	某个适合藏银子的地方	船夫	考虑银子不怕水，不会上浮的特点推理此案

7 金块藏在何处

窃贼从贵金属店的地下金库里盗出了一百公斤金块，企图放在轿车里，连车一起装上货轮运往国外。

可是，福尔摩斯侦探知道了这一情报，迅速通报了警方，刑警立即赶往码头，在装船前将窃贼的车扣了下来。

"请稍等一下，你们要干什么？我这车上可没装任何违禁物品呀。"窃贼抗议说。

"你说谎，从贵金属店盗来的金块就藏在上面吧。是侦探告诉我们的，肯定不会错。"刑警们查着汽车里面。可是，搜来搜去，连一克金块也没找到，轮胎和座椅也都检查过了。一无所获的刑警们颇感失望。

"你们瞧，这个侦探也是老朽昏聩了，竟向警察传递这种捕风捉影的情报。哈哈哈……"窃贼冷笑着。这时，福尔摩斯刚好赶到，他看了一眼汽车。

"你们是怎么搜查的，黄金不就在你们的眼皮底下吗。一眼就看出了名堂。太可惜了，金块我们可全部没收了。"窃贼到底将一百公斤的金块藏到哪儿了呢？

⑧ "溜号"的巡警

密林深处发生了一起命案，警局骨干倾巢出动，在案发现场连续几日展开调查。在警长住的指挥部四周，部署了许多巡警，他们分别住在八座帐篷里。起初，每个帐篷里规定住三个巡警。后来，允许巡警们互相串门。卫队长查哨时，只查点每排帐篷里的巡警的人数：如果每排的三座帐篷共有九个巡警，他就认为他的巡警一个也不

帐篷	帐篷	帐篷
帐篷	指挥部	帐篷
帐篷	帐篷	帐篷

缺了。巡警们看到这个情况，就想出了一个好主意来欺骗他们的队长。一天晚上，有四名巡警溜出营地去寻欢作乐，卫队长并未发现。第二天晚上，又有六名巡警这样做了，也没受到处罚。后来，巡警们甚至开始把客人带到帐篷里来了，一次请了四人，另一次请了八人，第三次请了十二人。所有这些把戏都没被发现，因为在队长查哨时，每一排的三座帐篷里都有九名巡警在场。巡警们找的是怎样的"窍门"呢？

9 福尔摩斯智斗歹徒

出门在外总会免不了有意外发生。这一天傍晚，福尔摩斯正走在回家的路上，可是走着走着，前面突然出现了一个歹徒，而且这个歹徒还持有一把手枪，并用枪指着福尔摩斯的头说："快把钱拿出来，否则就得小心你的脑袋！"这时福尔摩斯知道自己处于弱势地位，也就不做那些没用的抵抗了，于是乖乖地掏出了钱包送到歹徒手上。

正当歹徒很得意的时候，福尔摩斯对歹徒说了几句话，然后就听见六声枪响。这时的福尔摩斯一拳头打到歹徒的头部，使得歹徒昏了过去。而福尔摩斯赶紧取回钱包，笑呵呵地走了。

你知道福尔摩斯对歹徒说了什么吗？

侦查小帮办
★★★★★

主　述	福尔摩斯		事　件	遇到劫匪		
时　间	傍晚		地　点	回家的路上		
人物及关系	侦查手段	证据及线索	关键点	嫌疑人	侦查方向	
福尔摩斯用计制服劫匪	情景再现、逻辑分析	①六声枪响；②一拳制敌	为何开枪	福尔摩斯	从心理学角度分析福尔摩斯说了什么话	

⑩ 带毒品的钢笔

星期二凌晨1点左右，一个小偷潜入若叶公寓。发现小偷的是住在9号房间的一名大学生，21岁。当时，他穿着睡衣去楼道的公共厕所，通过窗户看见有个提着包的家伙，从8号窗户跳了出去。觉得可疑，他便喊了一声，对方就慌张逃走了。这位大学生高中时曾是橄榄球队的，所以相信自己能追上他。在追赶的过程中，当小偷冲过十字路口时，被迎面开来的汽车撞倒。开车的司机名叫天地洋介，30岁，是一位诗人，笔名叫"天地无限"。因为事情来得太突然，诗人根本来不及刹车。撞人后他吓傻了，瘫在方向盘上好一阵子，直到大学生跑到跟前，告诉他被撞的是逃跑的小偷，没有他的责任，并答应给他做证时，诗人这才得到安慰，放心地从车上下来去看小偷。与此同时，大学生发现离现场五六十米处有个公用电话亭，由于周围没有人，无法进行急救，所以他就拨打了110。

小偷从若叶公寓偷来的手提包里装有照相机、洋酒和宝石等赃物。本来是个很简单的案子；可是警方在手提包里还发现了一支钢笔，钢笔的墨水囊里装的是海洛因。据调查，毒品并不属于小偷，可能也是赃物。那支钢笔上没有留下任何指纹，而其他赃物上都有指纹。另外，在钢笔笔管上横刻着一个"8"字，看上去很不协调。

事后，警方对所有涉案者都进行了例行搜查。自然，面对一支装有毒品的钢笔，受害者中没有一个承认这是属于自己的。

以下是公寓里三位受害者的情况：第一位是石川八郎，住在一楼5号房间。他是酒吧的侍者，被盗时还在酒吧上班。被盗物品有照相机和三瓶威士忌酒。那些物品上都有石川的指纹，所以毫无疑问是他的东西。他所在的酒吧，经常有外国的船员出入，从不法的船员手里弄到毒品也是有可能的。第二位是大野八重子，她住在一楼7号房间，是个女招待，被盗时也不在家。被盗物品有19万日圆和钻石戒指、珍珠项链。她的老板经营旅行代理店，因此经常去东南亚各国出差，也有可能带回毒品。第三位受害人是田中完治，住在一楼8号房间，是名学生，被盗时刚好在父母家过夜。被盗物品有照相机和28万日圆。据调查他曾有过吸毒的记录，不过是少年时的一次好奇，除那次不良记录外，他倒是一个规规矩矩的好学生。但也不能排除他的嫌疑。

好，所有的线索都已齐备，现在我们所要追查的不是凶手，而是钢笔的拥有者。钢笔到底是谁的，您心里有谱了吗？

11 小偷的破绽

深夜，一个小偷第一次入室行窃。这里没有人守卫，小偷大摇大摆开了灯，坐到办公桌前，打开抽屉，但没翻动里面的东西就关好；接着他又打开了文件柜，拿出重要文件，再把文件柜关好；他还打开了保险柜，取出了钞票，然后关好。

小偷想起师傅嘱咐过他的话，在出门之前，把所有用手摸过的地方都用手绢擦了一遍。临出门时，他又将墙上的电灯开关也擦了一遍。最后，用腿把门带上。

"除非有人取文件或打开保险柜，否则没人知道我来过吧！"小偷得意地想。

可是，第二天，第一个进房间的人就发现了昨晚这里有人来过。那小偷的破绽究竟出在哪里呢？

侦查小帮办

主 述	小偷		事 件	行窃
时 间	深夜		地 点	办公室

人物及关系	侦查手段	证据及线索	关键点	嫌疑人	侦查方向
小偷消除自己来过的痕迹	现场查看、揣摩心理	①大摇大摆开了灯；②摸过的地方都擦了	灯	小偷	从小偷的进来到出去遗忘了哪个地方

12 识破惯骗

明朝嘉靖年间，有位名叫宋清的人在河北任知县时，曾巧断过不少案子。人称"铁判官"。一天，宋清正在县衙办公，外面有个叫王讳的男子脸色惨白地奔进来告状，说他刚才摆渡过河，艄公抢走了他50两银子。宋清问道："你是干什么的？""小人贩卖蜜饯为生。""你的银子原来放在哪里的？""就放在包袱里。"说着，王讳打开包袱，只见里面有几盒蜜饯。宋清当即命衙役随王讳前往渡口捕拿艄公。不久，两个衙役带来一个渔民装束的大汉，回禀道："强盗已抓获，这是赃银。"宋知县打开包一看，正好50两银子。

大汉"扑通"跪倒在地："老爷明鉴，小人冤枉！"宋清一拍桌案："不准乱嚷！本官问你，你是干什么的？""打鱼兼摆渡的。""这银两是哪来的？""这是我两年多的积蓄啊！"宋清听罢情况，思忖片刻，便命衙役将银子放到院子里。过了一会儿，他养的一只小黄猫便来到银两前东闻西嗅。见此，宋清又命将银子取回，问打鱼的艄公："你存这些银两，可有人知道？"艄公道："昨天，我在'芦花'酒店喝酒，跟那里一位挺熟的小二说起过。"

不一会儿，店小二被带来了。宋清唤王讳上堂，指着他问店小二："此人你可认识？"店小二仔细地打量了一会儿，道："回禀老爷，此人虽不认识，但记得他昨日在我店中喝过酒。对了，昨日傍晚与这位打鱼的兄弟，前后脚进店的。"宋清点点头，一拍惊堂木，厉声道："王讳！你竟敢诬陷好人，还不从实招来！"王讳脸色骤变，声音发颤大喊冤枉。然而宋清冷冷一笑，说了一番话之后，王讳不得不招供了。原来，这王讳是个惯骗，昨天在酒店喝酒，听到打鱼艄公与店小二的谈话，便心生一计，买了些蜜饯，自己撕破了衣服，装着遭劫的样子，今早告上公堂，不想自投罗网。

你知道宋清是怎么说的吗？

侦查小帮办
★★★★★

主 述	宋清	事 件	银子属于谁
时 间	明朝嘉靖	地 点	县衙

人物及关系	侦查手段	证据及线索	关键点	嫌疑人	侦查方向
宋清明断银子归属	现场检验、询问	①二人的职业；②店小二的证词	猫能嗅出腥味	王讳	从动物习性和生活经验推理此案

⑬ 精明的审判员

采购员杰森，以代买电视机为名，先后骗得9位外省顾客数额相等的现款。司法机关追查时，杰森耍了个"脱身法"，承认骗了9人的人民币共1984元，要求宽大处理。

审判员听了杰森的交代后，略加思索，当即指出坦白不彻底，并单刀直入地说："你诈骗的钱不是1984元，而是6984元。"杰森一听，吓得目瞪口呆，豆大的汗珠挂满额头，因为他诈骗的现款确实是6984元。

为什么审判员能如此准确地推断出杰森诈骗的金额呢？他既无未卜先知之术，又不是乱猜胡测的碰巧，而是依据逻辑知识正确推理得来的。你能做出正确的判断吗？

⑭ 聪明的匪徒

一伙海盗劫持了一艘远洋轮，并将船上的人员全部杀害，向太平洋上的一个岛屿逃窜，由于海盗头子不太熟悉该轮的性能，在行驶的过程中触礁，于是狡猾的海盗头子把19名匪徒召集在一起，说："为减轻船上的食物、饮水供应的压力，我们必须做出牺牲。"讲到此，匪首叫匪徒排成一行，又说："在太阳即将升起时，凡点到第七名的可以留在船上，数到最后第七名的那个人就必须立即跳到海中。"匪首还很有把握地补充一句："我也不例外。"说罢，船长在第六名船员后面夹了进去(图中倒置的火柴是船长)。有个聪明一点的匪徒负责点数，他想，如果从头数起，头儿自然轮到第七，这样其他弟兄就去遭殃，而他又恨透了这个头儿。现在，请大家动动脑筋思考一下，这位聪明的匪徒是怎样点数的，最后的结果能迫使匪首不得不跳入海中？

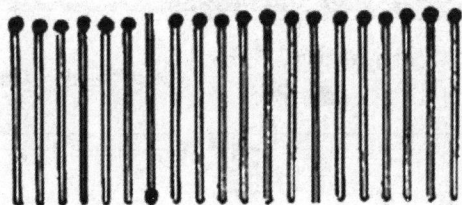

如图：

⑮ 遗产纠纷案

明朝时，河北某县有一户弟兄俩，兄长王大，已成家多年，弟弟王二，刚刚成家。成家之前，兄弟合着过，兄弟关系尚可，只是叔嫂之间有些不和。他们的父亲生前经商有些积蓄。照理这笔钱应该是兄弟俩的，可王大媳妇为人刁横想独吞这笔遗产。王大一向怕老婆，只得依顺。王二成家后提出分家之事，并要求得到遗产的一半。王大媳妇一听便哭道："你真没良心！爹娘死得早，这些年你哥好不容易把你拉扯大，爹娘死时剩下的一点钱早就为你花光了！你还要遗产，真是恩将仇报，令人心寒啊！"嫂子这么一闹，老实的王二一时没了主意，只得回房跟媳妇商量。媳妇问："你可知道有多少遗产？"王二答："有一箱银元宝，是我亲眼看见的。"媳妇想了想说："你嫂子不讲理，心又狠，听说知县宋清为官清正，判案无私，咱们去向他告状。"

第二天清晨，王二便将状子呈上县衙。宋清阅完状子，问王二："你爹死时，你多大？""七岁。""那么小，你怎么知道你爹留下了遗产呢。""我记得爹的丧事刚完，哥哥就让我帮他把满满一大箱银元宝装在一口大缸里。""那缸放在什么地方？""不知道。后来，我再没见过此缸。"听完王二的话，宋清一拍桌案，怒道："大胆王二，竟敢胡说八道。你自己搞不清楚，叫本官如何去查？来人，把他赶出去！"王二回到家中，委屈地与媳妇抱头痛哭。王大夫妻听说此事，高兴极了。

几天后的一个深夜，宋清带着一班衙役，忽然闯进王大家中，将王大拿住。宋清怒喝道："有人检举，说你参与了邻县的杀人抢劫案！给我搜！"王大夫妻吓得面如土灰，连连喊冤。宋清趁热打铁，解决了这桩遗产纠纷案。你知道是怎么解决的吗？

侦查小帮办

主 述	宋清	事 件	遗产纠纷
时 间	明朝	地 点	王大家中

人物及关系	侦查手段	证据及线索	关键点	嫌疑人	侦查方向
宋清用计找到遗产	询问、现场查看、物证	①银元宝装在大缸里；②宋清搜出一大缸银元宝	搜出大缸	王大	为了证明清白，王大必须承认是遗产

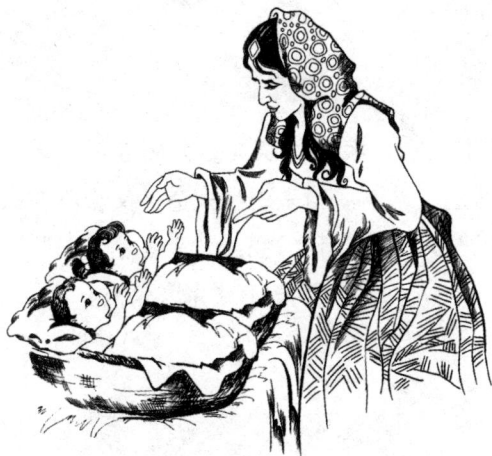

16 古罗马的法律题目

下面是古罗马喜爱谈论法律的人们常常提出的一道古老的题目。一位寡妇将同她的即将生产的孩子一起分享她丈夫遗留下来的3500元遗产。如果生的是儿子，那么，按照罗马的法律，做母亲的应分得儿子份额的一半；如果生的是女儿，做母亲的就应分得女儿份额的两倍。可是发生的事情是，生了一对双胞胎———男一女。应怎样分配才符合法律要求呢？

17 真的不认识

警长和福尔摩斯开车来到一座公寓前。他们要找一个名叫琳杰的人。开门的正是琳杰。她将两人让进屋说："二位先生有何贵干？"

"太太，您认识一个叫尼桑的人吗？""尼桑？我从未听说过。""我们刚从拘留所来，他说认识您。"琳杰很镇定地抽了口烟，说道："我真恨不能将你们从窗子里扔出去！"警长用手指着她说："尼桑从银行抢走了19万马克。警察反应很快，24小时之后，就将他抓获了。我们和他长谈后，他已说出将钱给了谁了。""我不认识尼桑，对银行抢劫案也不感兴趣！""荒唐！那为什么尼桑说，他将钱给了你呢？"巡警插嘴说。太太跳了起来："我要控告你们！……""完全相反，太太。尼桑究竟是什么时候把钱给了你，你又将钱藏在什么地方了？"琳杰气得大叫道："我要说多少遍，我根本就不认识什么乔治·尼桑！""你真不认识？""对，不认识！"警长从口袋里抽出一张纸，说道："就这样吧，你被逮捕了。很遗憾，太太，你刚才犯了个错误。"

请问，琳杰犯了什么错误？

18 来者是谁

清代画家任伯年擅长画花鸟、山水，兼工人物，尤精肖像画。大概在任伯年10岁左右的时候，有一次，他父亲出门，恰巧有朋友来访。当来访者知道他父亲不在家时，坐了片刻就告辞了。他父亲回来后，听说有人来访，就问他："来者是谁？"任伯年答不上姓名来。后来，伯年想了一个办法，终于使他父亲知道了来客是谁。

你知道任伯年想的是什么办法吗？

侦查小帮办

主 述	伯年		事 件	客人是谁
时 间	清代		地 点	任伯年家里

人物及关系	侦查手段	证据及线索	关键点	嫌疑人	侦查方向
任伯年告诉父亲来的客人是谁	询问、现场确认	①任伯年不知道客人姓名；②想了一个办法	任伯年尤精肖像画		用任伯年的特长来推理此案

19 名画失窃案

初秋的一个星期二的早晨，警方接到荷兰博物馆来电，得知该馆二楼展览厅内一幅名画被人偷去了，只剩下镜框。警方赶赴现场，发觉被盗的是一幅名画，镜框上恰巧粘有两只苍蝇。侦探福尔摩斯好奇地想把它们捉住，但被它们飞走了。

福尔摩斯向负责监察此项展览的总管查理询问，查理说："我们一共有三人轮流负责看管，而昨晚放工的时候，我与副总管安奇是最后离去的，跟着我们三人一同到附近一间酒吧消遣，然后各自归家。今晨回来，发觉名画不见了！""我和总管确实是最后离开博物馆的，但喝完了酒后，返家途中，管理员艾克对我说：'我遗留了一些东西在博物馆。'于是向我借钥匙回去拿取。"副总管安奇插嘴道。"对，我忘记带太太今晨送给我的生日礼物，那是一条漂亮的手帕。"艾克说完后，便将手帕拿出来，给各人看。

福尔摩斯沉默片刻后，说道："我知道小偷是谁了！"你猜到是谁了吗？

20 卧铺车厢盗窃案

窃贼坐在特快列车的一节卧铺车厢里。深夜2点左右，当其他旅客熟睡之际，他钻进了3号车厢的12号单人房间。溜门撬锁对于窃贼来说是轻而易举的事。

床铺上贵金属店的男子正蒙着毛毯打着呼噜睡着，枕头下面放着一个显眼的皮箱。在这个精巧的小型皮箱里面，装着4根各重10公斤的金条。窃贼轻轻地将皮箱抽出，离开房间，回到自己住的4号车厢。

这趟特快列车到达下一站M车站的时间是早晨6点钟，这期间不停车。12号房间的那个男子醒来时发现皮箱被盗是5点钟。他慌忙报告了列车员。幸好车上有乘警，立即与列车员分头在列车内进行查找。

此时，大多数旅客睡得正香，也只能一一叫醒进行盘查。同时请下一站M车站的警察协助检查下车旅客携带的物品。这次列车的车门是自动控制的。窗户也是封闭式的，旅客是无法打开的。罪犯携带40公斤的金条只能等列车到达M车站时才能下车。

可是，在M车站下车时，窃贼手里只拎了个手提包。当然，手提包被严格检查过，但里面装的全是化妆品一类，所以没受任何怀疑地出了检票口。但是，说来也巧，张侦探正好也在车站月台上。他是从待命的警察那里听到了金条被窃的。而且，在列车进站后，他从下车的旅客中见到了窃贼的身影。于是他决定放弃旅行，从后面追上了刚出检票口已到了出租车站前的窃贼。"干得真漂亮啊，快领我去找吧。"他向窃贼耳语说。窃贼大吃一惊，"啊，领你到哪儿去呀？"他佯作不知。"去取金条呀。"张侦探笑呵呵地说。窃贼只得老实地承认了，并和张侦探一起坐上了出租车。那么，窃贼到底将盗来的40公斤金条藏到什么地方带出列车的呢？顺便交代一下，列车内并无同伙。

21 郑大济智斗县官

清朝乾隆年间，闽清六都有个郑大济，自幼聪明伶俐。有一回，郑大济的祖父郑贡生因打抱不平，得罪了县太爷。县太爷一怒之下，硬把全乡的皇粮派给郑贡生交纳，并且限令他在3日之内就要交清，否则就办他"抗交皇粮"之罪，抓去坐班房。郑家虽是书香门第，但经济并不宽裕，哪来余钱剩米交纳全乡的皇粮？因此把郑贡生急坏了。

郑大济这时才12岁，得知此事后，对郑贡生说："公公，这事好办，明天让我去见县太爷，我自有办法对付他。"第二天，郑大济戴了祖父的帽子，穿了祖父的长衫，摇摇摆摆去见县官。沿路行人见一个乳臭未干的孩子穿着长衫在地上拖，都很惊奇，跟了一大群人在后面瞧热闹。郑大济也不理睬，径直向县衙走去。把门的衙役见了，大声喝道："哪来的野仔，敢来闯县衙？"郑大济瞪了他们一眼，大声应道："县太爷有事相请，你敢拦阻吗？"说完，大踏步往衙门里走去。衙役摸不着头脑，也不敢十分阻挡。

县太爷正坐在堂上，睁眼一看，认得他是郑贡生的孙子，号称"神童"的郑大济，便严厉喝道："没毛小子，为何自己的衣服不穿，要穿爷爷的衣衫？"郑大济机智地作了回答。围在衙门外看热闹的一听郑大济的话，"哄"的一声笑了。那县官听了，竟一时答不上话来，只好不再让他祖父交全乡的粮了。

你知道郑大济是怎么回答的吗？

侦查小帮办

主 述	"神童"郑大济	事 件	机智作答
时 间	乾隆年间	地 点	县衙

人物及关系	侦查手段	证据及线索	关键点	嫌疑人	侦查方向
"神童"替爷爷解除县官的无理命令	现场作答、以其人之道还治其人之身	①故意穿爷爷的衣衫；②等待县令发问	要与县令的话相符才能制服县令		将众人的皇粮和爷爷联系起来

22 露馅儿的海顿

两名武装歹徒冲进一家银行，抢了钱后，立即乘一辆福特车逃跑了。一个银行职员记下了车子的号码。一刻钟后，福尔警长就带着助手赶到了现场。正在他们谈论案情时，突然发现了要找的那辆福特车。它刚从警车旁掠过，一位警员叫了起来："这不可能，车子的牌号、颜色、车号都对。"他们超到前面，将车拦下。

车中是一位年轻男子，名叫海顿，福尔警长对海顿进行了审问。虽然发现他跟这起银行抢劫案有关，可是由于他不可能在现场，只能又将他放了。事后调查，歹徒从那家银行抢走7.5万马克新钞票。第二天，又发生了一起银行抢劫案。案发没一会儿，海顿开车通过一检查站径直往前开。警察拦下他说："你没有看见停车牌吗？得罚10马克！" "下次一定注意。"海顿给了警察一张10马克的纸币。两天后，警方逮捕了他，理由是与银行抢劫案有关。"不可能，"海顿说，"我不在现场！"福尔警长佯笑道："但你是主谋。你找了两个朋友，弄了一辆完全相同的车。每次抢劫银行，你就将警方的注意力吸引到自己身上来，他们就趁机跑了。但是，这次你犯了个小小的错误，结果露了马脚！"

你能猜出海顿在何处露了馅儿吗？

主　述		福尔警长		事　件		银行抢劫案
时　间				地　点		检查站

人物及关系	侦查手段	证据及线索	关键点	嫌疑人	侦查方向
福尔警长发现海顿的罪行	询问、物证	①抢走7.5万马克；②被罚款10马克	新钞票	海顿	想象新钞票的特点

23 智擒盗车贼

小区又有人报警，小区的业主刚买的福特轿车被盗！这已经是本月的第九次轿车被盗案。

警长带着警员来到现场，调取了小区的监控录像。在晚上十点半钟，监控录像的记录忽然模糊不清了，持续了十分多钟，录像又恢复了正常，画面显示原来停的福特轿车离奇地失踪了。警长和队员议论纷纷，小张说道："轿车就是在这十分多钟被盗的，可为什么忽然显示模糊了呢？"警长沉吟了片刻说道："可能是罪犯使用了电子干扰器，所以正常的监控信号被破坏掉了，看来这是一群高智商的盗贼！"警长说道："这个月连续的盗车案，"失窃的都是高档轿车，没有桑塔纳、比亚迪等低档车，看来盗贼目标十分明确，手法十分老到，十有八九是同一团伙所为。"警长又询问了失主和小区的保安，掌握了一些第一手资料。

第二天全警队召开会议，警长让大家讨论一下破案思路。来协助调查的智多星福尔摩斯说道："罪犯的目标是豪华轿车，我们可以在不同的地方放置几辆好车，然后派人监视布控，引蛇出洞。我们的对手反侦察能力很强，我们动静不宜太大，我想是否可以给这几辆轿车上装上定位等装置，以便随时掌握对方的动向！"警长一拍桌子，大叫了一声道："这个主意太好了，咱们就到本市的大集团去借轿车。和技术科的人员去改装轿车。"

很快几辆钓饵车被装置完毕，警长让队员分别放置在市区的显眼处，由技术员指挥全队警力，在电脑旁通过GPS监视几个钓饵点。大概在十一点多钟，停在红都大酒店的钓饵点动了，技术人员马上通知队员开始跟踪。此时在红都大酒店门口，有一老一少两个人直勾勾盯着门前停的奔驰车，原来这是一对盗车贼，师傅新收了一个得意弟子，为了展示自己不同凡响的盗技，在小辈面前树立威信，亲自来现场演示给徒弟看。

两人小心翼翼地观察了现场，见没有发现异常，师傅说道："你在此地放哨，我去开车，小子看好了，学着点！"说罢，大摇大摆地来至奔驰前，十分熟练地拿出作案工具，十几秒的工夫，就打开了轿车门，然后跳上轿车，发动起奔驰朝徒弟驰去。徒弟坐上奔驰，无比崇敬地看着师傅，挑起大拇指不住地赞叹师傅的神技！这时师傅忽然从倒车镜上看到有几辆警车尾随，心道："不好！被盯上了！"马上加大油门，可怎么加油奔驰都跑不快！急得他汗都流了下来，慌乱之中拉了一下车门，忽然发现轿车门锁死了！就在这时，只听轿车座上呼呼几声，车座爆裂，从皮革下流出许多液体来！这些黏稠的东西牢牢地把两人粘在了座位上！师徒俩真是叫天天不应，叫地地不灵！可恨的是这时奔驰车自动熄火了！警车呼啸而至，两贼束手就擒。看到盗贼的狼狈相，全队警员笑得腰都直不起来了！

你知道这是怎么回事吗？

侦查小帮办

主　述	警察		事　件	智擒盗车贼		
时　间	晚上		地　点	奔驰车上		
人物及关系	侦查手段	证据及线索	关键点	嫌疑人	侦查方向
警察用计将盗车贼控制在车内	现场取证	改装轿车	钓饵车	盗车贼	考虑高科技控制轿车

24 失车之谜

福尔摩斯是一个嗜车如命的人。这年夏天的一个周末，他又驾着那辆名贵汽车，到一间高级咖啡屋去赴约。他把车子泊在附近的一个有老虎机的车位处，然后才走进咖啡屋。

在咖啡屋内，他和朋友商谈生意，正在兴高采烈之际，突然想起还没有向老虎机投币；恐怕接到告票，于是赶紧走出门外。当他走到车位处时，不觉呆住了，他的那辆名贵汽车，已经不知所踪，相信是被人偷走了。

福尔摩斯报警后，警方到场调查，发觉汽车被偷的情况很怪，因为附近行人往来频繁，窃贼不可能明目张胆地撬车门；而且这种车门十分牢固，普通人是不易撬开的；何况又没有钥匙，也不可能发动引擎，开动汽车。

那么，窃贼是用什么方法把汽车偷去，而又不引人注意呢？

侦查小帮办

主 述	福尔摩斯		事 件	爱车丢失	
时 间	周末		地 点	高级咖啡屋	

人物及关系	侦查手段	证据及线索	关键点	嫌疑人	侦查方向
福尔摩斯和警方都无法理解汽车是怎样被盗的	现场查看、推理	①附近行人往来频繁；②车门坚固；③不可能发动汽车开走	不引人注意偷走车	窃车贼	从往来频繁的行人都没注意这是偷车推理此案

25 聪明的化妆师

一位越狱犯闯进了电影制片厂女化装师的家。他从腰间抽出一把匕首，说："如果你老老实实按照我说的去做，就不会伤你半根毫毛，只要施展一下你的手艺就行了。我不愿意再回到监狱了，我要请你把我的脸化装一下！"这位著名的女化装师的化装技术很高明。经过她化装后的人，别人是看不出半点破绽的。

女化装师朝他手里的匕首瞥了一眼，顺从地说："那么，你准备化装成什么模样呢？有了，把您化装成一个女人，行吗？""不行，脸变成女人，以后一切不大方便，还是想个办法，把我的脸变个样子就行了。"

"那好办，把您变成一个面目可憎的中年人行吗？"一会儿，镜子里映出了一张肤色黝黑、目光凶狠的中年男子的脸。

"怎么样，这样满意了吗？""不错，连我自己都认不出来了。"逃犯把女化装师捆了起来，又拿一块毛巾塞住了她的嘴，然后带着一张变形的脸，推开门走了。过了片刻，一群警察来到女化装师的家，对她说："多亏您帮忙，我们才把这个家伙捉拿归案。您受苦了！""我也在祈祷，希望尽快把逃犯缉拿归案。不过，那个家伙无论如何也不知道自己怎么会被抓住的。"

你知道这是怎么回事吗？

侦查小帮办
★★★★★

主　述	女化装师		事　件	易容	
时　间			地　点	女化装师的家里	

人物及关系	侦查手段	证据及线索	关键点	嫌疑人	侦查方向
女化装师对越狱犯做的手脚	现场确认、揣摩心理	①化装后的样子；②女化装师预料到越狱犯很快就会被抓到	过了片刻	越狱犯	从易容后出门片刻被抓推理此案

26 揭穿"玩扑克"的骗局

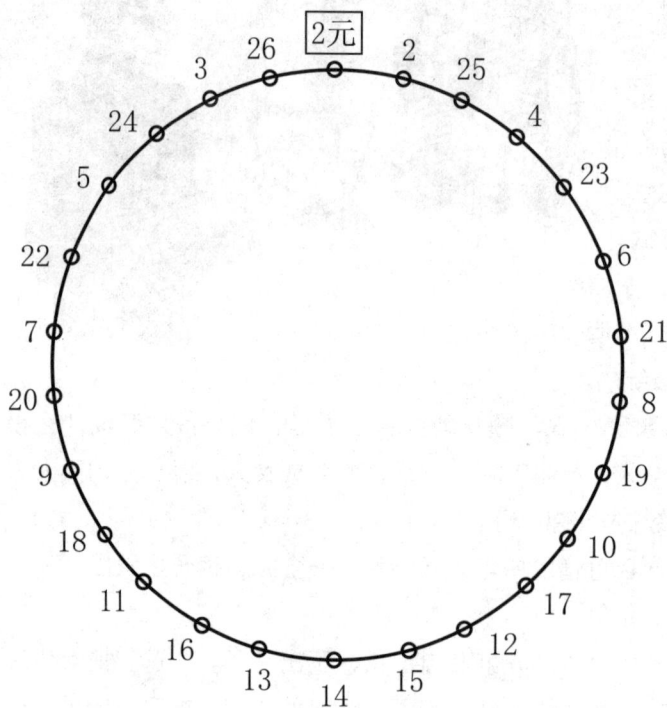

在公园或路旁，经常看到这样的游戏：摊贩前画有一个圆圈，周围摆满了奖品，有钟表、玩具、小梳子等，然后，摊贩拿出一副扑克让游客随意摸出两张，并说好向哪个方向转，将两张扑克的数字相加（J、Q、K分别为11、12、13，A为1），得到几就从几开始按照预先说好的方向转几步，转到数字几，数字几前的奖品就归游客，唯有转到一个位置（如右图），必须交2元钱，其余的位置都不需要交钱。

真是太便宜了，不用花钱就可以玩游戏，而且得奖品的可能性"非常大"，交2元钱的可能性"非常小"。然而，事实并非如此，通过观察可以看到，凡参与游戏的游客不是转到2元钱就是转到微不足道的一些小物品旁，而钟表、玩具等贵重物品就没有一个游客转到过。这是怎么回事呢？是不是其中有"诈"？

27 化学家的声明

著名化学家威廉研制出了很多化学产品，并因此成了百万富翁。在伦敦市一条繁华的大街上，他购置了一套豪华公寓。威廉不仅钻研化学，还对收藏世界名画和文物颇感兴趣。一天夜里，有个小偷钻进屋里偷了几件文物，经过客厅时顺手摘下了挂在那儿的一幅名画并卷起来，打算从原路逃走，突然餐桌上放的一瓶高档名酒将他吸引住了。原来这小偷是酒鬼，平常就嗜酒如命，这会儿他一看到有这么好的酒，不管三七二十一，迫不及待地拧开酒瓶，仰起脖子喝起来。

他刚喝了一半，突然听到门外有响声，大概是仆人听见有什么响动前来查看了。小偷一慌，忙放下酒瓶，赶紧逃走了。

第二天一早，威廉发现家中的几件文物和名画不见了，就连忙报了警，詹姆警长和福尔摩斯赶来。福尔摩斯在屋里转了一圈，见罪犯没有留下什么痕迹，只有一股酒味。福尔摩斯查看了一下餐桌上开着的酒瓶并询问了威廉，他断定盗贼喝了几口酒，便心生一计，他要让这罪犯投案自首。福尔摩斯让威廉以一个化学家的身份写份声明，登在报上。盗贼看了声明以后，第二天便带着那幅画自首了。

你能猜到这份声明的内容吗？

侦查小帮办
★★★★★

主　述	福尔摩斯		事　件	抓盗贼	
时　间	第二天		地　点	威廉家中	

人物及关系	侦查手段	证据及线索	关键点	嫌疑人	侦查方向
福尔摩斯施计让盗贼自首	现场查看、职业分析、物证	①威廉的职业；②盗贼喝酒；③心生一计	以酒做文章	盗贼	从威廉的职业推理他的声明

28 间谍脱身

机警的间谍劳伦斯伪装成记者，背着相机和闪光灯，利用伪造的证件便混入了A国举行的一个外交集会。就在他不停地拍照时，一个保安人员向他走了过来。"把你的证件给我看看。"保安人员对劳伦斯说道。劳伦斯拿出了证件，那个保安人员细心地看了一会儿，突然说道："你的证件是伪造的，你到底是什么人？"他一面说，一面企图从口袋里取出手枪。

劳伦斯知道自己已暴露，必须立即逃走，而且他站的地方离大门很近，但如果就此转身，对方一拔出手枪，自己就会被击中。怎么办？

你能帮他想一个迷惑对方、争取时间逃走的方法吗？

侦查小帮办
★★★★★

主 述	劳伦斯		事 件	快速脱身
时 间			地 点	外交集会现场

人物及关系	侦查手段	证据及线索	关键点	嫌疑人	侦查方向
劳伦斯被保安识破身份	询问、现场查看	①离大门很近；②必须制服保安	不能让其他保安发现		考虑手中的相机和闪光灯

29 穿红色泳装的女间谍

在一个炎热的夏天上午，警察A在海滨浴场经过时，偶然见到一个身穿红色泳衣、头戴红色泳帽的女子。他觉得这个女子好面熟，但又想不起来在哪里见过。猛然间，他记起来了，这不正是内部通缉的女间谍E吗？

正当他准备上前逮捕女间谍E时，E好像也有所察觉，混在一群泳客中匆匆游进海里。A苦于不会游泳，无法游过去，十分着

急。但转念一想，这个海滨浴场正对着太平洋，浴场的防鲨网外经常有鲨鱼出没，不论游泳技术多么高超的人，也不敢越出浴场一步，何况他看出E的游泳技术并不怎么样，她游累了肯定要回到岸上来。再说E的红色泳装非常显眼，她再上岸时A不会看不到。但是，A直等到海滨浴场上的人全都走光，也再没见到穿红色泳装的E。

E并没有从海上逃走。而是悄悄回到岸边后从容走出海滨浴场的。A为什么没发现呢？有哪种可能性呢？

侦查小帮办
★★★★

主　述	警察A		事　件	抓女间谍
时　间	夏天上午		地　点	海滨浴场

人物及关系	侦查手段	证据及线索	关键点	嫌疑人	侦查方向
女间谍在警察A眼皮底下成功脱逃	现场查看	①红色泳衣、泳帽；②只能从岸上离开	没见到红泳衣的女人	女间谍	女间谍在水里做了什么

30 珠宝抢劫案

汤姆和迈克刚刚抢劫了一家珠宝店，但是警察就在他们身后不远的地方。他们在逃跑中经过一片废弃的砾石场，迈克曾经在这里工作过。他们停了下来，把装着珠宝的袋子扔进了砾石场，并记住了袋子落下的地点。为了确保袋子藏得更安全，他们还在袋子落下的地方撒了一层干沙。20秒钟后，他们再看的时候却看不到袋子了，干沙已经和下面的湿沙混合在一起了。在他们跑出两英里后，警察逮捕了他们，但不久之后因为缺少证据又把他们释放了。第二天，汤姆杀害了迈克后逃走了。当时的情况是怎么样的？

提示：

1. 他们中的任何人都没有告诉过警察到哪里去找珠宝。

2. 没有动物或人偷走珠宝。

3. 珠宝已经不在原先的地方了。

4. 汤姆晚上没有拿走珠宝，也没有怀疑迈克会拿走珠宝。迈克也没有怀疑汤姆会拿走珠宝。

5. 他们记住了藏珠宝的确切地点。

6. 他们做了一个警示标志，所以从上面根本看不出来。

主 述	汤姆		事 件	珠宝失踪
时 间	第二天		地 点	废弃的砾石场

人物及关系	侦查手段	证据及线索	关键点	嫌疑人	侦查方向
汤姆和迈克埋藏珠宝	现场查看、物证、推理	①迈克曾在这里工作过；②撒了干沙；③汤姆杀了迈克	珠宝不在原先的地方	汤姆	考虑什么让珠宝变换了位置推理此案

31 魔术师的表演

华尔酒店总经理凯特先生举办了一场酒会，邀请了许多中外名流来庆祝他的酒店成立二十周年，并将自己收藏多年的珍贵邮票、明信片拿出来供来宾观赏。这时，H国的一个家伙趁人不注意，随手拿起一张纪念明信片装到了自己的口袋里，不过，这一点还是被总经理发现了。当场揭穿吧，实在让酒会扫兴；不理会吧，自己的宝贝眼看就要属于别人了，他又不甘心。突然，他灵机一动，请来一个魔术师朋友，他把自己的情况给魔术师讲了一遍，请魔术师帮助他取回宝物，魔术师满口答应。

于是，凯特对来宾说："各位朋友，为给今天的酒会助兴，我特地请来著名的魔术师为大家表演精彩的节目。"魔术师上台表演了两个小节目，便成功地将宝贝取了回来。

请问，魔术师使的什么妙计，既取回了宝物又不使那家伙难堪？

主 述	魔术师		事 件	找回失物
时 间			地 点	酒会上

人物及关系	侦查手段	证据及线索	关键点	嫌疑人	侦查方向
魔术师帮助总经理顺利拿回明信片	现场取证	①助兴魔术；②成功取回	魔术师设计的魔术	偷明信片的人	把明信片和魔术结合在一起

32 福尔摩斯夺刀

日本古代有一种所谓德政的法律，就是官府不定期地发"德政布告"。这个布告一出，人们的借贷关系就宣告废除。这种法律的出发点是帮助穷人，但实施起来却漏洞百出，甚至闹出许多笑话来。后来这种法律就自行终止了。这种"德政布告"还在实施期间，人们也不按照布告的规定那么认真执行。正是"德政布告"张贴的那一天，一个外地的游客游历到镇上，借住在一家旅馆里，他在山路上奔波了一天，并不知道"德政布告"公布之事。他随着老板走进一间舒适的客房，收拾了一下行囊，准备晚饭后早些休息。

游客的行囊中最引人注目的是一把宝刀，造型美观，刃口锋利。店主是个喜欢武术的人，不免觊觎这把宝刀，他向游客借这把宝刀用一下，游客当然不便推辞。店主借了宝刀就来到店外的空地上练武，向过往人等炫耀自己的本事。围观者很多，人们纷纷赞扬，也有人惋惜地说："宝刀虽好，但可惜是别人的。"店主听了大喝一声："谁说这把刀不是我的？"正在房内准备休息的游客，见外面人声喧哗，不免探出头来张望，正好听到店主的话。他眼看宝刀要易主了，连忙走下楼来向店主索还宝刀。"这把刀是我向你借的不假，但现在借了的东西，就成了我的东西了。"他说着指指路边树上刚张贴出的"德政布告"。虽然当时人们已并不严格执行"德政布告"，但毕竟是现行法律，店主不肯归还，游客也奈何不得他。围观者虽觉得店主无赖，但也无话可说。

福尔摩斯也在围观的人群之中，他喜欢抱不平，就站出来，对店主说："执行德政布告是应该的，这把刀不用还给游客了。"店主听了大喜，游客听了则大为沮丧。福尔摩斯话头一转对游客说了一番话，游客听了转忧为喜，而店主却转喜为忧，连忙告饶道："我情愿归还宝刀。"

你知道福尔摩斯是怎么说的吗？

侦查小帮办
★★★★★

主　述	福尔摩斯		事件	骗刀	
时　间	日本古代		地点	旅馆	
人物及关系	侦查手段	证据及线索	关键点	嫌疑人	侦查方向
福尔摩斯帮助游客索要回了宝刀	情景再现、物证	①漏洞百出的法令。②借的刀换了主人。③游客转忧为喜。	借贷关系废除	福尔摩斯	什么话能令店主告饶，让他主动归还宝刀

③③ 床底下的地道

　　莫斯是一个高智商犯罪分子，他曾用电子计算机偷窃某国一家银行几十亿美元，甚至用电子计算机窃听某国的国防机密。当然，他最终被警方抓获，并被法院处以终身监禁，关押在某国看守

和保安系统最先进的监狱里。监狱里面给他安排了一间单人牢房，里面条件很好，有看书的地方，睡觉的地方，还有一间独立的厕所。莫斯在这里表现也很好，从不违反规定。可令人费解的是两年后的一天晚上，他竟然失踪了，准确地讲是他越狱逃跑了。

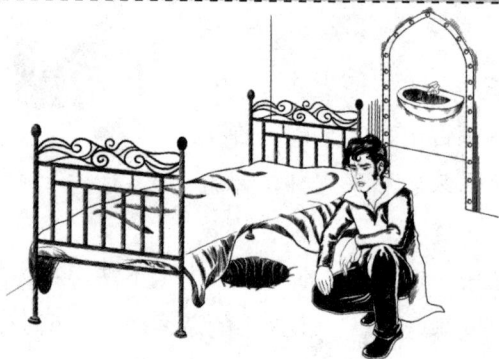

　　狱警在他的床底下找到了一条通往监狱外长达20米的地道。根据警方测算，挖一条如此长的地道，要挖出的土达7吨，可警方连一捧土都没找到，难道他把土吃了不成？狱警马上请来了著名侦探福尔摩斯。福尔摩斯来到监狱后，经过仔细勘查，得知了莫斯越狱的方法。

　　那些土是怎么消失的呢？

侦查小帮办
★★★★★

主　述	福尔摩斯		事件	越狱	
时　间	两年后		地点	监狱	
人物及关系	侦查手段	证据及线索	关键点	嫌疑人	侦查方向
福尔摩斯帮助警方破解莫斯越狱的方式	现场查看、现场确认	①单人牢房；②独立的厕所；③挖出的土不见了	厕所	莫斯	从单人牢房的设施推理土的去向

第七章
判断思维

第一节　概要

　　思维的基本过程包括分析、综合、比较、抽象、概括、具体化。"具体化"既是一个结果，也是一个判断思维能力的运用过程。无论什么样的一个案件，都需要侦探最后作出一个判断。判断思维能正确反映事物的复杂性和多样性，从而能正确、有效地指导人们改造客观世界的实践活动。一个人的行动能否取得良好的效果有赖于他能否对事物作出正确的判断，判断思维能力在人的实践活动中起着至关重要的作用。我们平时所说的"点头yes摇头no"其实就是判断思维一种最通俗化的表达。但侦探推理游戏的判断可不是"点头yes摇头no"这般简单，是需要动一番脑筋哟！

第二节　如何在探案过程中应用判断思维

认知思维是判断思维的基础

　　疑案的侦破，需要运用各方面的知识，非凡的智慧，采取一切可能采取的方法，需要多方面的参与和配合，才能做出正确的判断。因此，认知思维是判断思维的基础。判断思维的运用过程，是搜集材料，整理材料，分析研究材料的过程，是运用概念做出判断进行推理的过程。在整个过程中，应着重抓住认真进行现场勘查，自觉使用现代侦探技术，有针对性地运用侦查谋略，缜密进行推理等几个方面。

　　1945年5月29日，荷兰画家米格伦以叛国罪被捕，原因是他把荷兰17世纪著名油画《耶稣基督与荡妇》高价卖给了德国空军部长海尔曼·戈林。出乎意料之外，米格伦并不承认他犯了叛国罪，反而声称自己是一位爱国者。因为卖给戈林的名画仅是赝品，欺骗了敌人，当然是爱国行为。由于他当场画出了酷似弗美尔原作的油画，法官不得不相信，不再判他叛国罪，而以"伪造名画罪"，判处一年徒刑。

1947年12月30日，米格伦因心脏病猝然死去。

于是，又节外生枝，有人说，米格伦在狱中画的弗美尔的画，并不那么像，只不过是为了开脱自己的叛国罪。有人说真，有人说假，争论不休。直到1968年，美国卡纳吉——梅隆大学的科学家用现代方法进行了鉴定，才最后解开了这一疑案。经测定，那些由米格伦卖出的名画，用的是20世纪的新颜料，根本不是弗美尔的17世纪的颜料。也就是说，米格伦犯了"伪造名画罪"，并非犯了"叛国罪"。

现在，离子探针分析仪已广泛用于刑事侦查，它是一种高灵敏仪器，能激出一束比针还细的离子束，深入古画颜料层中，分析出颜料的化学成分，而无损于原画，可以准确地鉴别古画。

避免误判的发生

侦查人员要从实际出发，认真地进行现场勘查，自觉地使用各种技术手段，准确无误地进行技术鉴定、调查摸底，发现、查证线索，审查嫌疑人，取得大量客观材料，然后在此基础上，对客观材料进行整理加工，进行去粗取精，去伪存真，由此及彼，由表及里的加工制作，找出事物内在的、本质的、必然的联系，推出确凿无误的结论。

　　1969年，在某地的一家三口突然呕吐不止，猝然死去。尸体很快被送到火葬场火化了。死者亲属对于这样一场突然降临的灾难百思不解。他们怀疑有人暗害，可是，尸体早已火化，无法查验，况且，当时正是"砸烂公检法"的时候，有经验的公安人员大都靠边站了，没有人过问此事。然而，事隔8年之后，1977年春天，这一疑案真相大白了。原来，在死者亲属收藏的遗物中，有一条床单，床单上有两块黄豆大小的污斑。这污斑是死者呕吐时溅在床单上的呕吐液。侦破疑案的线索便是这两块不显眼的污斑。几位穿白大褂的科学工作者，揭开了污斑的秘密。他们采用当时一种新技术——"质子激发X射线分析法"，从那一丁点儿污斑中，查出含有不少硫和磷。

于是他们得出结论，死者呕吐液中含有剧毒有机磷农药，死者是因吃了有机磷农药"1605"而身亡。根据这一重要线索，对当时与死者有关的人进行了排对，并追查其中与死者有仇的人，终于沉冤得雪，使罪犯得以伏法。

第三节　经典案例展现

1 福尔摩斯断案

　　一天，有个大户人家的弟兄俩，不知为何事，打了起来。他俩到福尔摩斯那里评理，都把自己的理由说了一遍。福尔摩斯听了，一言不发，并叫他们先回去明天告之。老二站起来，气呼呼地走了。

　　夜里，老大派人给福尔摩斯送来上好的咖啡作礼物。第二天，福尔摩斯说："老大没理。"别人问他："你为什么不细问就断案？"福尔摩斯说："我是以礼断理。"

　　请你说说这是为什么？

侦查小帮办
★★★★★

主　述	福尔摩斯		事　件	断案		
时　间			地　点	福尔摩斯家		
人物及关系	侦查手段	证据及线索		关键点	嫌疑人	侦查方向
福尔摩斯巧断两兄弟之间的纠纷	物证、推理确认	①老二气呼呼走了；②老大连夜送来贿赂		礼物	老大	从纠纷双方的行为和心理分析此案

② 黑松林埋赃

城里发生了一起盗窃案。奇怪的是，这家富户半夜被洗劫一空，地上却多了一本名册。第二天清晨，那家富户捡起来翻阅，发现上面开列着一大串富家子弟名字，附有关于他们的二十条隐私：饮酒聚会议事、合众赌博、狎妓宿娼等。这人家如获至宝，忙急急匆匆将它送到警局。警局按名册一一拘拿这批浪荡青年。青年家长都知道自家孩子的劣迹，也怀疑是他们作的案。众青年也承认干了册中所记的事儿。这批平素娇生惯养的青年哪受得了审问，一个个乖乖认罪。警察追问："赃物在哪里？"众青年信口胡说："黑松林。"第二天早晨，当警察赶到坐落在郊外的黑松林时，果然挖掘到一批赃物。这批浪荡青年听说这消息，一个个吓得面如土色，仰天痛哭："命！命啊！看样子，是老天爷安排的命啊！"

参加审讯的一位警察心里一沉："这批浪荡青年如此真心痛哭，案件肯定有错。可线索呢？"左思右想，忽然想起一个可疑之处：自己手下有个长着大胡子的司机，每当审这个案件时老在场旁听，这为了什么？要试一试真假！于是他又反复审了几次，发现司机仍是每回都在场旁听。警察突然问司机："你为啥特别关心这起案件？"司机忙解释："没别的，我好奇。"警察突然沉下脸："你还是乖乖讲讲真话吧！"司机忙连连求饶："您打发掉身边的人，我从实讲来！"司机颤抖着陈述："起先，我压根儿不知道这回事，后来有人找上门。让我旁听审讯这个案子时，记牢您跟犯人的话，马上转告他们，答应每回酬谢我5000元。我真是罪该万死，我愿引导您前往贼窝擒拿，立功赎罪！"他们在司机带领下，一举端掉贼窝，抓获那伙强盗。

现在问题来了，既然不是那些富家子弟干的，为何还在他们说的地点找到了"赃物"呢？

侦查小帮办

主 述	马夫		事 件	智擒强盗
时 间			地 点	黑松林

人物及关系	侦查手段	证据及线索	关键点	嫌疑人	侦查方向
官员发现马夫的可疑之处	现场查看、询问	①内部人被收买通风报信；②马夫知道贼窝	挖出赃物	马夫	强盗这么做的目的

③ 五十两银子

　　从前有位孝子田春生，忠诚老实，对母亲十分孝敬。一天，春生进城卖柴，在一处茅厕里拾到个白包袱，打开一看，里面有三十两白银。他想失者一定焦急万分，于是站在门外等待，时已过午，春生怕饿坏了老娘，便先赶回家伺候母亲，并把拾到银子的事向母亲禀告。老人听了连说："孩子，莫记挂我的肚子，你还是先去等那失主吧，早点把银子归还人家，免得人家着急。"春生听了老母的话，赶紧赶回茅厕。只见一财主模样的瘦老头正领了一帮人在打捞东西，便问："相公可否丢了银子？"财主看了春生一眼，冷冷地回答道："你怎么知道？"春生笑道："我在此拾到了个白包袱，可是相公的？"说着将白色袱递了过去。那财主打开一看，先是心里一热，然后马上反咬一口说："我五十两银子，怎少了一小半？"不由分说，将春生拉去县衙门。县令是位清官，他听罢各自诉说后想：田春生如是贪财之人，何不全部独得？肯定财主之言有诈。于是惊堂木一拍，断了此疑案。全城百姓闻之，无不拍手称快。你能猜出清官如何断案吗？

侦查小帮办

主 述	县令		事 件	拾金不昧
时 间	晌午		地 点	厕所旁

人物及关系	侦查手段	证据及线索	关键点	嫌疑人	侦查方向
县令巧计判断银子归属	物证、情景再现、推理	①田春生非贪财之人；②百姓拍手称快	百姓的行为	财主	县令怎样断案让百姓都拍手称快

4 神秘的战船起火

从前，古罗马帝国的一支庞大船队耀武扬威地出海远征。船队驶近红海，突然，一艘最大的给养船上冒出了滚滚浓烟，遮天蔽日。远征的战船队只好收帆转舵，返航回港。远征军的统帅并不甘心，费尽心机要查出给养船起火的原因。但是，查来查去，从司令官一直查到伙夫、马卒，没有任何人去点火放火。这桩历史奇案还是后代的科学家研究出了一个结果，找到了起火的原因。原来是给养船的底舱里堆积得严严实实的草自发燃烧起来的。这种现象叫自燃。在我们的生活中，自燃现象也不少见。农村的柴草垛，工厂的煤堆，有时会莫名其妙地冒热气，甚至生烟起火。有些废弃的煤矿，往往连续不断地发生自燃。

在这个古老的故事中，底舱里的草怎么会自燃呢？生活中，我们该怎么预防自燃现象的发生？

5 保险柜的密码

邓秀汶有一位姨妈是一位富孀，她的记忆力特别坏，有时连保险柜的密码都忘得一干二净。为了避免这种现象再次发生，她想出了一个记忆保险柜密码的绝妙方法。她想出这个妙法的一个月后就死了。她在遗嘱上写明，要把这个装满名贵首饰的保险柜赠给外甥女邓秀汶。

邓秀汶得到这份意外的遗产，很高兴，但她不知道保险柜的密码。邓秀汶翻遍宅子的每一个角落，也没有找到保险柜的密码。她想用电钻撬开保险柜，就在这个时候，她突然看见一只鸟，恍然大悟，于是找到了密码。你知道是怎么找到的吗？

6 机智的老板

有三个强盗，偷了一颗价值连城的钻石，他们在如何保管赃物上达成协议："在钻石没兑成现款之前，钻石由三人同时保管，三人须同时同意方可取出钻石。"

一天，他们来到浴室洗澡，便把装钻石的盒子交给老板，并吩咐：要在三人同时在场时，方可交回盒子。在洗澡时，丙提出向老板借把梳子，并问甲、乙是否需要，二人都说："需要。"于是丙到老板这里，向老板索取盒子，老板拒绝了。丙向老板解释，是另外二人要他来取的，并大声对甲、乙说："是你们要我来取的吧？"甲、乙还以为是梳子一事，就随口应道："是的。"老板听后无话可说，便把盒子交给丙，丙带了盒子逃走了。

甲、乙二人等了一会儿不见丙回来，感到事情不妙，忙来到老板处取盒子，发现已被丙取走了。二人揪住老板要求赔偿。老板说是征得你们二人同意的，二人坚持说丙问的是梳子，并且三人也没同时在场。甲、乙强要老板交回赃物，正僵持不下，老板灵机一动，说了一句话，二人听了，只得垂头丧气地走了。

你知道老板究竟说了句什么话吗？

侦查小帮办

主 述	老板	事 件	随机应变
时 间	洗澡时	地 点	浴室

人物及关系	侦查手段	证据及线索	关键点	嫌疑人	侦查方向
老板用巧妙的办法劝退甲乙两人	询问、争辩、证词	①丙利用约定事项，施计拿走盒子；②强盗坚持按事前约定让老板交出盒子	事前约定的内容		从双方的约定破解老板的危机

7 签名日期

福尔摩斯家来了一个穿风衣的中年绅士，委托福尔摩斯替他找寻一个失踪的老教授，绅士怀疑他与学校10万元失窃案有关。老教授是个单身汉，白天在家休息或上课，晚上外出。一天晚上，学校院长返家时，看见住在他对面的老教授家，有一个陌生男子在敲门，院长好奇地上前对他说："老教授出外散步去了，请来我家坐一会儿，等他回来再探访他吧！"谁知，那个身穿羊毛衣，满脸白须，戴着黑墨镜的中年人却说："不，我下午前来拜访老教授，远见他走进屋内，但至今仍未出来，敲门又无反应，先生，我是老教授的朋友，请问可否帮我一个忙，让我进屋内看看，教授是否有不测呢？"

院长觉得他来历不明，又未曾听老教授说过有这样的一个朋友，故经仔细查询后，证明确有此人，他是某大学的博士生导师，在最近才退休，在海外旅行，现在才回来。院长才放下疑惑来，用后备钥匙开启老教授的居室，发觉老教授失踪了，窗户和所有出入口都反锁着，连警方也无法找到老教授的踪迹。

福尔摩斯侦探社派人到现场深入调查后，发觉在老教授的书房内，有一本博士生导师签名送给教授的书籍，揭开首页一看，发现签名日期，竟是此书发行的前一年。侦探立即恍然大悟，知悉教授的真面目，并找到老教授下落，交给警探，警方控以盗窃罪名。

聪明的你知道侦探破案的线索及老教授失踪的藏身处吗？

8 有胜算吗

反面		正面
√	↔	√
×	↔	√
×	↔	×

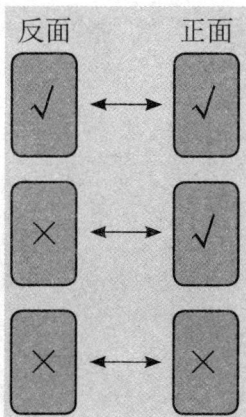

有一个赌徒经常用扑克牌赌博，而且是变着花样地赌。一天，他摆出做了标记的3张扑克(如图)。扑克正反两面分别画上√或×。他说他可以把这3张扑克给任何人，在不让他看到的情况下选出一张，放在桌上，朝上的是正面或反面都没有关系。只要他看了朝上那面后，会猜出朝下的是什么标记。猜对了，就请对方给他100元；猜错了，他就给对方200元。扑克上√和×占总数各半，也没有其他任何记号。你觉得他有胜算吗？

⑨ 智送秘密文件

福尔摩斯要在2小时内将一份重要文件从B镇送到F镇的另一谍报员手中。这段路程行走要3小时，而开车30分钟可到达。福尔摩斯的3部车皆有故障：一部刹车失灵，一部方向盘既不能向右也不能向左，还有一部根本动不了。每部车都加了刚好仅够来回的汽油。请问，福尔摩斯能把重要文件按时送到吗？

⑩ "铁判官"断案

明朝时，一位商人到"铁判官"宋清的堂上告状："小人孙贵，在城南关开布店。去年，邻居开木匠铺的张乾因手头拮据，曾到本店借钱，说好半年还清。可我今天找他讨取，不想那张乾拒不承认此事，还用污言秽语骂我。望大爷明断，替小人追回银两。""你借给他多少银两？""300两银子。""借据可带来？""在这儿。"孙贵从怀中掏出一纸呈上。宋清接过一看，见借据写得明明白白，借贷双方落款清楚，而且还有两个中间人的签名。宋清抬起头问："这中间人金子羊和尤六成何在？""我把他们请来了，现在门外。""唤他们进来。"宋清用犀利的目光逼视着这两个人，问："你们靠什么为生？"金子羊声音沙哑："小人靠给别人抄抄写写为生。""小人开猪肉铺。"尤六成瓮声瓮气地说。宋清唤过差人："传木匠铺张乾到堂。"

不一会儿，张乾带到。宋清问："张乾，你向孙贵借钱，可有此事？"张乾说："没有此事！""这张借据上的签名可是你所写？"宋清朝他举起那张借据。张乾道："根本就无此借贷之事，我哪会签名。""来人，纸笔待候。命你写上自己的姓名。"宋清说。张乾写好自己的名字，呈上。宋清将借据拿起对比了一下，两个签名分毫不差。宋清很诧异，心想：莫非借据是真的？他这么痛快写字签名，岂不等于在证实自己的犯罪吗？猛然偷眼一看原告和证人，见三人沾沾自喜。心里一愣，忽然想出一个办法。

宋清吩咐差役将纸笔分给原告孙贵、证人金子羊和尤六成，让三人分开站好，问了他们一个问题，让他们把答案写在纸上，但不得交头接耳。这一下，孙、金、尤愕然失色，拿着纸不知如何下笔。宋清剑一样的目光冷冷地注视着他们。片刻之后，孙、金、尤沉不住气了，纷纷跪下，捣米般地磕头。原来，孙、金、尤三人妒恨张乾买卖兴隆，于是合计坑害他。由金子羊仿照张乾的手笔，在一张假借据上署了名。不想"铁判官"智胜一筹，在公堂上揪住了狐狸尾巴。

宋清问这三人的问题是什么呢？

侦查小帮办

主述	宋清			事件	巧辨借据
时间	明朝			地点	官府大堂

人物及关系	侦查手段	证据及线索	关键点	嫌疑人	侦查方向
宋清识破三人合伙陷害木匠张乾的伎俩	询问、现场验证、情景再现	①三人沾沾自喜；②分别作答，不知所措	不得交头接耳	孙贵、金子羊、尤六成	从心理学角度分析此案

11 窗栏杆的秘密

文物收藏家听说黑老大正在到处物色各藏家的收藏品。为防万一，他决定翻修自己的收藏室。这收藏室是专门收藏珍品的耐火仓库。他委托附近的装修店换了最新式的门锁，换气窗的铁栏杆也重新更换了。

然而，这一切全都是枉费心机。几天后黑老大溜进藏室，将3幅浮士德珍品盗走。是从换气窗打碎玻璃拨开插销进屋的。然而，即使可以打碎玻璃，拨开窗户插销，但窗外还有最近刚刚更换的又粗又结实的铁栏杆，并没有发现栏杆有折断或割断后又用速干胶粘上去的任何痕迹，而且栏杆之间的缝隙只有10厘米宽，人是无法钻过去的。

那么，黑老大究竟是用什么手段从换气窗钻进室内的呢？

12 毒品在哪儿

某夜，马尼拉—北京航线的班机降落在首都机场，海关人员开始检查旅客的行李。女检查员小吴发现从飞机上下来的3个港商打扮的人神色可疑，他们带有两个背包和一个帆布箱。小吴查看了他们的护照，他们来京的目的是旅游，当天早上从泰国首都曼谷出发，经过菲律宾首都马尼拉，经过我国广州，然后飞抵北京。

小吴拿着护照看了一会儿，便让来客打开行李进行详细检查，果然在夹层中发现了毒品海洛因。什么原因引起了小吴的怀疑？

侦查小帮办
★★★★★

主 述	海关人员		事 件	查获走私贩
时 间	某夜		地 点	机场

人物及关系	侦查手段	证据及线索	关键点	嫌疑人	侦查方向
小吴发现3个港商的可疑之处	推理、物证	①行程太复杂；②神色可疑	为何不坐直飞航班	3个游客	路线安排有问题

13 路遇抢劫犯

深夜11点，值勤的民警听到远处喊着"抓强盗"的急促呼救声。民警飞步赶到出事现场，只见一胖一瘦两个人正扭打在一起，见公安人员来了，都说自己的手表被对方抢了。民警问："表是什么牌，何种表带？"那两人异口同声地回道："上海牌，黑色人造革表带。"

富有破案经验的民警从地上捡起手表，只做了个简单的动作，便断定了二人中谁是拦路抢劫犯，并将他押回了公安局审问。

14 小偷

亨利先生是位幽默健谈的人，有时候甚至喜欢在人前故意卖弄口才。这天，他出差去伦敦，坐的是一个4人的包厢。火车刚开出不久，他的"谈兴"就上来了，笑着对另外3个人说："当过小偷有时并不是一件坏事，偷东西也能让人走上正路。我年轻时很穷，爱上了一个姑娘，她让我送她一串金项链作为订婚纪念。我实在没有办法，便壮起胆子偷了一串。可待我去送给她时，她已跟一个富翁远走高飞了。我咽不下这口气，决定拼命去挣钱。于是我把金项链卖了，用这钱买了一批时装，从中赚了一笔钱。从此，我就起早摸黑地干这买卖。现在我已经是一家大电器公司的经理了。怎么样，当过小偷不一定是一件坏事吧！"

亨利先生的话，引起坐在旁边的那个中年男子的一番感慨。那中年男子说："是呀，我也有同感。我小时候家里也很穷，父母老是生病，于是我最大的愿望就是想成为一名医生。可初中毕业后无钱买书，我只好到图书馆或书店去看书。有一次，我在书店里看到一本非常有价值的医学著作，那书非常厚，不是一两天可以看完的，怎么办？我思虑再三，怀着歉意和恐惧偷了那本书。就是靠着那本书，后来我考上了医学院。现在我能被世人称作著名的外科医生，还真归功于我那一生中唯一的一次偷窃行为……"

"是呀，我也同意你们的观点。"坐在亨利对面的一位中年女子谈兴也来了，兴致勃勃地打断了医生的话，"我跟你们不一样，我小时候不是穷，而是太富了。我觉得花家里的钱一点意思也没有，于是我就想到偷，花偷来的钱真是太刺激了！有一次，我父亲在别墅里举行晚宴，当晚有一位年轻男子留宿我家。半夜里，我悄悄溜入他的房中，偷了一块金表。第二天早晨，他便发觉了，立即报告了父亲。大家认为这只金表可能是打扫房间的女仆偷的。父亲要开除她，我于心不忍，便向父亲承认表是我偷的。从那以后，大家都不愿理我了，我一气之下就带了一笔钱只身到外地生活。有一天，我忽然收到一封陌生人的信，给我谈了很多人生的教益。我便试着他在信中给我留下的地址给他回信，渐渐地我们通信越来越频繁，我们相爱了。等到约会的时候，我才发现那位男子竟是被我偷表的那位，也就是我今天的丈夫。我想我现在能这样幸福地生活，还真得感谢我的那一次偷窃行为呢。"

刚才他们互相说话的时候，包厢里的第四个人一直将脸朝向窗外，从不言语。只见那人将头慢慢地转过来，将遮住眼睛的草帽稍稍向上提一点，扫了他们每个人一眼，说："你们知道我是谁吗？我是警察。我注意听了你们刚才的话。不管怎么说，偷窃本身总归是非法的。虽然你们现在都改邪归正了，但毕竟有过犯罪的历史。我都记住你们几位的尊容了，等车到站后请跟我走一趟吧。"说完，他便起身走出包厢，仿佛是上厕所。

剩下的这3个人都惊呆了。亨利先生忙说："其实，我并没有偷过东西，只是想活跃一下气氛，才随便编个故事说说而已。"医生笑着耸耸肩："我也是，我从来就是清白的，只是想附和一下你的观点。"那中年女子叫了起来："天哪，我也只是想编个有趣的故事活跃一下气氛罢了。"

车到站时，那位自称警察的还没有回来。这三个旅游者准备下车，但他们却遇上了麻烦。你知道是什么麻烦吗？

⑮ 肇事逃逸

一个积雪的夜晚，在一个人烟稀少的急转弯路口，一个拿着铁锤的醉汉被车撞倒在地。几分钟后，巡逻警察恰好经过这里，于是立刻将他送到医院。经诊断，醉汉脑震荡严重，一直昏迷不醒。现场留下了车辆轮胎的痕迹，前轮是从后轮上通过的。警方立即调查肇事者的车辆，最后发现两辆车嫌疑最大：一辆车子前面有撞凹的痕迹，另一辆因为快速倒车，车尾被撞凹一块。哪辆车是肇事后逃掉的车子呢？

16 深夜入侵者

深夜，在福尔摩斯侦探外出不在家时，窃贼潜入他公寓5楼的住宅。他此行的目的是在侦探的电话机上安装窃听器。

首先，从卧室的电话机开始装起。因这间屋子没有窗户，所以即使打开桌上的台灯也不用担心灯光会泄到外面。窃贼正往电话上装微型窃听器时，忽听大门外有钥匙拧门的声音。好像是侦探突然回来了。窃贼惊慌失措，赶紧关掉台灯躲到床后边，打算在侦探去其他房间时趁机悄悄溜掉。

可是，卧室的门突然开了，是侦探进屋来了。他没有去按门旁边的电灯开关，而是在黑暗中站了一会儿。"谁在那儿，快出来！"侦探大声叫着，打开了电灯，窃贼也就藏不住了。"你非法侵入民宅，打算偷什么？" "什么也没拿呀，可你是怎么一下子就知道我在这儿的呢？"窃贼感到不解。"是那个闹钟告诉我的。你这个溜门撬锁的高手也太粗心了。"侦探指了指床头桌。桌上放着电话、台灯和一个闹钟。

那么，那个闹钟怎么会告诉侦探谁是入侵者呢？有哪种可能性？

侦查小帮办
★★★★★

主 述	福尔摩斯侦探		事 件	非法入室	
时 间	深夜		地 点	侦探家里	

人物及关系	侦查手段	证据及线索	关键点	嫌疑人	侦查方向
侦探发现有人进入房间	现场查看	①侦探说闹钟告诉他的；②窃贼开过灯	闹钟	窃贼	有些表的指针上有特殊物质

⟨17⟩ 谁偷了黑钻石

房产商王涛参加了一次生日宴会。在会上，他为了炫耀自己的富有而将一颗黑钻石拿出来让人家观赏，众人赞不绝口。随后，王涛将黑钻石放回珍宝箱，可这时原来的封条怎么也贴不上去了，王涛只好向宴会主人福尔摩斯要来糨糊将封条封好，再把珍宝箱放回了原处。

王涛回到客厅与客人们继续聊天。突然，一位客人的右手拇指被一只不知名的毒虫咬了一口，迅速肿了起来。主人马上拿来碘酒，涂在他的右手拇指上。慌乱中，打碎了一只茶杯，另一位客人捡玻璃碎片时，食指又被划破了。主人用纱布将他的食指包扎好。不久主人拿来苹果，第三位客人自告奋勇削苹果时，却把左手拇指也划开了，直流血。主人要为他包扎，他说："我包里有云南白药，涂一点就能止住血。"说罢，他在左手拇指上涂上了云南白药。

生日宴会如此扫兴，大家想托故离开。王涛这时想再炫耀一番他的黑钻石，于是将珍宝箱取来，撕开湿漉漉的封条，打开箱子一看，里面的黑钻石竟然不见了。

福尔摩斯经过一番了解之后，他断定作案人就是三个客人中的一个。于是他把三个客人找到跟前，向他们宣布了案情，然后说："把你们的手伸出来。"三个人齐刷刷地伸出了双手。福尔摩斯发现：被虫咬的客人，右拇指呈蓝黑色；被玻璃划伤食指的客人，包扎的纱布被水浸湿了；被刀削破左拇指的客人，拇指上还在流血。福尔摩斯经过一番思考之后，很快认定了犯罪嫌疑人，并从他的身上搜出了黑钻石。

偷黑钻石的人是谁，依据是什么？

侦查小帮办

★★★★★

主　述	宴会主人福尔摩斯		事　件	宝石被偷		
时　间			地　点	宴会上		

人物及关系	侦查手段	证据及线索	关键点	嫌疑人	侦查方向
福尔摩斯抓获偷宝石的客人	现场查看、物证	①糨糊贴好封条；②三个人纱布的样子	糨糊和某位客人的纱布有了化学反应	其中之一	用化学知识推理此案

18 酒窖中的机械表

　　安卡先生一向都是乘星期五上午9点53分的快车离开他工作的城市，在正好两个小时后到达他郊外的住宅。可是有一个星期五，他突然改变了他的习惯，在没有通知任何人的情况下，他坐上了那天夜里的火车。回到家里，已近午夜零点，他听见他的秘书迈克正在地下室的酒窖里面喊"救命"。安卡砸开门，将秘书放了出来。"安卡先生，您总算回来了！"迈克说道，"一群强盗抢了您的钱。我听见他们说要赶今天午夜零点的火车回纽约市去，现在还剩几分钟，怕来不及了！"安卡一听钱被盗走，焦急万分，便请福尔摩斯来调查此事。

　　福尔摩斯找到迈克，迈克答道，"他们逼我服下了一粒药片——大概安眠药之类的东西。我醒来时，正赶上安卡先生下班回来。"福尔摩斯检查了酒窖。这是个并不很大的地窖，四周无窗，门可以在外面锁上，里面只有一盏40瓦的灯泡，发出不太明亮的光，但足以照明用了。福尔摩斯在酒窖里找到了一块老式机械表，他问迈克："发生抢劫时你戴着这块手表吗？""呃，是……是的。"秘书回答。"那么，请你跟我们好好说说，你把钱藏在哪儿了。你和那些强盗是一伙的。"迈克一听，顿时瘫倒在地。

　　你知道福尔摩斯是如何识破秘书的诡计的吗？

侦查小帮办
★★★★

主 述	福尔摩斯			事 件		被抢劫
时 间	午夜零点			地 点		地下室酒窖

人物及关系	侦查手段	证据及线索	关键点	嫌疑人	侦查方向
福尔摩斯识破秘书迈克的谎言	询问、现场查看	①昏迷了；②老式机械表	老式机械表的表盘	迈克	迈克如何知道自己醒来是午夜时分

⑲ 离奇的敲诈案

上午9点20分，约翰刚走进办公室，电话铃便响个不停。他拿起话筒，"约翰、约翰……"话筒里传来妻子狄娜的抽泣声。这时，话筒里又传出一个男子故意变调的声音："约翰，要是你不想伤害你太太的话，就拿出2万英镑。10点15分，有个叫乔治的人去找你，把钱交给他，就没你的事了。否则，你的妻子……"说到这里，"咔嚓"一声，电话挂断了。妻子的抽泣声一直萦绕在约翰的耳边，好像鞭子抽打着他。他忙离开办公室，走进一家百货商店，买了一只蓝色的小皮箱，然后上银行取出2万英镑，回到了办公室。到了10点15分，一个男子走进办公室，两只蓝眼睛像狼眼，凶狠地盯住约翰，说："我叫乔治，快把钱给我！""我的妻子？"约翰试探地询问道。"她活着，你想报告警察也可以，不过那样的话，"说到这里，乔治眼露杀机，逼视着约翰，"你的妻子就没命了！"乔治一离开，约翰便往家里挂电话，可是怎么拨也打不通。"妻子会不会……"他急疯了，横下心向警察局报了案。随后冲下楼，坐上汽车，火速开往家里。当他好不容易赶到家中的时候，惊魂未定的狄娜平安无事，正与赶来的警官在交谈。

"哦，约翰先生，您太太已把事情经过全告诉我了，什么一个男人和一个您给那人的那只装钱的蓝色皮箱，但她怎么也讲不清。现在请您详细讲一讲，到您办公室去的那个男子的外貌特征，以及您给他的那只装钱的皮箱是什么样子。"约翰忙把事情的经过从头至尾、原原本本地叙述了一遍。

半夜三更，夜深人静，约翰和妻子狄娜一边喝酒，一边亲切地交谈着。喝着，说着，突然约翰"呼"地从椅子上弹了起来，给警察局打电话。"约翰，怎么啦？你发现了什么新线索？"狄娜问道。约翰的脸变得铁青，说："是的，我请他们来审问你！你和那个叫乔治的家伙串通一气来敲诈我。"约翰怒不可遏地叫道。果然，在警官的审问下，狄娜只好交代了实情。

你知道狄娜的破绽在哪里吗？

侦查小帮办

★★★★★

主　述	约翰			事　件	勒索		
时　间	上午			地　点	办公室		

人物及关系	侦查手段	证据及线索	关键点	嫌疑人	侦查方向
妻子伙同他人勒索她的丈夫约翰	询问、物证	①劫匪拿走装钱的箱子；②乔治急忙赶回家	狄娜知道得太多了	妻子	哪个细节是狄娜不应该知道的

⑳ 狡猾的窃匪

晚上8时许，泰国曼谷郊区的一间精品店正准备关门，突然，一名打扮斯文、手持一束报春花的男子，迅速走到收银机前，抢去了约三千多元现钞，及一批精品逃去。

机智的收银员尾随而出，见该男子跳上一部摩托车，向着市区驶去。收银员立即狂呼打劫，恰巧那时有一部巡逻警车经过，警察经过调查后，急向上峰报告，一面赶忙尾随摩托车。几经追逐，发现摩托车的驾驶者，乃是某区警督的儿子，警员在他身上搜查，不但搜不到精品，甚至连一张五百元的钞票也没有。他身上只有一本书、一张身份证，三百多元现钞。而且经收银员认人后，发觉窃匪竟不是他。奇怪了，窃匪往哪里去了呢？

21 火车抢劫疑案

拉丁美洲某博物馆运送一批珍贵古玩去另外一座城市展览，途中要经过一片经常有劫匪出没的大草原，因此这件事是在极端秘密的情况下进行的，只有不多几个人知道运的是什么。但是火车最终还是被劫。

案发后，极有经验的警官A立即乘直升机赶到继续行驶的列车上。警官A第一个先到货车车厢找押运员B调查，B是少数几个知情者之一。警官A敲了几下门，没有人应门，自己用力一转门把手，门开了，原来B正坐在椅子上。当他知道警官A敲过门，就十分抱歉地说："为了安全，这节车厢的门又厚又重，列车在行进中根本听不见敲门。"

警官A请B介绍一下遭抢的情况，B说："当列车高速经过草原的时候，我感到很紧张。正在这时，有人敲了4下门，我以为是列车员送水来，于是打开门。没想到进来3个蒙面大汉，他们还戴着手套，不由分说，就把我绑在椅子上，并用手帕塞住了我的嘴……"

警官A似乎听得很漫不经心，他东张张，西望望，看到地上有一个烟头，就打断B的话："这个烟头是你扔的吗？" "不，我不会抽烟……哦，我想起来了，这是一个挺胖的劫匪扔的。"在B回答的时候，警官A注视着他的脸，发现B脸颊上有一道很浅的伤痕，便问："你脸上的伤痕是被劫匪打的吗？" "不是。是一个劫匪绑我时，被他手上的戒指划破的。"B答道。警官A点点头问道："你还有什么别的情况要讲吗？"B摇摇头。警官A却说："你编故事的本领太差了，到处都是矛盾，你被捕了。"

侦查小帮办
★★★★★

主　述	警官A			事　件	监守自盗	
时　间				地　点	行驶的列车上	

人物及关系	侦查手段	证据及线索	关键点	嫌疑人	侦查方向
警官A识破了押运员B的谎言	现场查看、询问、物证	①极端秘密；②听不见警官A敲门；③蒙面大汉、戴着手套；④B的描述	几乎每一句话都有破绽	押运员B	从押运员前后的话分析一下

㉒ 骨灰盒里的钻石

豪华游艇正在河上逆流而上，突然，身穿丧服的夏尔太太急匆匆地找到船长说：

"糟了，我带的一只骨灰盒不见了！它里边不仅有我父亲的骨灰，而且还有3颗价值3万马克的钻石。"

船长听罢，问福尔摩斯怎么办，福尔摩斯建议立即对游艇上所有进过夏尔太太舱房的人进行调查，并记录了如下情况——

夏尔太太的女友弗路丝：9点左右进舱同夏尔太太聊天；9点零5分，因服务员安娜来整理舱房，两人到甲板上闲聊。

夏尔太太本人：9点10分回舱房取照相机，发现服务员安娜正在翻动她的床头柜。夏尔太太恼怒地斥责了她几句，两个人争吵了10分钟，直到9点20分；9点25分，女友弗路丝又进舱房邀请夏尔太太去甲板上观赏两岸风光，夏尔太太因心绪不佳，没有答应。

到了9点30分服务员离开后，夏尔太太发现骨灰盒已不翼而飞……

如果夏尔太太陈述的事实是可信的，那么，盗贼肯定是安娜与弗路丝两个人中间的一个，但是无法肯定是谁。正在为难之际，有个船员向船长报告说：

"我隐约地看见在船尾的波浪中有一只紫红色的小木盒在上下颠簸。"

船长赶到船尾一看，果然如船员所说。于是，他当机立断，下令返航寻找。此时是10点30分。到11点45分终于追上了那只正在江面上顺流而漂的小木盒，立即把它捞了上来。

经夏尔太太辨认，这个小木盒正是他父亲的骨灰盒，可是骨灰盒中的3颗钻石却没有了。

这时，船长福尔摩斯又拿出了笔记本，细细地分析刚刚记录下来的情况，终于断定撬开骨灰盒窃取了钻石，然后将骨灰盒抛入大江的人。

破案的结果，同船长和福尔摩斯得出的结论是完全一致的。

你知道这些钻石是谁偷的吗？

侦查小帮办
★★★★★

主 述	船长、福尔摩斯		事 件	钻石失窃
时 间	9点之后		地 点	豪华游艇上

人物及关系	侦查手段	证据及线索	关键点	嫌疑人	侦查方向
船长和福尔摩斯帮助夏尔太太判断谁是盗窃骨灰盒的罪犯	现场查看、作案时间推理、物证	①只有弗路丝和安娜进过舱房；②9点之后的每一件事的时间；③11点45分追上了骨灰盒	将骨灰盒抛进河水中的时间	两者中的一个	用数学和物理知识分析此案例

(23) 如何辨别方向

一个夏天，福尔摩斯与助手偶然发现一张残旧的藏宝图，藏宝地点是赤道附近的一个小岛。两人兴高采烈地收拾行李，向小岛进发。他们到达小岛后，依照指示在某地挖掘，几经辛苦才掘出一个小木箱及一根短树枝。他们欢天喜地拆开一看，原来里面藏着数张字迹模糊的废纸，上面的文字分别为：一、早

上最长；二、中午最短；三、傍晚最长；四、从东西的直线上，在傍晚时往东行10米。

"奇怪！这是什么意思呢？"助手不解地说。

福尔摩斯回答说："唉！你当然不明白啦！我已解开这个谜了。只要我们把这根树枝竖起来，画上不同半径的圆，找出东南西北的方向，问题便能够迎刃而解了。"

果然，他们很快便找到宝藏了，你猜他们是如何辨别正确的方向的？

侦查小帮办 ★★★★

主 述	福尔摩斯		事 件	寻找宝藏
时 间	夏天		地 点	赤道附近的小岛

人物及关系	侦查手段	证据及线索	关键点	嫌疑人	侦查方向
福尔摩斯为助手破解了埋藏宝藏的具体方位	现场查看、推理	①文字的内容；②把树枝竖起来；③画上不同半径的圆，找出东南西北方向	树枝的作用		福尔摩斯把树枝竖起来的目的何在

24 谁被拘留

警长正漫步街头，突然听到一声尖叫，看见不远处一个老人跌向房门，慢慢地倒了下去。警长和街上仅有的另外两个人，先后跑了过去，发现老人头部后面被石头砸伤，昏了过去。警长看见这两个人都戴着手套，便问他们刚才在做什么。甲说："我看见这位老人刚要锁门，突然不知被什么袭击而倒，我便立即跑来。"乙说："我听到喊声不知发生了什么事，看到你们俩往这儿跑，我也就跟着赶来。"

钥匙还插在房门上的锁孔里。警长打开锁，走进房间，打电话报案。警方人员来了以后，警长指着一个人说："把他拘留讯问。"

你知道谁被拘留了吗？

侦查小帮办
★★★★★

主　述	警长			事　件	砸人案	
时　间				地　点	老人家的门口	

人物及关系	侦查手段	证据及线索	关键点	嫌疑人	侦查方向
警长识破凶手的谎言	现场查看、询问	①头部后面；②两人的语言	看到老人刚要锁门	甲	通过语言分析不合情理的地方

25 卫兵的智慧

非洲某国要人应邀访问山城市，市公安局警卫部门和武警奉命在一级保卫的基础上还要加强警卫工作。因为据情报表明，国内的政敌正组织派遣恐怖分子，很可能要在山城市加害这位要人。这位要人游览完山城市的景点后，车队驶到市政府广场前，平民出身的这位要人见广场上游人如织，便忍不住下车步入游人中间交谈，一时警卫工作陷入混乱。经保镖及我方外事部门官员的劝告，这位要人才意犹未尽地步入市政大厦。

当这位要人刚消失在大厦电梯里时，突然一名该国肤色、打扮的青壮男子匆匆奔向市政大厦。武警卫兵赶紧拦住了他："请出示您的证件。"能听懂一些英语但还不会说的卫兵礼貌地将青壮年男子拦住。那男子听不懂卫兵的中国话，又是耸肩摇头，又是摊手叹息，忙乎了半天才在卫兵的手势帮助下弄明白要检查他的证件。于是，他从衬衣口袋里掏出了一张证件，用英语告诉哨兵，这是该国安全部门的证件，他是出访要人的保镖之一，刚才因为发现游人中有可疑者跟踪观察了一段，所以耽误了时间，未能与这位要人一起进入市政大厦。卫兵基本听清对方意思后，又问他胸前的代表团团员证有否，他略微思考后弄明白了，但他解释说刚才在游人群中，因游人拥挤着与这位要人交谈，他为了保护这位要人而挡在前面，团员证可能被挤掉了。听了他的解释，卫兵觉得是合理的，考虑到自己如果再坚持不放行，可能会影响两国友好关系。于是卫兵便礼貌地告知对方可以进市政大厦。青壮年男子赞扬了卫兵的认真并表示感谢后走进了大厦直奔电梯。

当他正要走进电梯时，那位武警卫兵却冲过来抓住了他，并让便衣警察给他戴上手铐。原来，这人正是恐怖分子。

卫兵是怎么识破他的呢？

侦查小帮办

| 主　述 | 卫兵 | | 事　件 | 辨认恐怖分子 |
| 时　间 | | | 地　点 | 山城市市政大厦 |

人物及关系	侦查手段	证据及线索	关键点	嫌疑人	侦查方向
卫兵识破了恐怖分子的谎言	询问、调查取证	①一时警卫工作混乱；②谎称跟踪可疑者耽误了；③团员证挤掉了；④礼貌告知可以进入	他为何要去跟踪可疑者而不是保护自己的目标	青壮年男子	从卫兵最后言行分析此案

26 逃犯的血迹

警长摩斯和助手凯尔带领专案小组于森林公路中段截获了一辆走私微型冲锋枪的卡车。经过一场激烈的搏斗，4名黑社会成员有3名当场被擒获，而此次走私军火的首犯韦特被凯尔的手枪击中左腿肚后逃入密林深处。摩斯警长立即命令两位警察押送被擒罪犯回警署，自己带领助手深入密林追捕首犯韦特。进入密林后，两人沿着点点血迹仔细搜捕。

突然，从不远处传来一声沉闷的猎枪射击声和一阵忽隐忽现的动物奔跑声。看来，这只动物已经受了伤。果然，当摩斯和凯尔持枪追赶到一块较宽敞的三岔路口时，一行血迹竟变成了两行近似交叉的血迹左右分道而去。显然，逃犯和动物不在同

一道上逃命。

怎么办？哪一行是逃犯的血迹？凯尔看着，有些懊丧起来。但警长摩斯却用一个简单的方法，便鉴别出了逃犯血迹的去向，最终将其擒获。请问，摩斯警长用何法鉴别出逃犯的血迹？

侦查小帮办
★★★★★

主　述	摩斯			事　件		追逃犯	
时　间				地　点		密林深处	
人物及关系	侦查手段		证据及线索		关键点	嫌疑人	侦查方向
摩斯通过血迹辨别逃犯逃走的路线	现场查看、物证		①沿着血迹追捕；②两行血迹交叉而去		简单的方法		考虑一下动物血和人血的差异

27 冒牌科学家

著名科学家劳伦斯到里斯镇作演讲，虽然绝大多数人根本听不懂劳伦斯讲的科学理论，可他们还是非常兴奋——能见到这样顶尖的科学家，听不懂又有什么关系呢？演讲最后，劳伦斯说道："每个人都知道，科研需要购买大量的器材和实验用品，但由于政府财政上的困难，暂时没能给我们科研室足够的经费，我们的许多科研便因此停顿下来。这是非常可惜的！如果在座的不想看到这种局面的话，请为我们的科研捐款吧！"此时，居民的情绪已经被调动到最高点，大家纷纷取出支票本，准备给"劳伦斯科研室"捐款。

但威廉先生却觉得有点不对，从来没有听说著名的劳伦斯教授会自己到处游说拉赞助，何况还专程来到这样偏远的小镇！他思考了一下，抱起小孙女，悄悄对小孙女说了几句话，便高声说道："劳伦斯先生，我的小孙女有个小学数学问题想请教你!"在居民的哄笑声中，小女孩用稚嫩的声音问道："一家工厂4名工人每天工作4小时，每4天可以生产4架模型飞机，那么8名工人每天工作8小时，8天能生产几架模型飞机呢?"居民们的笑声更响了，大家都觉得这个问题不但简单，而且还有点弱智。劳伦斯微笑着回答："所有条件都翻了一番，当然答案也翻一番了!是8架飞机，对不对?"居民们先是一愣，然后再次大笑起来。

威廉先生站起来说道："居民们，这是个冒充劳伦斯到处行骗的冒牌货，大家不要上当啊!"顿时，台上的"劳伦斯"脸色发白，他想不到一道小学数学题目竟然揭穿了自己的本来面目!

侦查小帮办

主 述	威廉先生		事 件	揭穿冒牌货
时 间			地 点	里斯小镇

人物及关系	侦查手段	证据及线索	关键点	嫌疑人	侦查方向
威廉先生用一道数学题揭穿了假劳伦斯的诈骗手段	现场查看、数字推理	①见到顶尖的科学家非常兴奋；②自己拉赞助；③把数学题做错了	脸色发白	假的劳伦斯	用数学知识分析此案

28 谁割断了油管

5男4女共9名游客登上了游船。4位女客都已50岁开外。在5位男客中，亨利26岁，是伦敦一家药店的老板；49岁的汤姆是开杂货铺的，业余摄影爱好者，左腿微跛；迈克是一位出租车司机，50岁；约翰和克尼都已是63岁的老头，早已退休。他们此行的目的地是达摩勒岛!100年前海盗的巢穴。

下午4点30分，船靠岸了。9名游客登上了一条被人踩出来的小路，两旁是灌木丛林和长得齐人高的杂草。"看呀!亨利先生，真想不到在这荒岛上竟然还长这种植物。"女旅客海蒂拔起一捧像杂草样的植物给亨利看。"这是款冬，一种药草，可制作助阳剂。"海蒂介绍道。

不知不觉绕过一堆土丘，一座颓败的古堡赫然耸立在游客面前。"女士们，先生

们，这就是海盗曾住过的土堡，现在是4点55分，海盗幽灵将接待你们15分钟，与你们合影留念，请你们准备好相机。"船长介绍完后便让游客走进古堡，自己却和4位工作人员来到离古堡50米处的一幢木屋里，坐在桌前喝酒。

5点02分，船长和伙伴们刚想离开，突然见屋外有个人影一闪，待他们跑出屋去，已不见踪影。船长明白，这绝不会是幽灵，肯定是船上的一名游客在偷听他们的谈话。他们在屋外四周搜寻了一会儿，没有发现什么，便匆匆回到了古堡。时间是5点10分。此时，9名游客已准时集合在一起等他们了。

5点23分，他们回到船上，等待着开船返航，却发现发动机进油管被人割断了。船长明白，一定有人搞鬼，而此人就在9名游客当中。

你知道这人是谁吗？

侦查小帮办
★★★★

主述	船长			事件	破坏游船	
时间	下午			地点	海岛上	
人物及关系	侦查手段	证据及线索		关键点	嫌疑人	侦查方向
船长发现发动机的进油管被割断了	现场查看、物证、推理	①游客的年龄和身份；②海蒂向亨利介绍药草；③有人偷听		人影一闪，就不见踪影	游客中的一个	哪个游客的动作能如此迅速

29 "沙漠之狐"的奇策

第二次世界大战时，在北非的沙漠里英国的坦克军团与德国的军团对峙着。英军有800辆坦克，德军只有340辆坦克和一些卡车，在数量上还不及英军的一半，这一军事情报早为德军隆美尔将军得知。

素有"沙漠之狐"之称的隆美尔，用望远镜想看一下英军的情况，但是他看不见英军的坦克，因为沙漠里高低起伏不平，而风沙又大。隆美尔边观察边思考："从火力上看，坦克面对面进攻一定吃败仗，那该怎么办呢？"

这时隆美尔突然灵机一动，充满信心地说："立刻下令开始战斗。"但是，这命令并非指坦克开始攻击，而是命令卡车全部出动。

那么，请问隆美尔采取的是什么战法呢？

30 监守自盗

这是一个没有月亮的夜晚，窗外黑得伸手不见五指。在博物馆的一间办公室里，财务管理员老李颤抖地拉着福尔摩斯说："你不知道我有多害怕。今天下班后，我留在这里加班清理账目，突然看见右边地面有个影子。窗子是开着的……""你没听见什么响声吗？"福尔摩斯问道。"绝对没有。当时，收音机里正在播放音乐，我非常专注地工作着。随着人影晃动，我看见有个人从屋里跳出了窗外。我赶紧打开了室内所有的灯，在这之前，我只开着一盏灯。喏，就是办公桌右角上的那盏灯。我发现少了两只装着珍贵古钱币展品的保险箱。这两只箱子是今天下午展览会结束后从到这里来清点的。要知道这些古钱币可是稀有珍品。这可怎么好呢？""你是几点钟到这里来的？"福尔摩斯问道。"大约快九点钟了。"老李回答说。

"你以为我会轻信你的谎言吗？"福尔摩斯愤怒地反问，"不要再演这种骗人的伎俩了！"

福尔摩斯从什么地方发现老李是在蒙骗他的呢？

31 大树做证

印度格尔城有两个人：一个叫拉登拉尔，一个叫莫蒂拉尔。两人十分要好。一年，莫蒂拉尔的亲戚要到迦西去朝圣，莫蒂拉尔和妻子想，这样的机会十年才一次，为何不同他们一起到迦西去洗洗恒河的圣水浴呢？但是又一想，途中盗贼很多，家里的钱财又没有人看守，怎么办才好呢？这时，莫蒂拉尔想到了朋友大商人拉登拉尔。于是他把妻子的金银首饰放在一个小盒子里，带到拉登拉尔家里去。碰巧，在路上遇到了拉登拉尔。七八月间，日头很毒，路旁有一棵大杨树，两人便站在杨树阴凉处谈起来。莫蒂拉尔说明了来意，然后说："这是首饰盒，这是首饰清单，盒子已经上了锁，你如果不放心，咱们一同上你家去，当面清点一下。"拉登拉尔说："你放心地去吧，不要错过了出门的好时辰。我把盒子拿回家去，仔细保存起来，你不必担心。"

拉登拉尔把沉重的首饰盒带回家后，起了贪财之心。半年后莫蒂拉尔朝圣回来，问起了自己的首饰盒，拉登拉尔竟矢口否认。莫蒂拉尔只好告到法院。法官奥恰吉听完两个朋友的事情后，把拉登拉尔找来，问他有无此事，拉登拉尔还是矢口否认。奥恰吉再问莫蒂拉尔："你在什么地方，当着谁的面把首饰盒交给拉登拉尔的？首饰有清单吗？"莫蒂拉尔把清单副本交给了法官，说："老爷，交给他的时候，没有第三人在场，路旁只有一棵杨树，我是站在杨树下把首饰盒交给他的。"奥恰吉对拉登拉尔产生了怀疑，只是苦于没有证据，他灵机一动，命令差人道："你马上到那棵大杨树下去一趟，告诉它，法官叫它到法院来做证。"

法庭上的人们听了都大为惊讶：一棵树难道还能到法院来做证？差人去了很久

还没有回来，奥恰吉不耐烦地说："这差人真会磨蹭，哎，拉登拉尔，那棵树离这儿有多远？"拉登拉尔脱口而出，回答道："没有到，老爷，那棵树离这儿有五里多路，差人现在还到不了那里。"奥恰吉听了，觉得调查已经完成了一半。他又看了看首饰清单，上面写着玛瑙、珍珠、宝石等。奥恰吉对拉登拉尔说："根据莫蒂拉尔的清单，盒子里装有玛瑙、珍珠、宝石做的首饰，还有银项链、手镯、项圈等，你说对吗？"拉登拉尔惊慌地说："老爷，不到一尺长的小盒子怎么能放下四副大的银首饰，这是谎话，完全是谎话。"

这时，奥恰吉宣判说："拉登拉尔，你才是说谎者，你现在最好把盒子还给莫蒂拉尔，只有这样做，才能保住名誉……"拉登拉尔只好承认错误，请求饶恕。

奥恰吉为什么判定拉登拉尔是说谎者？

侦查小帮办
★★★★★

主 述	奥恰吉		事 件	保管财物		
时 间			地 点	法庭上		

人物及关系	侦查手段	证据及线索	关键点	嫌疑人	侦查方向
奥恰吉用计策让拉登拉尔不打自招	询问、情景再现、物证	①树离这儿五里多路；②自己说出小盒子怎能放下首饰	言多必失	拉登拉尔	从拉登拉尔的话推理此案

32 卖药人

一天，路旁有群人围着个卖药摊子，那卖药人头上戴顶草帽，面前放着一只药箱，箱盖上放着几粒做广告用的药丸。此时，卖药人正在口若悬河地兜售："本药是根据家传秘方，精心制作而成，专治脱发、秃顶，治一个好一个。哪位买回去试试，包你满意。"他说得摇头晃脑，满口喷沫，头上的草帽也跟着上下颤动。围观者有的问这问那，有的掏腰包。卖药人见生意马上要开张，非常得意，就弯下腰去开箱，没想到不留神把箱盖上的药掀落在地上，恰好又刮来一阵风，草帽也被刮掉了。卖药的人慌里慌张地捡药又捡帽。等他戴好帽，抬头一看，周围已经空无一人。你知道原因吗？

33 作案时间

在作案现场，警方发现有一堆支离破碎的手表残物。从中发现手表的长针和短针正指着某个刻度，而长针恰好比短针的位置超前一分钟。除此以外再也找不到更多的线索，可警方却从中推断出凶犯作案的时间。你能推断出作案时间吗？

34 奇异箱子

小王最近获得一只箱子，让他爱不释手。整个箱子用优质木料制成，可以随意开启或关闭。箱盖上印有栩栩如生的花纹图案，显然是出自高人之手。小王告诉朋友："我现在几乎天天要把它拿在手上玩赏，却发现了一件奇怪的事情：我简直能够在看到箱盖的同时也看到了箱底呢！真是不可思议。"朋友连忙问："难道这箱子是透明的吗？"小王说："透明？笑话！这么好的木箱怎么会是透明的呢？"

这个回答让朋友摸不着头脑了，这怎么可能呢？

35 无动于衷的警察

在一个专为行人开设的十字路口，当行人在过马路时，不管哪个方向来的车辆都必须停在人行横道前方。可是有一次在该交叉路口有很多行人正在过马路时，就在人行横道前方等待的卡车司机尽管也知道现在是为行人开设绿灯的，但他却突然全速冲向人群之中，奇怪的是站在一旁的警察看到这一切也无动于衷，这是为什么？

第八章
发散思维

第一节　概要

一个好侦探，必须具备发达的发散思维。我们通常所说的"灵感"，在思维科学领域，指的主要就是发散思维。通过一件不起眼的物证，一眼看穿事件真相，没有灵感是不行的。一个侦探即使好不容易找到证据，如果没有灵感，也无法侦破一个个奇案，为后人留下一个个精彩案例。

发散思维是指从一个目标出发，沿着各种不同的途径去思考，探求多种答案的思维。不少心理学家认为，发散思维是创造性思维的最主要的组成部分，是测定创造力的主要标志之一。发散思维是一种创造性思维，它的实质就是发现新事物，研究新方法，探索新思路，提示新规律，解决新问题。发散思维不仅需要用上我们自己的全部大脑，有时候还需要用上我们身边的资源，生活本身就为我们训练自己的发散思维提供了取之不尽，用之不竭的资源。一个侦探的思维能否"包罗万象"，取决于能否拥有发达的发散思维。检验一下自己的思维，看看你能否成为当代的"包公"、"福尔摩斯"吧！

第二节　如何在探案过程中应用发散思维

掌握确实可靠的证据材料是运用发散思维的先决条件

案件发生后，侦探对案件现场勘验、调查访问及鉴定而获得的案件证据是侦查假设建立的前提条件。在这些材料的基础上，侦探根据自己对证据之间的关系、证据所提供的信息，对这些证据材料给予必要的解释，并依据这些证据提出对案情的推测。对于案件证据掌握越多越真实，对证据所体现的侦查意义的理解和评价才更准确、更合理，也才能运用发散思维提出符合案件事实情况的侦查假设。

必须具有较为全面的科学知识

侦探未必是专业的科学家，但应该是通晓专业知识和其他自然和社会科学知识的"专家"。在一些需要专业科学家的场合，侦探还必须依赖专业科学家才能正确地发现物证之间的关系，科学地解释造成现场事实的原因，这也是运用发散思维的过程。不具备一定的科学知识，想要从现场物证中推测出更多的信息，提出合理的侦查假设往往站不住脚，即使提出了假设，对侦查也没有多少指导意义，这是对侦探作为侦查主体方面的要求。

客观全面地分析案件物证材料，防止主观偏见和片面性

先入为主的主观偏见是侦探的大忌，在个案的侦查初期，需要发挥想象力，先入为主的偏见容易对物证产生错误的解释，对证据体现的侦查价值产生误解，从而产生错误的侦查假设，误导侦查。

1953年7月，从特格泽湖打捞上了一具尸体，水淋淋的，已经泡肿了。尸体被拍了照，附有相片和详细特征的告示随之发往各报社。告示发出的当天，一对上了年纪的夫妇来找负责此事的警察，他们认出，死者是他们的园丁弗朗克，十分肯定地点着那白发苍苍的头。说他六天前失踪，脸是他的脸，眼镜是他的眼镜，但他们不相信弗朗克会自杀。同天中午，一个女人打来电话，她在报纸上看到了照片，认出那是他一个很好的朋友，这个人叫弗朗克，是园丁。她也不相信他会自杀。经辨认，她证实那的确是她的朋友。接着，又有一名慕尼黑出租汽车司机和他的妻子报告说："我敢肯定，他就是我的房客弗朗克。他是一个园丁，住在我们花园深处一座小房子里。"问他们是从哪儿认出来的，回答说："从外貌。此外，他的左大腿上有一块溃

疡性静脉曲张，不过已经治愈了。"他们同样证实，他绝对没有过自杀念头。警察叫来了给弗朗克看过病的医生，医生说："我看了报纸上溺死者的相片后立刻认出了他。感到奇怪的是，公布的人物特征中没有提到疝气手术留下的伤疤，这个疤应该在右腹股沟的上方。经再次认真检查，没有发现腹部有任何手术后的疤痕。专家在园丁居住的木板房里进行了仔细查看，在一个盘子上发现了一些清晰的完整的指纹，拿去和死者的指纹比较，无共同之处。结论是：园丁弗朗克与特格泽湖淹死的人毫无关联。证人们都搞错了。

这时，巴黎刑警局向慕尼黑发了一份情报查询书。被调查的人叫瓦格纳，德国人，想去阿根廷，不久前居住在慕尼黑希莱尔大街六号。移民局觉得他的身份证有些问题，要求验证指纹。经询问，希莱尔大街没有瓦格纳这个人，但有一个叫弗朗克的人，就是从湖中捞出来的那个。警察把国际刑警提供的瓦格纳的指纹照片和弗朗克申请身份证的档案材料上的指纹进行了比较，两者完全一致。这说明，园丁弗朗克名叫瓦格纳，他还活着。可是，特格泽湖里淹死的人是谁呢？可能是与此案无关的什么人。这个瓦格纳，当他正要去布宜诺斯艾利斯时，在巴黎被截住了，他就是园丁弗朗克。可能是德国或盟国警方通缉的一名党卫军或重要的纳粹分子。经查，弗朗克有一个哥哥，这个人的指纹和湖中死尸的指纹相同，这说明弗朗

225

克的哥哥和溺死者是同一个人。由于害怕被送交盟国军事法庭，弗朗克没有透露杀人实情，极力想使人相信，这是一起普通的凶杀案。真实情况很可能是：他是在艾希曼手下工作的前党卫军军官。战后，他搞到一张新的身份证，改名弗朗克，住在希莱尔大街六号，靠种菜为生。1953年7月，他的哥哥找到了他。他哥哥有一死在集中营的妻子，了解他的罪恶行径。在一次争吵之后，他害怕被揭露，他把可哥打昏，在他脖子上系一块石头，扔进了湖中。他煞费苦心地给他的哥哥穿戴上了自己的衣服和眼镜，以使别人把他们两人当成一个人，相信他已经死了，然后他到前纳粹分子所去的地方——南美洲。然而，指纹鉴定揭穿了他的阴谋，把他送上了西天。

由于指纹具有普遍性（罪犯作案常可留下指纹）、特定性（人的指纹各不相同）、终身不变性，所以，靠指纹破的案实在太多了，不可胜数。唇纹、声纹也具有特定性和稳定性，也已经用来破案。在美国，已采用声纹图解法来认定人的身份。罪犯被捕之后，警方录制了他的声纹。后来他潜逃了，改变了自己的容貌，然而他说话的声纹，暴露了他是乔装打扮的罪犯。

第三节 经典案例展现

1 影子法官

机智人物福尔摩斯去见州法官，自我推荐说要当一名兼职法官。州法官为难地说："很抱歉，各地法官的位置都满了，我没法委任您当一名法官。"福尔摩斯说："那好吧，您任命我在您身边当个影子法官吧——当您有什么案件无法处理的时候，您就让我来处理好了。"州法官说："可以，这是你的办公室。"于是福尔摩斯就很严肃地在房间里坐好，并且在自己面前放一张小桌子，上头放些文具，每天都来办公。

一次，有个人来向州法官告状说："尊敬的法官先生，这个傻小子为西拉吉丁财主劈了30捆柴，每劈一斧头，我都在他面前呐喊'劈得好，劈得好'为他鼓劲。总之，他能够劈完那些柴，是同我热情鼓励分不开的。可是到财主付钱时，钱全给他一个人拿走了，这公平合理吗？"州法官问被告："事情确是这样吗？"劈柴人老老实实地回答："是的，法官先生。"州法官想了好一会儿，不知道怎么个判决才算确当，就装出不屑一顾的样子说："这么小的事情只要给'影子法官'处理就行了。瞧，他就坐在对面。"福尔摩斯听完诉讼后，对原告说："你告他告得确实有理。他劈柴，你鼓劲，他拿走了全部的工钱，你却什么也没有得到，怎么可以这样呢？"劈柴的见福尔摩斯帮原告，生气地说："'影子法官'先生，柴是我劈的，他又没有出力，只是站在我对面干喊几声，他怎么能得工钱？""住口！"福尔摩斯大发雷霆，"你还没到了解的程度呢，快把钱交出来，我要看到钱！"原告得意地望着被告，说："还不快把钱交出来，让法官分。"劈柴的很不情愿地拿出钱袋，福尔摩斯一把抢过去，握着钱袋使劲地甩来甩去，里面的钱币"哗啦"、"哗啦"地响起来。摇晃一会儿后，福尔摩斯对劈柴人说："你可以把钱拿走了！"接着又对原告说了一句话，让原告哑口无言，灰溜溜地走了。站在一旁冷眼观看的州法官、差役以及原告、被告都十分惊讶，心想："这真是不同寻常的判决呀！"你知道福尔摩斯是怎么对原告说的吗？

主 述	福尔摩斯		事 件	惩罚贪心人		
时 间			地 点	土耳其		
人物及关系	侦查手段	证据及线索	关键点		嫌疑人	侦查方向
福尔摩斯用妙计惩罚了贪财的原告	询问、现场演示	①详细询问过程；②摇晃钱袋	响声			福尔摩斯怎样以其人之道还治其人之身

② 钻石的命运

神偷的偷盗特技受到某情报部的青睐，时常被指派去干些奇妙的工作。今晚的任务是潜入某国大使的私宅，盗窃书房保险柜中的密码本。

大使夫妇外出参加酒会去了不在家，神偷轻而易举地潜入了书房，打开保险柜一看，只有一个首饰盒，并没有蓝皮的密码本。首饰盒里有一颗重达30克拉的大钻石。为不白来一回，正要顺手牵羊之际，突然大使一个人先回来了。神偷迅速拔出手枪逼住了大使。

"大使先生，您把密码本藏到什么地方啦？快老老实实交出来吧。"可是，大使却镇定自若，拒不交出。神偷虽然很恼怒，却不敢轻易扣动扳机。神偷此时心生一计，他从首饰盒里拿出那颗大钻石放到保险柜上面的铁板上，手里晃动着一把小铁锤威胁着。

"如果不赶快交出密码本，我就砸碎这颗钻石！"然而，大使仍不动声色地冷笑说，"钻石在地球的物质中是最坚硬的，就凭你那把小铁锤就能把它敲碎吗？""那么就试试吧。"神偷用足力气砸下去。

猜猜看，钻石的命运会如何呢？

3 语文老师的作文课

学校隔壁的唱片店里，发生了偷窃案。这天早上，老板打开店门，发现窗户玻璃被打碎了，柜架上少了一套最流行的唱片，而旁边的两个钱柜里，几百元现金一分也不少，老板就向警方报了案。

福尔摩斯认为，小偷很可能是学校里的学生，他因为太喜欢唱片了，又没有钱买，就一时糊涂做了错事。如果大张旗鼓地调查，让大家都知道他偷了东西，不利于他今后的成长。

福尔摩斯就和校长商量，想出了一个办法。他假扮成新来的语文老师，来到歌迷最多的三班，对同学们说："为了训练你们的想象能力，我让大家做一篇作文，题目是《午夜小偷》，假设你是一个小偷，昨天晚上你怎样进入隔壁的唱片店，然后偷了什么东西，越具体越好，半小时后交卷。"

晚上，福尔摩斯认真阅读作文，其中有三篇作文引起了他的注意。第一篇写道："昨天半夜，我打碎了唱片店的玻璃窗，爬了进去。我先找钱柜，没有找到，就拿了一张最值钱的唱片，悄悄地溜出了商店。"第二篇写道："我用金刚刀，划破了窗玻璃，钻进店里，我没有去撬那两个钱箱，而是抓紧时间偷了几张唱片，溜了出来。"第三篇写道："昨天半夜里，我戴着手套撬开了抽屉锁，偷了里面的很多钱，又偷了很多唱片，我要用这些钱买很多好听的唱片。"

第二天早上，福尔摩斯找来其中一个学生，经耐心教育，他终于承认偷了那套唱片。

福尔摩斯找来的是第几个学生呢？福尔摩斯根据什么推测出他就是小偷呢？

4 县太爷断案

范大醉酒后常常称自己杀过人。这天，范大又喝多了酒。喝醉后对酒友说："昨天我把一个有钱的商人推到了深沟里，得了很多钱。"酒友信以为真，就把范大告到了官府。

这时正好有一妇人来告状，说有人把她丈夫谋害扔到了深沟里，丈夫外出做生意赚的钱也都被人抢了。于是县令随妇人去验尸，尸体衣衫褴褛，没有首级。县令说："你一人孤苦伶仃地怎么生活呢？只要一找到首级，定罪之后，你就可以再嫁了。"

第二天，与妇人同村的李三来报告说他找到了尸体的头颅。这时，县令忽然指着妇人和李三说："你们两个就是罪犯，还敢诬陷范大？"两人不服，待县令把证据摆出来之后，二人不得不承认勾结在一起，谋害该妇人亲夫的事实。

请问：县令的证据是什么？

侦查小帮办
★★★★

主 述	县令		事 件	无头案
时 间	酒后		地 点	深沟里

人物及关系	侦查手段	证据及线索	关键点	嫌疑人	侦查方向
县令发现妇人告状的疑点	现场查看、物证	①没有头颅；②第二天头颅就出现了	县令的安慰话	妇人和李三	从主要线索推断出真凶

5 冷藏车囚敌

傍晚时分，一辆冷藏车在沿江公路上急驶。忽然路旁有个姑娘挥舞双手，要求搭车。驾驶员福尔摩斯帮朋友送货，他是个乐于助人的年轻人，所以把车停住了。那姑娘自我介绍说："我是中文系的学生，今天到乡间采风误了班车，请帮忙带我一段，让我能按时返校。"福尔摩斯见那姑娘果是学生模样，胸前还佩戴一枚名牌大学的校徽，便打开车门，让女学生登上驾驶室中，坐在自己的身旁。

姑娘疲惫不堪，饥饿难耐，坐下后就从挎包里拿出面包充饥。她吃着吃着忽然省悟地说："太不礼貌了，师傅你也吃一点吧！"说着递过一个面包给福尔摩斯。福尔摩斯双手紧扶方向盘，摇头加以拒绝。姑娘自我抱怨说："我太傻了，驾驶员开车不能分手吃东西的，喏，吃块巧克力吧！"说着递过一块精致的球形糖块，还补上一句："这糖又好吃又有营养。"她脸上绽开了美丽的笑容，似乎比这巧克力还要香甜。福尔摩斯刚想张口拒绝，那巧克力已被送进了他的嘴里，他只得点点头表示谢意。

车驶过一片树林时，姑娘让福尔摩斯停车，她要去树林里方便一下。虽然福尔摩斯的任务十分紧急，但也只好答应她的要求。姑娘进入小树林后，那里正有一个粗壮的汉子等着她，两人交换了几句话后，又回到了卡车旁。此时福尔摩斯已在车上昏睡过去，姑娘发出得意的笑声："这傻小子果然上当了，被麻醉粉药倒了。"原来这个所谓的女大学生是个劫车犯。当即她和那壮汉将福尔摩斯推向一旁，驾着冷藏车直驶海滨。海滨正有一艘小船泊岸，船上装着走私物品，走私团伙就将物品装进车厢里。那个壮汉用力将昏睡着的福尔摩斯掐了一把，并猛地将他推下车去，见福尔摩斯昏睡得一无反应，壮汉和"女大学生"才放心地一起去帮忙装车。

就在这时福尔摩斯睁开了眼睛，他候准当所有的走私者都在车内装货时，猛地跳起身来，从车外用铁闩插上冷藏车的车门，将那些人紧闭在里面。原来福尔摩斯是侦探。今天探得消息，走私犯要在这一带活动，所以福尔摩斯就借了辆冷藏车外出侦查，将计就计地跟车来到海滨，凭着他平时练就的过硬本领，经住了那壮汉的一掐一推，憋住劲不发出声音，这样，那伙走私犯被他困在了冷藏车箱内。

那帮歹徒在车内大吵大喊，又推又撞。福尔摩斯在驾驶室里开动制冷器……车开进警局，福尔摩斯拨开门闩，将一只只冻得哆哆发抖的"冻鸡"押了进去。

现在，问题来了，含有麻醉粉的"巧克力"为什么没有把福尔摩斯药倒呢？

6 密室奇案

罗斯男爵是个地道的英国绅士，喜欢修炼瑜伽功。为此他买下了一座旧健身房，把它改造成为练功的场所。罗斯男爵性格内向，又非常虔诚，常把自己反锁在健身房里苦练瑜伽功。他在房里备了食物，往往一两个星期才出来一次。

罗斯从印度带回四个印度人，雇用他们是为了与他们一同研究瑜伽术。这一天，四个印度人急急忙忙赶到男爵家，向男爵夫人报告："不好了！罗斯爵爷饿死了！"男爵夫人赶到健身房一看，只见男爵僵卧在一张床上，他准备的食物竟原封不动地放在那儿。两个星期之前，男爵把自己锁在这里，备的食物足足可以维持半个月以上，但他怎么会饿死的呢？

警察赶来检查了健身房。这是一座坚固的石头房子，门非常结实，又确实是从里面锁上的，并没有被人打开过门锁的任何迹象。室内地面离屋顶有15米左右，在床的上方的屋顶上有一个四方形的天窗，但窗是用粗铁条拦住的，即使卸下玻璃窗，再瘦小的人也不可能从这里钻进去。也就是说，这座健身房是一间完全与世隔绝的密室。警察传讯了四个印度人，因为"首先发现犯罪现场的人"往往最值得怀疑。但四个印度人异口同声地说："爵爷为了能独自练功，下令不许任何人去打扰他。整整两个星期，我们都没到这儿来过一次。我们不放心，才相约来看望他，敲了半天门没有动静，从窗缝往里看，才发现爵爷直挺挺地躺在床上……"警察检查了食物，没发现有任何毒物，因为是冬天，食物也没变质，房里也没发现任何凶器。于是，警察就想以罗斯绝食自杀来了结此案。但是，罗斯夫人对此表示不满，她亲自拜访了福尔摩斯，请他出场重新侦查此案。

福尔摩斯对现场进行了详尽的侦查，最后从蒙着薄薄一层灰尘的地板上发现：铁床四个床脚有挪位的迹象。于是他问："夫人，您的先生是不是患有高空恐惧症？"罗斯夫人回答："他一站到高处就头晕目眩，两腿发软，动也不敢动，这个毛病从小就有……""原来如此，那案子可以迎刃而解了。"福尔摩斯立即要求警方逮捕那四个印度人。在严厉审问之下，罪犯供认了谋害罗斯并企图夺取罗斯财产后逃回印度的罪行。

华生问福尔摩斯："你是凭什么作出这个判断的？"你知道答案吗？

侦查小帮办
★★★★★

主 述	福尔摩斯			事 件	仆人谋害主人	
时 间				地 点	旧的健身房	

人物及关系	侦查手段	证据及线索	关键点	嫌疑人	侦查方向
福尔摩斯发现了罗斯"饿死"之谜	现场查看、推理、物证	①一两个星期不出门；②床脚有挪位的现象；③恐高症；④门从里面锁上	15米高的屋顶，天窗上有粗铁条	仆人	从罗斯本人的恐高症推理此案

7 黑老大的助手

　　黑老大精心策划了一次偷窃行动，企图盗窃重达50克拉的大钻石"克娄巴特拉的眼泪"。可是，不巧黑老大因病卧床不起。于是叫来两名助手，命令他们说："命你们俩去替我偷来，这是考验你们是否顶用的时机。'克娄巴特拉的眼泪'藏在卧室的秘密保险柜里。"于是，那两个助手便带了氧气切割机和高压氧气瓶，溜进了那所房子。从卧室的墙上揭下一张油画，便露出了保险柜。虽然很小，但却是钢制的，又镶嵌在墙壁上，所以将保险柜搬走是不可能的。于是，两个人马上操起氧气切割机开始干了起来。灼热的火焰很快将保险柜的门烧红，不久便像糖稀一样开始熔化。很快，保险柜门就被切割出一个大洞，但里面却什么也没有，只有一小堆灰。两个人像泄了气的皮球，回到黑老大那里。

　　"怎么？没有钻石？你们俩究竟怎么打开的保险柜？"黑老大追问道。"用氧气切割机。用那个没什么大动静……""真是蠢货。再大的声响也不要紧，那是座空房，为什么不用电钻！"黑老大痛骂了两人一顿。那两个家伙出了什么错呢？

233

8 羊和自杀者同谋

西姆是英国农村的普通农民，是一个基督教教徒。当他45岁时，与他共同生活了20年的妻子不幸在河里淹死了。中年丧妻，使西姆在精神上受到了很大的打击。几天后，人们在西姆家的羊圈不远处发现了他的遗体。他的脑门上中了一枪，看上去，几乎没有挣扎就立刻倒地死了。警察赶到了现场，在羊圈里发现了射击西姆的小型手枪。羊圈离西姆倒下之处约15米左右。西姆是自杀还是他杀？警察推断说："根据现场的情况判断，西姆之死是他杀。因为被子弹击中脑部的西姆不可能像散步那样，从羊圈旁走到他倒下的地方。自杀者也不可能在死去的一瞬间把枪扔出15米远。"

福尔摩斯是一位著名的侦探，他对西姆之死持完全不同的看法。"各位，这只羊就是西姆自杀的同谋者！"福尔摩斯说，"西姆这家伙，以为这样就能骗过我吗？"你知道福尔摩斯为何这么认为吗？

侦查小帮办 ★★★★★

主 述	福尔摩斯		事 件	亡妻之痛
时 间			地 点	英国农村

人物及关系	侦查手段	证据及线索	关键点	嫌疑人	侦查方向
福尔摩斯认为西姆不是他杀	现场查看、物证、推理	①枪离西姆15米左右；②枪在羊圈里；③羊是同谋者	福尔摩斯的话	西姆	枪为何出现在羊圈里

9 曝光的底片

虽然室外春风和煦，但名侦探福尔摩斯发现助手还没回来，心情非常不好。因为助手奉他的指示，在中午前外出拍摄某名人的妻子与她的情夫在汽车中幽会的照片，以作为名人离婚的证据。不久，他的助手气喘如牛地回来了。

"喂！这么晚才回来？" "我在归途中因牙痛得厉害，所以到牙科医院照了X光，结果发现我得了牙周病。" "你的牙痛不关我的事。照片呢？"助手匆匆拿着袖珍型相机往暗房去了，不久照片冲洗出来。然而，令人惊讶的是，所有的照片竟全曝光了。福尔摩斯顿时暴跳如雷，因为他已收取了雇主全部的调查费。

他的助手确定在拍摄过程中，并没有任何错误，为什么会如此，真是百思不解的事。在福尔摩斯严厉查问下，他道出了底片曝光的原因。究竟是什么原因呢？

10 "飞贼"之谜

深夜，商业贸易中心大厦，放在21楼的保险柜被人炸开，掠去一笔巨款。由于这家公司装有直通警署的警报系统，所以警察的巡逻车在1分钟内即到达了大厦的现场。

警察到场后，发觉这座大厦正在停电，四处漆黑一片。警察找到了大厦的管理员，管理员声称，由于电箱的保险丝断了，所以停电。警察守在大厦的出入口，又走到21楼失窃现场，却发现贼人已经逃去无踪。但是，大厦是属于密闭式的，根本没有出口可供匪徒逃去。警方经过实验，证明普通人由21楼跑到楼下，最少需要2分钟。但警车在1分钟内即到达现场，匪徒有什么办法能够逃走呢？真是煞费思量。经过调查，发现管理员是匪徒的同谋人。

为什么劫匪能在1分钟内即逃去无踪呢？

11 两个案子一支枪

一个星期天的上午，日本名古屋市发生了一起抢劫案。大约两个半小时之后，东京也发生了一起抢劫案。经过警方有关专家鉴定，发现这两起抢劫案中所用的子弹，是同一支手枪发射的。凶器既然是同一支手枪，那么应该是同一个凶手吧？他先在名古屋抢劫之后，又赶到东京去抢劫。警方根据这样的推理，结果是迟迟破不了案，始终找不到真凶。

最后，警方终于将抢劫犯逮捕，原来他们是兄弟两个人。在名古屋抢劫的是哥哥，在东京抢劫的是弟弟。最令警方困惑不解的是：案发时兄弟俩都有不在另一城市的不在场证据，也就是哥哥一步也没离开过名古屋市，而弟弟也一直待在东京。那么在这短短的两个半小时内，兄弟俩到底如何传递作案的手枪呢？而他们绝没有让第三者帮忙把手枪带到东京。

侦查小帮办

主　述	警方		事　件	会飞的手枪
时　间	星期天		地　点	名古屋、东京

人物及关系	侦查手段	证据及线索	关键点	嫌疑人	侦查方向
一把枪在两个城市作案	物证、推理	①两个半小时之后；②凶手没离开各自的城市	枪是运动的		什么工具能让枪长途旅行

12 谁偷了我的房间

小哈升职了，作为公司的高级雇员特许搬入公司新建的自动化住宅楼——双子大厦。先期入住的几个朋友打算合伙捉弄他一下。

"你好，我是小哈，来看新房子的。""是小哈啊。"大堂服务台的云柳查了查记录道："有了，这是你的ID卡。双子大厦房门都是用ID卡开的，千万别弄丢了。你的住房是在19层，19层现在就你一个住客。找到后把这个插在门上，因为10层以上还没装门牌号。"

小哈正兴奋地握着ID卡等电梯，突然有人拍了拍他的肩膀。"小哈，恭喜你。""是小浩啊，你升得比我快，搬来快一年了吧。我住19层，你住几层啊？""20层，我给你介绍一下这位是销售部的柯南。这位是公关部的小哈。""很高兴认识你。"小哈在和柯南握手的同时眼球已经完全被柯南手上的一本杂志——《XXXBOY》吸引，于是借来看了起来。

"小哈电梯来了。"小浩边说边把已被《XXXBOY》内容深深吸引的小哈拉进了电梯。"好啦，到站了，别看了。"小浩一把抢过《XXXBOY》道："先带我参观一下你的新房吧。"

三个人在19层里转了老半天，总算是发现了一间ID卡刷得开的房间。"就是这间了。"一进房，小哈迫不及待地跑到了阳台上，体验一下在自己的豪华公寓内观景的感觉。

"好了，先别感动了。"小浩催道，"时间不早了。我们去喝酒庆祝吧。"小浩把《XXXBOY》塞给小哈道："这借你看行了吧，走啦。"

第二天早上，小哈伴着一阵头痛从梦中醒来。昨天晚上喝得实在是太多了。结果还是小浩送他回来的。洗漱一遍后，小哈又里里外外地参观了一下新居，还兴奋地在阳台上大喊了几声。10点小哈在门上插上了门牌，离开了。

下午2点，小哈带着一大堆行李回到了双子大厦。

"呀？怎么我的门牌不见了，是谁恶作剧。嗯？ID卡也不管用了。这是怎么回事？这确实是我的ID卡。我还做了记号。难道我搞错房间了？"小哈忙在其他19层的房间门试ID卡。但是整个19层刷遍了都没能找到自己的房间。

抱着行李满头是汗的小哈道："谁偷了我的房间……"

你知道吗？

⟨13⟩ 毒酒案

一天晚上，酒吧老板的弟弟来了。酒吧老板调了一杯加冰块的威士忌给弟弟。但弟弟不喝。原来，他们是同父异母兄弟，最近因为财产的继承问题闹得不可开交，弟弟怕被哥哥下药，所以根本不敢喝。

"我好意请你喝酒，你却怀疑我下毒？既然你怀疑，我先喝。"

哥哥说完，随即喝了半杯，然后说："这下可以放心了吧！"于是酒杯推到弟弟面前。至此，弟弟也不便拒绝了，慢慢地喝着剩下的半杯酒。但是，他刚喝完，竟然昏倒。

警长赶到现场，在勘察完现场、问明具体情况后，很快就判断出是哥哥在酒中下药，想教训一下弟弟的。可是，现场的许多工作人员和客人却证明，哥哥确实喝了弟弟杯中的半杯酒。

你知道警长是怎样分析的吗？

侦查小帮办
★★★★★

主 述	警长		事 件	争遗产	
时 间	晚上		地 点	酒吧	

人物及关系	侦查手段	证据及线索	关键点	嫌疑人	侦查方向
警长识破哥哥下药害弟弟的手法	现场查看、物证	①酒是哥哥倒的；②加冰块后，哥哥喝了半杯以示无毒	冰块	哥哥	从冰块的形状和特点推理此案

14 活动经费

两国正在发生战争，a国和b国打了相当长的时间还是分不出上下。但是a国却有一个秘密组织潜伏在b国的控制区内。于是a国想利用这个组织在b国内造成混乱。但是，这个组织目前严重缺乏经费，没有钱，什么也干不成。于是a国打算派一名间谍进入b国，并为这个组织带去大量活动经费。但同时，b国也得知了这个消息，于是加强了边境的检查。一旦发现有大量值钱的东西，全部扣押，这导致a国一直没能将经费带入b国。

但是一天，一名来自a国的男人要进入b国，b国的安检人员自然对他"百般照顾"。可是除了搜出一些换洗的衣服外，就是一些普通的信函。安检人员对信封内也进行了检查，也没发现什么。这种情况下，安检人员只好让这名男子进入了b国。

可一个月后，a国的组织却在b国内成功地进行了武装袭击。这下，b国马上对进入b国的嫌疑人进行调查，很快就发现一个月前的那名男子就是a国的间谍。秘密组织的经费也是由他带入b国的。可一个问题始终困扰着b国的安检人员，这名当时只搜出衣服和信件的男子究竟是怎么为这个组织带入了大量经费的？

15 无辜的厨师长

冬季的某日，三位客人在市内一家河豚菜馆品尝河豚风味料理时，突然其中一人四肢抽动，语言不清。惊恐的同伴赶紧通知店主，拨打了报警电话。救护车赶来将那位客人送往医院。

看样子是河豚中毒。警察随后来到店中询问厨师长："你有河豚料理厨师的执照吗？"

"当然有。而且我在加工处理上没有出错，客人中毒绝对与我无关。"因为受到怀疑，厨师长显得很气愤。

"你能肯定过程绝对没出错吗？"警察继续追问。

"当然能肯定！如果你们认为我说谎，请看看这个"，厨师长从操作间装垃圾的塑料桶里拿了些东西摆在警察的面前，"这就是我无辜的证据。"

厨师长究竟拿了什么来证明自己的清白呢？

侦查小帮办

主　述	厨师长		事　件	河豚中毒
时　间	冬季		地　点	河豚菜馆

人物及关系	侦查手段	证据及线索	关键点	嫌疑人	侦查方向
厨师长向警察证明自己的清白	现场查看、物证	①有河豚料理厨师执照；②加工处理没有出错；③垃圾桶里的东西	这就是我无辜的证据		厨师为什么如此自信

⑯ 枪响之后

星期天下午，P先生被人谋害。福尔摩斯来到P先生的邻居M先生家里调查。M先生告诉福尔摩斯发生凶案的时间时说："我和我的女儿很清楚，我们听到三声枪响的时间正好是17点6分。我们立刻向窗外看去，看到一个男人溜掉了，他只是一个人。"

福尔摩斯检查了现场，他发现了一封由P先生亲手签名的信，上面提到，有三个男人曾想谋害他。这三名嫌疑者是：A先生和C先生是足球教练，而B先生是橄榄球教练。这三名教练的球队，星期天下午都参加了15点整开始的球赛：A教练的球队是在离死者住所10分钟路程的体育场上争夺"法兰西杯"；B教练的球队是在离P先生家60分钟路程的球场上进行友谊赛；C教练的球队是在离凶杀地点20分钟路程的体育场上参加冠军争夺赛。据了解这三位教练在裁判号吹响结束比赛的笛声之前，都在赛场上指挥球战，而且当天天气很好，比赛皆未中断过。福尔摩斯踱着方步，突然返转身对助手说："给我把三位教练都请来。"

"诸位教练，贵队战果如何？"A教练答道："我的球队与绿队踢成了平局，3比3。"B教练接道："唉，打输了，9比15负于黑队。"C教练满面喜色，激动地说："我的队员以7比2的辉煌战绩打败了强手蓝队，夺得了冠军！"

福尔摩斯听后，朝其中的一位教练冷冷一笑："请留下来我们再聊聊好吗？"这位被扣留下来的教练，正是谋害P先生的罪犯。你知道他是谁吗？为什么？

侦查小帮办
★★★★★

主　述	福尔摩斯	事　件	教练行凶
时　间	17点6分	地　点	P先生的家

人物及关系	侦查手段	证据及线索	关键点	嫌疑人	侦查方向
福尔摩斯从三位教练中辨认凶手	现场查看、询问、推理	①目击者看到凶手的时间；②每个教练比赛的时间	哪个教练的时间刚好到达现场	其中的一个	拿出笔验证一下每个人的时间安排

17 最矮的侦探

"只要肯干，像我这样矮小的人，也是可以干出成绩的。"世界上最矮的侦探，身高只有1.14米的平克曾经这样说过，真可谓人矮志不短。对于26岁的平克来说，侏儒身型并不妨碍他成为一流的侦探，相反，还为他侦破不少案件提供了其他侦探所不曾有的方便。

一次，一个富翁担心儿子被绑架，聘请平克做保镖。平克干脆穿起校服，与富翁的儿子一起上学。一天，当他俩离开学校时，突然驶来一辆汽车，跳出了一个大汉，冲向富翁的儿子准备绑架他。平克见状立即带着富翁的儿子跑进一间拥挤的商场，混入人海之中，因此逃脱了绑架。

又有一回，平克与福尔摩斯调查一名军火商，要查出他是否出入一家豪华大酒店。但酒店拒绝他们翻阅住客登记册，并将登记册锁在经理办公室内。然而，平克去体育用品店买了一只大提袋，顺利地找到了登记册，完成了任务。

你知道矮个子侦探是怎样完成任务的吗？

18 大狼狗怎么丢的

一向粗心的猎人D在院子里用钢板和钢筋焊了一个十分牢固的狗舍，在里面养着一条十分名贵的大狼狗。有一天，D全家去城里。为防止狼狗伤人，特意将狼狗锁在狗舍里。到城里之后，D才想起来忘记给狗留下吃的，但等他们晚上回来一看，狼狗却不见了。奇怪的是，锁还是牢牢地锁在狗舍的门上，狗舍的钢板和钢筋也都没有破坏过的痕迹。

请你想一想，狗是怎么被偷走的呢？

侦查小帮办 ★★★★★

主 述	猎人D			事 件	丢狗	
时 间	白天			地 点	家里的狗舍	

人物及关系	侦查手段	证据及线索	关键点	嫌疑人	侦查方向
猎人发现狗被偷了	现场查看、推理分析	①十分牢固；②锁还在，狗舍没被破坏	粗心		从猎人粗心的特点推理他的失误之处

19 司机的奇怪供词

华生是大侦探福尔摩斯的好朋友、好助手。有一天，福尔摩斯递给他一份证人的供词，上面写着："我当时十分害怕，这种事情来得太突然，而且我是完全孤立无助的。我只好坐在车上，双手紧握方向盘。我的车子是一辆旧车，它已慢慢停止转动。周围是那么黑，那么冷，我几乎不能看见外面的东西。速度是非常重要的，我把雨衣脱下来，虽然在车中并不是件易事，但为了加快速度争取时间，我只好这样做。车门虽没锁，但想把它推开并不容易。而且我知道车门一旦打开，更不易逃走，于是我只得将车窗玻璃用力摇下，然后从窗子洞口一头急钻出去，竭力向前。尽管离市区那么远，我也要坚定信心，鼓足勇气。当我看到城市的灯光时，我便开心得大叫起来，立刻到警察局报案，并写下这份报告。"

华生看完了这位证人的供词，喃喃自语道："奇怪！真奇怪，这个人到底是在什么地方呀？"福尔摩斯看到他那样子，不禁笑了起来。"哦，是不是汽车上藏有炸弹？"华生猜测道，"如果这样，他干吗浪费时间去脱雨衣？而且离开汽车之前，将车窗玻璃摇下，从窗洞钻出来呢？""在离去前，他有无关上车窗？""没有，哈，亲爱的华生，你不是希望有一个独立破案的机会吗？这次，便有一个机会了。"说罢，福尔摩斯便匆匆离去。

华生突然灵机一动，找到了问题的答案。你找到了吗？

20 绸被破案

有个商人乘船过河时被强盗害死，一时抓不到凶手。福尔摩斯听完案情后说："既然商人是在船上被害死的，那帮强盗很可能经常出没于水道，我们应该经常在河边察访，看看有什么可疑的迹象。"

一天，福尔摩斯坐在河边的茶店中，见一条船经过，船尾上晒着一条新洗的绸被，绸被上聚集了很多的苍蝇。他赶紧对身边的助手说："报警，快截住那条船，强盗肯定在船上！"那条船上的人被押到警局一审，果然是杀死商人的强盗。众人问福尔摩斯："您怎么知道船上有强盗呢？"福尔摩斯笑笑说："是那条绸被告诉我的……"众人都十分佩服福尔摩斯善察贼踪。

那条绸被为什么能成为破案的关键线索呢？

侦查小帮办

主述	福尔摩斯	事件	寻找强盗
时间	案发后	地点	船上

人物及关系	侦查手段	证据及线索	关键点	嫌疑人	侦查方向
福尔摩斯查获出没于水道的强盗	现场查看、物证	①在船上被杀；②苍蝇聚集在绸子被上	苍蝇	船上的人	从苍蝇的习性推理此案

㉑ 车轮印迹

一天晚上，在郊外有一户人家失窃了。小偷是开着车子来的。在现场地面上，留有十分清晰的轮胎印，警察用石膏将此车轮印采取了下来。

搜查的结果，找到一辆和这车轮印完全相同的车子，于是便找到车主来查问。

然而，车主表示整晚都待在家里。而车也一直停在附近的收费停车场内。同时，停车场的管理员亦证明车子整夜都停放在停车场里。这辆不在场的车子，怎么会在案发现场留下车轮印呢？

侦查小帮办
★★★★★

主 述		车主		事 件		轮胎相同	
时 间		晚上		地 点		停车场	
人物及关系	侦查手段	证据及线索		关键点	嫌疑人	侦查方向	
车主用计掩盖偷盗行为	现场查看、物证	①车轮印完全相同；②管理员的证明		车轮	车主	从车轮可以被拆卸移动推理此案	

㉒ 有耐心的将军

这是在第二次世界大战中发生的真实的故事。德军占领法国后，亲纳粹的法国民族败类组成了伪政府，将坚决抗击德军的将领囚禁起来。年事已高的日罗将军被关在一座古堡里，古堡的三面都有重兵把守，另一面是50米的悬崖峭壁。伪政府官员觉得还不很放心，又派了一个老兵住在古堡里看守着他。

那名老兵由于年纪已经很大，又和日罗将军同住在这座孤立的古堡中，很有点儿同病相怜的感觉。终于，有一天这位老兵主动说："将军，如果你有什么要求，只要我能办到的，一定替你办！""那麻烦你让我太太经常给送些通心粉来，我可是会做好多种通心粉呢！这样我们俩可以一起吃我亲手做的饭了，我们这把年纪要多保重身体，我还想从这古堡里活着出去呢。""好吧，将军，不过，你可别用通心粉结成绳子从峭壁上逃跑呀！哈哈！"老兵开玩笑地说。

但过了两年，日罗将军真的非常巧妙地逃出了这座古堡。究竟他是怎样逃下那段50米峭壁的呢？

23　黑森林里的金矿

米尼宣称发现了金矿，就在那黑森林里。他对桑特说，只要先付给他五美元，就能拥有开采金矿的权利。桑特半信半疑，所以对福尔摩斯说："侦探，你跟我一起去看看吧。"于是，两个人上路了。

福尔摩斯老远就看见一大群孩子聚集在米尼家的门前。孩子们个个伸长脖子，都等着米尼说出金矿的秘密。米尼见人来得差不多了，就开始演讲了："朋友们，你们老早就听说过黑森林里的金矿吧。"这倒是真的，镇上的人一直传说黑森林里有金矿，就是没有开采过。米尼继续说："我已经从我爷爷的日记里发现了金矿的确切地点。为了开采金矿我们需要骡子，所以，请你们每人出五美元，然后加入我们的开采组织。"孩子们一听米尼找到了金矿的地点，出五美元他们可不在乎。

福尔摩斯问："既然你发现了金矿，为什么连买骡子的钱都没有，还要我们出呢？"孩子们一想，福尔摩斯的话有道理呀，都看着米尼怎么回答。米尼说："哦，是这样的。一个月前，我买了一头骡子，到黑森林去勘探金矿的位置。我发现了金矿后，正准备回来时，这头骡子要生小骡子，不知怎么回事，这骡子刚生下小骡子就死了。"米尼说完，伤心地低下了头。过了一会儿，他继续说："我需要钱买新的骡子，这样金矿就可以开采了。"

孩子们正准备掏出自己的钱时，侦探福尔摩斯说："你们都受骗了，根本没有什么金矿！米尼在骗人。"

侦探是怎么知道米尼在骗人呢？

24 吊在半空中的管理员

当夜总会的侍者上班的时候，他听到顶楼传来了呼叫声。他奔到顶楼，发现管理员腰部束了一根绳子吊在顶梁上。管理员对侍者说："快点把我放下来，去叫福尔摩斯，我们被抢劫了！"

管理员把经过情形告诉了福尔摩斯，昨夜停止营业以后，进来两个强盗把钱全抢去了。然后把我带到顶楼，用绳子将我吊在梁上。

福尔摩斯对此深信不疑，因为顶楼房里空无一人，他无法把自己吊在那么高的梁上，那里也没有垫脚之物，只是地板上有些潮湿。有一部梯子曾被这伙盗贼用过，但它却放在门外。

然而，没过几个星期，管理员因偷盗而被抓了起来。你能否说明一下，没有任何人的帮助，管理员是怎样把自己吊在半空中的？

你能想出这个办法吗？

侦查小帮办
★★★★★

主 述	福尔摩斯		事 件	被抢劫	
时 间	晚上		地 点	夜总会	
人物及关系	侦查手段	证据及线索	关键点	嫌疑人	侦查方向
福尔摩斯识破管理员的谎话	现场查看、推理	①管理员被抓起来；②自己怎么吊自己	管理员脚下踩着能自动消失的物体	管理员	潮湿的地板

25 盯梢失败

　　福尔摩斯接到线报，称有两大
犯罪集团的成员会在百货公司春季展
销会上接头，然后共同策划一项犯罪
计划。福尔摩斯亲自到场监视，终于
等到其中一名犯罪集团的要员出现。
那名男子走到百货公司的问询处，向
女职员说了些话，女职员便播出了以
下的广播："王志仁小朋友，你的爸
爸在一楼问询处等你，请你立刻前来。"福尔摩斯一直在监视着那名男子的举动，但
始终没有小朋友王志仁的出现。其实在此期间，两名犯罪集团的成员已经成功地接头
了。你知道他们是怎样接头的吗？

侦查小帮办
★★★★★

主　述	福尔摩斯		事　件	接头
时　间			地　点	展销会上

人物及关系	侦查手段	证据及线索	关键点	嫌疑人	侦查方向
在福尔摩斯眼前，罪犯成功接头	现场查看	①男子与女职员说话；②女职员播出假广播	男子接触哪一个人了		从犯罪集团的实力推理此案

26 智救逃婚女

　　一个月黑星稀的晚上，打猎好手王老实吸了袋烟，走到院中借着月光摆弄猎物。
突然响起一阵急促的敲门声。他忙拉开门，从外面猛扑进来一个姑娘，"扑通"一声
跪在王老实面前，一边抽泣一边说："俺娘贪图人家彩礼钱，硬叫俺嫁给一个傻子。
俺不愿意，俺娘就……今晚俺在入洞房时偷跑了出来。被他们发现了，大哥求求你，
救救俺吧！"王老实一听就气炸了，二话没说，"噌"地爬上墙头一看，不禁倒吸一
口凉气。月光下，几个人已快到了他家院门口。"咚咚咚！"外面响起了砸门声。王

老实急了，这屋里除了一张床、一个桌，啥也没有，藏也没处藏。忽然，他一把将姑娘推进屋里，说："你在屋里坐着别动，我对付他们去！"

这时，院外的人等不及了，准备翻墙进去。就在他们刚要翻墙的当儿，只听院内"吱呀"一声，好像是开屋门的声音。接着有杂乱的脚步声，一听，差不多有十几个人。这些人边走边骂："在这儿玩玩牌也玩不安生。""看是谁，拖进来揍一顿。"这时，一个尖声尖气的声音说："大哥，外面会不会是公安局的？"一个粗声粗气的声音应道："这里山高皇帝远，哪里是什么公安局的。三毛，你去看看什么人！"那个叫三毛的应了一声。外面的几个大汉正伸着脖子听动静，忽然见墙头上伸出一个脑袋，只一闪，便缩了回去。一会儿，又是那个尖声尖气的声音："大哥，外面有四五个人。"沉默了一会儿，那个被叫作大哥的粗声粗气地说："噢……三毛、二秃，你们几个去把昨天逮的活虎弄来。"几个人同时应了一声，接着便听到去后屋的声音。过了一会儿，有重重的脚步声传出，还伴着粗粗的喘气和老虎低低的吼声。"咣！"铁笼落地发出的撞击声。"把老虎放出去，把他们全咬死。"又是那个被称作大哥的人。"对，这样才过瘾，够劲儿！""吧嗒"，笼门打开、门闩落下的声音。"呜——"一声惊天动地的怒吼！外面几个村汉一听屋里要放虎吃他们，又听见一声虎吼，个个吓得魂飞魄散，撒腿狂奔起来，一口气翻过了一座山。听听后面没有声音才止住步，一屁股坐在地上喘了会儿粗气，就垂头丧气地回去了。

王老实不是独门独户吗？这究竟是怎么回事？有哪种可能性呢？

27 消失的黑屋

福尔摩斯受朋友库尔所托，这年夏天到他的祖居调查有关屋里有宝藏的传说。

库尔的祖居位于远离人烟的草原上，那是一层古堡式的建筑物，因外墙镶有黑砖，故有黑屋之称，现已荒废没人住。屋的对面，是一栋镶上白砖的房屋，我们简称它为白屋，住有库尔祖先的后人。整个草原上，就只有这两栋建筑物遥遥相对。据说，黑屋的祖先在迁入这屋时，曾把大量的珠宝藏在屋内一处地方，故引起库尔及后人的兴趣，相约夏天前来，

在白屋中商讨搜寻珠宝的事宜，并议定明天一早进行搜寻工作。

晚上，福尔摩斯饮过酒后，上床睡觉，醒来已是翌日中午，他是被一阵喧哗声吵醒的，出门一看，不禁吓了一跳，大叫起来："怎么？黑屋竟不见了，白屋仍在。"返回屋内，只见摆设与昨天的一样。黑屋去了哪里呢？

侦查小帮办
★★★★★

主 述	福尔摩斯			事 件	找不到目标		
时 间	翌日中午			地 点	草原上		
人物及关系	侦查手段	证据及线索		关键点	嫌疑人	侦查方向	
福尔摩斯睡醒后发觉自己的目标消失了	现场查看、推理	①白屋有另一脉库尔祖先的后人；②在白屋中商讨事宜；③白屋还在		摆设与昨天一样	白屋里住的后人	黑屋不可能一夜消失，人却是可以移动的	

28 失踪的新郎

杰克和安娜在海港的教会举行了结婚仪式，然后顺路去码头，准备启程去度蜜月。这是闪电般的结婚，所以仪式上只有神父一个人在场，连旅行护照也是安娜的旧姓，将就着用了。

码头上停泊着一艘国际观光客轮，马上就要起航了。两人一上舷梯，两名身穿制服的二等水手正等在那里，微笑着接待了安娜。丈夫杰克似乎乘过几次这艘观光船，对船内的情况相当熟。他分开混杂的乘客，领着安娜来到一间写着"B13号"的客舱，两人终于安顿下来。

安娜将随身携带的2万美元交给丈夫，请他送到事务长那里保存，可是，左等右等也不见丈夫回来。汽笛响了，船已驶出码头，安娜到甲板上寻找丈夫，可怎么也找不见。她想也许是走岔了，就又返了回来，却在船内迷了路，怎么也找不到B13号客舱。她不知所措，只好向路过的侍者打听。

"B13号室？没有那种不吉利号码的客舱呀。"侍者脸上显出诧异的神色答道。"可我丈夫的确预定了B13号客舱啊。我们刚刚把行李放在了那间客舱。"安娜说。她请侍者帮她查一下乘客登记簿，但房间预约手续是用安娜旧姓办的，是"B16号"，而且，不知什么时候，已把她一个人的行李搬到了那间客舱。登记簿上并没有杰克的名字。事务长也说不记得有人寄存过2万美元。

"我的丈夫到底跑到哪儿去了……"安娜简直莫名其妙。她找到了上船时在舷梯上笑脸迎接过她的船员，安娜想大概他们会记得自己丈夫的事，就向他们询问，但船员的回答使安娜更绝望。"您是快开船时最后上船的乘客，所以我们印象很深，当时没别的乘客。我发誓只有您一个乘客。"船员回答说，看上去不像是在说谎。

安娜一直等到晚上，也没见丈夫的踪影。一夜没合眼的安娜，第二天早晨被一个什么人用电话叫到甲板上，差一点被推到海里去。

那么，她丈夫杰克到底是怎么失踪的呢？正在这艘船上度假的警长很快查清了此事的来龙去脉。你知道是怎么回事吗？

29 突破封锁线

窃贼有赛车的驾驶证，所以像平常摆脱警察巡逻车一类的追捕根本不在话下。但是，今晚奔逃这台戏就不太好唱了。因为事情是发生在只有一条单行铁路支线的乡村，要摆脱警察巡逻车的追击，既没有岔路，加之监听到了警察巡逻车内的无线电话，说是所有路口都被封锁了，所以驾车技术再怎么高也无济于事，就这样钻进了封锁圈，成了袋中老鼠。

当来到铁路支线的无人道口时，不走运，正赶上横杆放下，窃贼只好停下心爱的赛车焦急地等待着末班夜车通过。

突然他心生一计，顺利摆脱了警察的追踪，也没受到封锁线的阻截。你知道是什么计策吗？

侦查小帮办

主 述	窃贼	事 件	逃跑
时 间		地 点	铁路支线道口

人物及关系	侦查手段	证据及线索	关键点	嫌疑人	侦查方向
窃贼摆脱警察的追踪	现场查看	①末班车；②在铁路无人道口想到方法	高超的驾驶技术		考虑如何利用铁路逃离

30 世界旅馆宝石案

圣诞节后的第二天早晨，华生来到福尔摩斯的寓所，向他恭贺佳节。福尔摩斯正靠坐在椅子里，全神贯注地看着手中亮晶晶的蓝色东西。华生说："这不是世界旅馆失窃的蓝宝石吗？怎么会在你手里？""你记性真不错！"福尔摩斯侧身从桌旁的一叠报纸中拣出了一张说："据报载，世界旅馆的管道工霍纳利用为莫卡伯爵夫人的住房焊接壁炉炉栅的机会，偷盗了蓝宝石，是侍女丘萨克报的案。至于这颗宝石飞到我的手里，完全是我们看门人彼得森的功劳，他在昨晚于路旁捡到了一只鹅，今晨准备将鹅烤吃时，竟从鹅的嗉囊里挖出了这颗蓝宝石。我看，如果能找到鹅的来头，世界旅馆失窃案或许会出现一个法官们意想不到的转机呢！"

他们在报上登了一则招领启事。傍晚时分，果然有位男子来到福尔摩斯的寓所。福尔摩斯赔给他一只鹅，并从他嘴里了解到，鹅是一个"鹅俱乐部"发给他的。福尔摩斯随口问道："你知道世界旅馆吗？"他一脸茫然。等他走后，福尔摩斯对华生说："此人显然与宝石失踪案无关。我们还是去访问'鹅俱乐部'吧！"

鹅俱乐部设立在一个小饭店里，主席就是小店老板。福尔摩斯询问道："你们和世界旅馆有业务联系吗？"小店老板脸涨得通红："我们这种小店，怎么高攀得上世界旅馆？"福尔摩斯又问："鹅俱乐部至少会向各家饭店供应食鹅吧？"小店老板自豪地说："我们的鹅是别人供应的，从不出售食鹅。"福尔摩斯了解到鹅俱乐部的这批鹅共24只，是从奥克肖特太太那里收购来的。两人又跟踪追查到奥克肖特太太那里，她是个养鹅的行家。一共养了26只鹅，卖出了24只，还剩下2只。"能不能让我们看看那剩下的2只鹅？""一只已经送给了我的弟弟赖德，只剩下一只了。"福尔摩斯忙追问："赖德在世界旅馆上班吗？""你怎么知道的？"奥克肖特太太惊讶地说，"他是世界旅馆的客房领班。"

在世界旅馆，福尔摩斯和华生找到了赖德，并将他带到福尔摩斯的住处。福尔摩斯打开保险箱，取出蓝宝石，举到赖德眼前，厉声说道："你怎么知道莫卡伯爵夫人有一颗蓝宝石的？"赖德知道无法隐瞒，只好实说了："是伯爵夫人的侍女丘萨克告诉我的。""哦，你与侍女勾结，窃取宝石，然后嫁祸于人，转移赃物，以避开侦探的耳目，你可真会用心计啊！赶紧交代吧！"赖德的心理防线彻底崩溃了。福尔摩斯听完赖德的交代，说："后来宝石就到了我的手里。好啦，赖德先生，我不得不马上把你送交警厅了，那里还有一个人正在为你含冤坐牢呢。"

你知道赖德是如何嫁祸于人、转移赃物的吗？

侦查小帮办
★★★★★

主 述	福尔摩斯		事 件	辨冤案
时 间	圣诞节后		地 点	世界旅馆

人物及关系	侦查手段	证据及线索	关键点	嫌疑人	侦查方向
福尔摩斯通过推理案情找到真正的罪犯	物证、情景再现、推理	①意外发现蓝宝石；②找到鹅的源头；③赖德是世界旅馆领班	与侍女勾结	赖德	赖德盗窃的蓝宝石为何出现在鹅嗉囊里

31 逃窜路线

　　警长清晨驱车外出，在街旁发现躺着一位奄奄一息的警察。从他微弱的讲述中得知，几分钟前，警察被一名青年持刀刺伤，凶手夺了自行车逃跑，警察并用手指示意逃跑的方向。

　　警长一面报警，一面沿着手指的方向追击，但是不远的地方(上坡处)出现了岔道，此处正在施工，路面铺有一层黄沙土。他仔细察看路面，发现两条岔道均有自行车压痕。左边路上两条轮印一深一浅，右边路上两条轮痕深浅一致，他略加思索，果断地从右边追击，不久刑警驱车赶到，在右边路上捕获了凶手。

　　警长是如何认定凶手逃窜路线的？

32 福尔摩斯设密计

有一个村民说县里的乡绅抢了他的布匹不还。乡绅说他没有抢，各执一词，互不相让，两人找福尔摩斯理论。福尔摩斯已经大概地知道了事情的前因后果，但又找不到证据，于是反复寻思，终于心生一计。福尔摩斯骂村民说："区区几匹布，能值多少钱？你还要来诬陷，还不快滚！再不滚，小心到警局告你。"

村民踌躇着出去以后，福尔摩斯和乡绅叙了一会儿闲话，然后指着他胸前的银牙签说："能借给我按照着这打一副吗？"乡绅欣然答应。于是福尔摩斯把牙签交给两个助手，助手便依据福尔摩斯设的密计去乡绅家取来了证据。请问：福尔摩斯设的密计是什么？

侦查小帮办
★★★★★

主　述	福尔摩斯		事　件	巧取布匹	
时　间			地　点	侦探所	
人物及关系	侦查手段	证据及线索	关键点	嫌疑人	侦查方向
福尔摩斯设计到乡绅家里取来证据	询问、交友闲谈、物证	①福尔摩斯知道了前因后果；②拿到证据	银牙签	乡绅	利用乡绅的信物赢得其家人的信任

33 四千米差距

一位农民在乡间一个池塘中发现赃物，而在池塘旁的泥地上，警方发现了一些汽车的痕迹。种种迹象表明，赃物是被人从别处运来的。根据车痕，警方很快查到，车子是属于离该地10千米的一家出租车公司的。出租车公司的人翻查记录，证实是一个叫山野的男子租了这部车。警方马上找到向他查询。

山野说："别开玩笑，我那天确实租了这部车子，而且四处逛了逛，但我没有运载赃物。"警员问："你有什么证据？"山野说："我的车子只走了16千米，但从这里到池塘，至少有10千米，来回一趟，汽车要走20千米，这不是最好的证据吗？"警方再向出租车公司调查，的确，这部车按里数表的读数计算，只走了16千米。山野明明是罪犯，他用了什么诡计，改变里数表的数字呢？

经过分析，探长解决了这个问题。请问，罪犯耍的是什么诡计呢？

侦查小帮办
★★★★★

主 述	警方		事 件	差了四千米
时 间			地 点	乡间的池塘

人物及关系	侦查手段	证据及线索	关键点	嫌疑人	侦查方向
探长发现了山野更改里数表的秘密	现场查看、调查取证、推理	①山野租了这辆车；②里程数不一致；③确认山野是罪犯	改变里数表	山野	用汽车知识推理此案

34 打杯子

四个杯子并排放在离一位侦探5米远的地上，每个杯子都间隔0.3米。这位侦探站在原地不动，他只用了一支步枪和一颗子弹便打中了这四个杯子。你能想到他是怎么做到的吗？

第九章
创新思维

第一节　概要

　　创新思维是指对事物间的联系进行前所未有的思考，从而创造出新事物的思维方法，是一切具有崭新内容的思维形式的总和。一切需要创新的活动都离不开思考，离不开创新思维，可以说，创新思维是一切创新活动的开始。创新思维是思维的高级形态，因此既有一般思维的基本性质，又有其自身特征。

　　与常规思维相比，创新思维的最大特点在于它的流畅性、变通性和独创性，而这些特性的产生在于巧妙地发挥了人脑思维的潜能。凡是能想出新点子、创造出新事物、发现新路子的思维都属于创新思维。因此，创新思维在侦探推理游戏中有广阔的存在土壤，就看你是否有一双善于发现的眼睛了。

第二节　如何在探案过程中应用创新思维

有针对性地运用侦查谋略

　　刑事侦查也是一种智力战斗，设计用谋是必不可少的。它可以提高效率，加快破案速度，避免或减少不必要的人力、物力的损失，是侦破疑案的得力武器。

　　所谓侦查谋略，即侦查的计谋和策略。在疑案侦破中，运用侦查谋略占有极其重要的地位。疑案的侦破，往往是同那些诡计多端、阴险、奸诈的犯罪分子做斗争，如果只是有勇无谋，或者虽然有谋而不能高出敌人一筹，便不能取得斗争的胜利。因此，在侦查工作中，一定要注意善于施计用谋，充

分发挥自己的聪明才智。

公安人员经常使用故布疑阵的计谋，以假示真，虚张声势，迷惑罪犯，出奇制胜。这是刑事侦查中常见的谋略。为了达到某一侦查目的，往往需要采取与自己意图相反的行动去欺骗犯罪分子，然后才按真正意图去行动，"欲西而形似东，欲守而形似攻，欲进而形似退"，给对方欺骗性的行动假象，而将真实意图隐蔽起来，造成对方错觉，入我圈套，举措失当，我则乘机获取所需的材料和证据。

某年3月22日晚，长春市朝阳区公安局治安队民警华义和陈立斌开车执行任务，在行到长春纺织厂西墙外附近时，发现前方一个人，从地上爬起来，正在拍打身上的尘土。定睛一看，是一名女青年，老陈和小华见状，立即警觉起来，停车询问。女青年一看是警察，指着前方急忙说："前边有流氓。"话虽短，老陈和小华已明白了八九分，转身向前追去。追出百米多远，发现路旁垃圾堆外停放一辆自行车，跟前无人。他俩下车环视了一下，什么也没有看见。小华灵机一动，大声喊："没啥事，赶快上车走。"话音刚落，汽车开动了。大约十分钟后，路旁深沟里一个身影探头探脑，东张西望，见四周无人，便从沟里爬出，两步并作一步，奔向自行车。"站住"！一声呐喊，吓得他浑身一抖，还没等他反应过来，小华握着手枪出现在他的眼前。此人见是公安人员，拔腿就跑，被小华上前擒住。原来，这是老陈和小华摆的迷魂阵。老陈把车开走了，小华埋伏在路旁，罪犯中计，当即就被抓获。此人叫赵××，他骑车去亲戚家，发现一女青年，看看四下无人，便产生歹念，下车把女青年拦住，按倒在地，这时远处传来汽车声，赵犯慌慌张张藏入沟内，妄想躲过去，再继续作案结果中计落入法网。

有一起抢枪杀人案，杀人犯是两个人，一人是李××，另一人还未掌握。两支手枪还在罪犯手中，隐患很大。为了及时避免危害，公安人员设

256

计将李××调出室外，秘密拘留。同时对李的住处进行了搜查，但未发现手枪。鉴于武器未获，同伙不明，李又很狡猾，为了预审顺利，在送李××入看守所时，开来两部小车。当小车驶到看守所门外，一前一后停下时，押送李××的同志故意高喊："等把李××送进去再送那个！"布了一个迷魂阵，给李××造成同伙已经落网的假象。

早已组织好的预审班子，抓住有利战机，单刀直入地问："李××，我们已掌握了你的证据，老实交代！"这时，李犯精神颓丧，无可奈何地说："反正那个人你们已抓到了。"李犯顺利地交代了盗窃中州人民法院两支手枪，伙同叶明发盗窃六次，持枪抢劫一对男女青年并将其杀害等罪行。

这几个案例，由于目的性、针对性很明确，疑阵布得符合逻辑和情理，经得起对方推敲，安排得又十分紧凑，使犯罪分子根本没有时间去思考，组织得又很严密，细节没有漏洞，所以，都是故布疑阵这一谋略的成功运用。

实际侦查工作中的谋略运用是多种多样的，如瞒天过海、敲山震虎、欲擒故纵、假痴不癫、暗度陈仓、将计就计等。必须根据时间、地点、犯罪分子的不同情况，有针对性地加以灵活运用，不能不顾客观情况生搬硬套，弄巧成拙。

善于运用现代科学技术

现代科学技术本身就是创新思维的产物，其发展又为创新思维的运用提供了广阔的空间。比如，肉眼看不见的花粉微粒，也可以为侦探提供关键线索，从而找出罪犯。在奥地利多瑙河一带，发生了一桩失踪案，不知道人死在哪里，怎么死的。由于此人是政界要人，推测可能是被人谋杀，于是，分析与此人有关的政敌，抓住了一个嫌疑犯。审讯一开始，嫌疑犯就说自己最近一直在首都维也纳，没有去过别的地方。然而，精明的警察，注意到嫌疑犯的鞋子上粘着泥土，仔细进行分析，用显微镜观察，发现泥土中夹杂着一些形状奇特的小点。估计那可能是花粉，于是就请花粉专家鉴定。果然，那些小点是花粉，是桤木和松树的花粉，另外还有一些是300万年前的植物花粉。唯独维也纳南部的一个人迹罕至的水涝地区，才会有这些花粉。在铁的事实面前，罪犯只好如实招供了谋杀罪行。根据他的口供，在那个水涝地区果然找到了被害者的尸体。

正因为如此，公安人员在破案时，已注意从鞋泥、发垢、手提包里寻找花粉，创新性地为破案提供线索。

第三节　经典案例展现

1 分辨圆木根梢

国王对前来求婚的使臣们出了一道试题。他叫人取来100根粗细相同的圆木，说："这些圆木的两端都一样粗，你们谁能分辨出哪一头是根，哪一头是梢吗？谁能回答出我的问题，他的国王才有机会迎娶我的女儿。"

众使臣对圆木看了又看，摸了又摸，还是分不出根梢来。来自吐蕃国的噶尔东赞想了一会儿，便找到了分辨根梢的办法。你能想到他的办法吗？

侦查小帮办

主　述	噶尔东赞		事　件	分辨根梢	
时　间			地　点		

人物及关系	侦查手段	证据及线索	关键点	嫌疑人	侦查方向
噶尔东赞解答了国王的试题	现场验证	①粗细相同的圆木；②树木根部与顶部木质密度、重量均不同	树木生长的特点		利用水的浮力推理此题

2 报假案的单身汉

一个人气喘吁吁地跑来报案说："警官，我是个单身汉，一个月以前，我因公出差，今日才回来。到家里一看，发现门被盗贼给撬了。"警长赶到那报案者的住所看作案现场，只见门锁被撬坏，两箱衣物被扔在地上，墙上的一只旧挂钟还在走着。警长认真审视了环境，断定报案者在说谎。

他是怎样做出如此判断的呢？

3 霸王自刎的秘密

楚霸王项羽被刘邦打得大败，这天独自逃到了乌江边。突然，他发现岸边的一块大石碑上写着"霸王乌江自刎"六个大字。他走上前一看，原来这六个字是由无数蚂蚁组成的。项羽大惊：蚂蚁组字，这不是老天要我死吗？天意难违啊！绝望之下，真的拔剑自刎了。其实，项羽上当了。你能想到其中的秘密吗？

侦查小帮办
★★★★★

主述	楚霸王		事件	自杀
时间	秦末		地点	乌江边

人物及关系	侦查手段	证据及线索	关键点	嫌疑人	侦查方向
项羽被蚂蚁组成的字诱导自杀	现场查看、推理	①蚂蚁组成字；②不合情理的地方	蚂蚁		从蚂蚁的习性、食物喜好推理此案

4 走嘴的美术教师

初夏的一个晚上，因一个案子的调查，福尔摩斯拜访了美术教师麦迪。她住在豪华公寓的最顶层。

"请问昨天下午3点左右，您在哪儿？"侦探请她提出不在现场的证明。"在平台上写生来着，就是这幅画。"麦迪给他看放在画架上的一幅油画。画的是从楼顶上仰视摩天饭店的景观，画得很在行。"因交通事故住了三个月医院，前天刚出院，所以从昨天起一直在画画，也好解解闷儿，而且连续大晴天，是多好的日光浴呀。""怪不得脸黑红黑红的，显得挺健康的样子，我想也是晒的。现在几点啦？不巧我忘了戴表。"福尔摩斯若无其事地问道。"6点半。"麦迪看了看戴在左手腕的手表答道。她的左手指好似白鱼一样白皙细嫩，美极了。

她察觉到福尔摩斯敏锐的视线在注意自己的手，"我的手怎么啦？"她不安地问道。"不由得被您漂亮的手指迷住了。您是右撇子吧?""嗯,是的,那又怎么啦?""您晒了两天日光浴,并画画,可左手却一点儿也没晒黑我觉得有些奇怪。""左手因端着颜料板,所以没晒着哇!"麦迪话说一半,突然觉得说走了嘴,慌忙闭了口,那么这是为什么?

5 包公妙点鸳鸯谱

传说,包拯在定远县当县令时,王员外的小姐自幼许配给李员外的儿子李侃。后来李员外家道中落,王员外嫌贫爱富,赖婚后,将王小姐许配给翟秀才。王小姐与李侃从小青梅竹马,情深谊厚,死活不肯。在翟秀才去娶亲当天,李侃告王员外赖婚。

包拯了解真情后,叫李侃、王小姐和翟秀才一起上堂,包拯对翟秀才说:"李侃是王小姐的前夫,有约在先。你还是成人之美为好。"翟秀才说:"凭什么说我是抢人?是王小姐自愿的。"包公说:"既然这样,那就让王小姐自认吧!"包公叫他们一竖排跪着:前头是翟秀才,中间是王小姐,末后是李侃。然后对王小姐说:"如今本官决定,你是愿与前夫陪伴终身,还是愿与后夫白头偕老,让你自选。一旦认了,落文为凭。"

王小姐张嘴就想喊李侃,但老爷只准讲"前夫"或"后夫"。她向后面看看李侃,想说"后夫",又怕翟秀才纠缠。一时无以作答,包公请她快说,王小姐一急,就脱口而出:"老爷,小女子愿与前夫陪伴终身。"三人落了手印。翟秀才乐颠颠的,李侃愣住了,王小姐流下眼泪。包公却哈哈大笑说:"好!王小姐不嫌贫寒,既然愿与前夫伴侣终身,李侃,那你就带她回去成亲吧!退堂!"这时王小姐破涕为笑,李侃也化愁为喜,独有翟秀才无话可说。

你知道包公是怎么安排的吗?

侦查小帮办

★★★★★

主 述	包公			事 件	嫁给谁
时 间				地 点	县令大堂

人物及关系	侦查手段	证据及线索	关键点	嫌疑人	侦查方向
包公用计圆了有情人的婚姻	询问	①一竖排跪着的顺序;②前夫、后夫的叫法	叫法的歧义	包公	前夫、后夫都有哪些歧义

6 郑板桥怪法惩人

清朝时，潍县有个盐店商人捉到一个贩私盐的人，请知县郑板桥惩办。郑板桥见这人很苦，产生了同情心，就对盐商说："你让我惩办他，枷起来示众如何？"盐商很同意。于是郑板桥就叫衙役找来一张芦席，中间挖个圆洞当作枷（这样分量较轻，戴枷人不吃苦），又拿来十几张纸，用笔画了很多竹子和兰草，贴在这长一丈、阔八尺的"芦枷"上，让这人戴上坐在盐店门口。这人在盐店门口待了十多天后，盐商竟然恳求郑板桥把那人放了。你知道为什么吗？

侦查小帮办
★★★★★

主 述	郑板桥	事 件	同情弱者
时 间	清朝	地 点	盐店门口

人物及关系	侦查手段	证据及线索	关键点	嫌疑人	侦查方向
郑板桥巧助贩私盐的人	询问、利用人的心理	①贩私盐是违法的；②同情这人；③画了许多竹子和兰草	郑板桥书画是一绝		从人们喜爱郑板桥的书画推理此题

7 珠宝失窃

展览馆将要举办首饰博览会，派玛丽小姐将珠宝设计师新秀琳娜小姐接来，安排在3楼贵宾室里。

玛丽从琳娜手中接过装满参展珠宝的手提箱，放在床头柜上。

"您有什么需要吗？"玛丽问。

"明天早上给我送杯牛奶吧！"琳娜说。

第二天清早，琳娜在盥洗室里刚刷完牙，正用毛巾洗脸

时，突然听见门外"啊"的一声惊叫，接着是"扑通"一声。琳娜立刻奔向门厅，只见玛丽歪倒在房门口，一股鲜血从她的额头流下来。

琳娜急忙去找枕巾，想帮玛丽止血。然而，当她去拿枕巾时，突然发现床头柜上装满珠宝的手提箱不见了。

顿时，琳娜脸色煞白，惊呼一声："天啊！"

琳娜哭着告诉福尔摩斯她的手提箱不见了。玛丽接着说："刚才，我给琳娜小姐送来一杯热牛奶。可当我刚跨进房间，就觉得有一阵风，没等我回头，头上就被硬东西砸了一下，摔倒在地，恍惚间好像看见一个蒙面男人，拿着琳娜的手提箱逃走了。"

福尔摩斯走到床头柜前，见柜上放着一杯牛奶，对琳娜说："喝吧，牛奶还是热的。""我现在喝不下去。"琳娜泪如泉涌。玛丽摸了摸杯子说："凉了点，我再去给您热一下。"说着端起放有牛奶的盘子就要离开。福尔摩斯挡住她的去路，说："玛丽小姐先不忙离开，告诉我手提箱的去向吧？"

请问，福尔摩斯为什么会怀疑玛丽？

8 一毛不拔

杰克一路闯进门，气急败坏地找福尔摩斯，诉说着一件棘手的事情：

"我家有个老花匠叫艾伦，3天前他跑到我的办公室，一边点头哈腰，一边傻笑着公然向我索取10万美金。他自称在修剪家父书房外的花园时，拾到一份家父丢弃的遗嘱，上面指定我在新西兰的叔叔为全部财产的唯一继承人。这消息对我来说犹如五雷轰顶。父亲和我两人在11月份的某一天，曾因我未婚妻珍妮的事发生过激烈争吵。珍妮不过是比我大了几岁，父亲就反对这门婚事，有可能取消我的继承权。"

"艾伦声称他持有着第二份遗嘱。这份遗嘱比他所索取的更有价值。因为这份遗嘱的签署日期是11月31日凌晨1点钟。比已生效的遗嘱晚几个小时，所以它将会得到法律的承认。我当即拒绝了他的敲诈，于是他缠着我讨价还价。先是要5万，后来又降到2.5万。您看这该如何处理呢？"

"我说，你应该一毛不拔。"福尔摩斯说。

福尔摩斯为什么这样说呢？

侦查小帮办
★★★★

主 述	杰克		事 件	遭遇勒索
时 间	3天前		地 点	杰克的办公室

人物及关系	侦查手段	证据及线索	关键点	嫌疑人	侦查方向
福尔摩斯帮助杰克破解老花匠的谎言	询问、推理确认	①第二份遗嘱的日期和时间；②老花匠主动降低数额	日期和时间	老花匠	运用生活常识和日历分析一下此案

9 认马妙法

在两个相邻的农场里，有一天发生了一件纠纷，A农场和B农场的主人为一匹马是谁的而争执起来。"这匹马是我的，我的马大部分是枣红马。" "枣红马谁都有，这匹马是偶然跑到了你们那里去的。"

他们都说这匹马是自己的。这件事闹到福尔摩斯那里，他让工作人员把那匹马牵来，检验后又命令把这匹马放进一个马群里，这个马群中有十几匹枣红马。然后让A农场和B农场的人分别去认马。结果，福尔摩斯很快就断定出这匹马属于谁。

聪明的读者，福尔摩斯是怎样判断的呢？

主　述		福尔摩斯		事　件		认马	
时　间				地　点		农场	
人物及关系	侦查手段	证据及线索		关键点	嫌疑人	侦查方向	
福尔摩斯找到辨认马属于哪个人的好办法	实地检验	①各自强调马是自己的；②众里挑一		自己的马自己是最熟悉的	说谎的人	从人对事物的熟悉程度推理此案	

⑩ 滑雪板之谜

　　一个冬天，有情报说某滑雪场的一幢别墅里潜入了一名被通缉的在逃犯。警察得知后，立即出动进行搜捕，但来晚了一步，别墅现场的迹象表明罪犯已经逃走。看来是滑雪逃跑的，雪地上还留有滑雪板的痕迹。但很奇怪，滑雪板的印迹不断地呈交叉状，这使警察感到很奇怪。你知道这是怎么回事吗？

主　述		警察		事　件		滑雪脱逃	
时　间		冬天		地　点		滑雪场别墅	
人物及关系	侦查手段	证据及线索		关键点	嫌疑人	侦查方向	
警方被滑雪板痕迹困扰	语言、现场查看	①滑雪逃跑；②印迹呈交叉状		滑雪时不可能出现交叉痕迹	在逃犯	一个人用滑雪板是做不到这样的痕迹的	

⑪ 惊倒福尔摩斯

福尔摩斯有一次在巴黎叫了一辆出租马车。他先把旅行包扔进了车里，然后上了车。但还没有等他开口，车夫就说："福尔摩斯先生，您上哪儿去？""你认识我？"福尔摩斯有点诧异地问。"不，从来没有见过。""那你怎知道我是福尔摩斯呢？"

"这个，"车夫说，"我在报纸上看到你在法国南部度假的消息，看到你是从马赛开来的一列火车上下来的；我注意到你的皮肤黝黑，这说明你在阳光充足的地方至少待了一个星期；我从你嘴上有烟斗来推断，你肯定是一位善于思考的人；另外，你还具有外科医生那种敏锐的目光并穿着英国式样的服装。我认为你肯定就是福尔摩斯先生。"福尔摩斯连说："神了，神了！"并夸道，"你能如此从细枝末节观察出一个人！"

马车在行进着，福尔摩斯目光一瞥，方知车夫有一半是吹牛。你说，福尔摩斯为何又认为车夫一半是吹牛？

侦查小帮办
★★★★

主　述	马车车夫		事　件	认出福尔摩斯		
时　间	度假时间		地　点	巴黎		
人物及关系	侦查手段	证据及线索		关键点	嫌疑人	侦查方向
车夫认出福尔摩斯	物证、推理	①车夫的话语很严谨；②旅行包		旅行包；有一半是吹牛	车夫	从导致车夫有一半吹牛的细节推理此案

⑫ 福尔摩斯看到了什么

　　半夜时分，一阵急促的电话铃声把福尔摩斯从睡梦中惊醒，原来发生了一起盗窃案。

　　福尔摩斯来到被盗人家，只见主人被绑在一旁，嘴里喃喃地说："我睡在床上，突然听到屋内有响声，急忙开灯，发现有个强盗。我们俩扭打起来，他一拳把我打倒在地，还把我绑了起来。幸亏我所有的财产都已经保了险，能够……"

　　福尔摩斯边听边环视着屋内的一切，突然目光停留在床上，没等主人把话说完，他就知道是怎么回事了。

　　你知道福尔摩斯看到了什么就立刻明白了真相？

侦查小帮办

主　述	福尔摩斯		事件	监守自盗	
时　间	半夜		地点	被盗人家	
人物及关系	侦查手段	证据及线索	关键点	嫌疑人	侦查方向
福尔摩斯识破主人的谎言	现场查看、物证、推理	①睡在床上；②目光停留在床上	床	主人	从福尔摩斯发现床的线索推理此案

⑬ 絮语诘盗

　　清朝时，山东莱州有个强盗，凶狠奸诈，罪行累累，被官府捉拿后常常翻供，审讯的官员拿他无法，不知如何定罪。新任太守张船三一到职，离任太守便向他移交此案。问清案情，张船三笑道："这类小事，在下三天便能结案。"

　　第二天早晨，张船三到衙门客厅，伸开两腿坐在炕上，茶几上放着一大盘火腿，台阶上放着一缸美酒。张船三把强盗叫来，书童扇炉暖酒，书吏记录口供。边喝酒边问："你是郯城人吗？"强盗回答说："是的。""你年龄多大了？""37岁了。""你住在城里还是乡下？""住在城里。""你有父母吗？""小人不幸，父母都死了。"在旁记录的书吏感到好笑，不知新太守何故老是问些细碎小事，如此审讯哪能结案？

第二天，张船三依然问强盗说："你年龄多大了？"答道："39岁。""你住在乡下还是城里？""住在乡下。""有父母吗？""父亲早死了，只剩下母亲。"这时书吏更觉好笑，认为太守所问和昨天没有什么不同。看来这位新太守是个糊涂虫。

到了第三天，张船三传衙役准备刑具，听候结案。他照例来到客厅喝酒，又把强盗喊来问道："你年龄多大了？"答道："41岁。""你住城里还是乡下？""有时住城里有时住乡下。""你有父母吗？""小人全福，父母双在。"书吏在旁暗自摇头，想太守所问就如老太婆谈家常，怎么能就此定案。

这时张船三连饮三杯，严肃地对强盗说："看案卷，你犯罪事实确凿，为何屡屡翻供？"强盗回答："小人实在冤枉，恳求大人怜悯详察。"张船三拍案斥责一番，强盗还想辩解，张船三喝令衙役："狠狠用刑，打死勿论！"强盗这时吓得急忙求饶，情愿交代，发誓不敢再翻案，并在供词上签字画押，这件案子就此了结了。那位书吏见状恍然大悟，对新太守张船三叹服不已。

你知道张船三是根据什么证据结案的吗？

侦查小帮办 ★★★★★

主 述	张船三			事 件	审案
时 间	清朝			地 点	山东莱州

人物及关系	侦查手段	证据及线索	关键点	嫌疑人	侦查方向
张船三三审疑犯定案	询问、拿到铁证	①三天的问答；②三次的回答都各不相同	拿到强盗爱说谎的铁证	强盗	从张船三如此审案的用意推理此案

⑭ 拉驴尾巴

一个富商和福尔摩斯一起在一个岛上旅行。后来，他们遇到了土著居民，就跟他们一起行走，一起歇息。一天清晨，富商醒来后发现自己的钱被别人偷走了。头人听

到这个消息，非常痛心，因为他常常告诫他的族人永远不能做贼。他对富商说："我的朋友，如果有人拿走了你的钱，我保证一定在太阳落山前把钱交还给你。"

头人和福尔摩斯商量破案的办法以后，就把他的族人集合在一起，他说："你们每一个人都必须轮流到我的帐篷里去，拉一拉我那驴的尾巴。要知道这头驴是非常聪明的，如果有小偷拉它的尾巴，它就会大声叫。"

所有的族人一个接一个进入头人的帐篷，大家都一声不响，竖起耳朵听着，当最后一个人从帐篷里出来时，驴还是一声没叫。富商心里想，这下金币一定找不到了。

这时，头人让他们站成一排。"现在，你们都把手伸出来！"他命令道。于是，各种各样，大小不一的手都伸了出来，头人从他们面前走过，一个一个地嗅他们的手。他走到队伍的末尾，站住了，他把最后一个人的手嗅了又嗅慢慢抬起头，盯着这个人大声说："你就是贼！还不把钱币拿出来！"那个人乖乖地跑到树边一块大石头旁，把藏在下面的钱袋拿了出来。

这是怎么一回事呢，头人是怎么判断出来的？

侦查小帮办
★★★★★

主　述	头人		事　件	辨认小偷		
时　间	晚上		地　点	岛上		
人物及关系	侦查手段	证据及线索	关键点	嫌疑人	侦查方向	
福尔摩斯和头人设计找到小偷	现场检验、物证	①土著居民头脑简单；②嗅手	嗅手	小偷	从嗅的动作上分析此案	

⑮ 书房里的秘密文件

　　黑老大准备派人把一封秘密文件交给同党，不料却被警方获悉。警员前来搜查文件，匪党在屋外应付警察，黑老大立即把信件收藏起来。之后，黑老大由后门跑往天台，跳往隔邻那幢大厦躲藏，伺机逃脱。

　　匪党誓死不肯开门，警员只好合力破门而入，把他们拘捕。随即搜查全屋，但黑老大及密函都不翼而飞，警方只好将几人带回审讯。警长正想下令收队时，在无意识的情况下，把黑老大书房的台灯开启了。细心的警长仔细观察了一番，终于发现了藏信的地点，因而侦破了一宗数亿元的贩毒案！

　　你知道秘密文件藏在书房哪处吗？

侦查小帮办
★★★★

主　述	警长			事　件	寻找文件	
时　间				地　点	黑老大家	

人物及关系	侦查手段	证据及线索	关键点	嫌疑人	侦查方向
警长发现黑老大隐藏文件的秘密	现场查看	①搜查全屋；②开启台灯后发现文件	与台灯有关	黑老大	从台灯的特点来分析此案

16 被忽略的财富

在侦探俱乐部里，科特上校正向这里的成员谈一桩令他伤脑筋的案子。

"最近，一个来自南美的陌生人到了伦敦。有情报说此人可能是特务，携带10万英镑来英国资助间谍活动。因此，在他下船几个小时后，我们故意搞了一次车祸，弄折了他的胳膊，趁机把他送进医院。我们仔细地检查了他的衣服和行李，结果，除了一个公文包里面放有几封他在英属圭亚那的朋友写给他的信之外，一无所获。我们考虑几种他有可能玩弄的手腕：1. 他可以把英镑通过邮局寄给自己，但现在邮递业务很不正规，因此这个办法行不通；2. 他可以用手术的办法将宝石放在体内，但X光机排除了这种可能性。对他如何藏起价值10万英镑的东西，不知诸位有何高见？"

俱乐部成员交头接耳，议论纷纷。这时俱乐部主席福尔摩斯转过身来对上校说："上校，我认为你忽略了一种非常明显的可能性。"

上校忽略了哪种可能性呢？

侦查小帮办

主 述	福尔摩斯		事 件	找间谍经费	
时 间			地 点	伦敦	
人物及关系	侦查手段	证据及线索	关键点	嫌疑人	侦查方向
福尔摩斯帮助科特上校找到间谍经费	调查取证、物证	①有确切的情报得知间谍经费的存在：②10万英镑的巨额经费；③一种非常明显的可能性	几封信	特务	从几封信上推理此案

17 电梯里的故事

第二次世界大战中德军占领法国期间，有一天，巴黎的一家旅馆里有四个人共乘一部电梯下楼。其中一个是身穿军装的纳粹军官；一个是当地的法国人，是地下组织的秘密成员；第三个是一位漂亮的少女；第四个是一位老妇人。他们相互不认识。

突然电源发生了故障，电梯停住不动了，电灯也熄了，电梯内漆黑一团。这时发出了一声接吻的声音，随后是一掌打在脸上的声音。过了一会儿，电灯又亮了，纳粹军官的一只眼睛下面出现了一块猩红的伤痕。

老妇人想："真是活该！幸亏如今的年轻姑娘们学会了如何保护自己。"少女寻思："这个纳粹分子真怪！他没有吻我，想必是吻了这位老妇人或者那位漂亮小伙子，真不知道是怎么回事！"纳粹军官在想："怎么啦！我什么事情也没做，可能是这个法国男子想吻这位姑娘，她失手打了我。"

只有那个法国人对发生的事情知道得清清楚楚，你能推测出所发生的事情的真相吗？

侦查小帮办
★★★★★

主 述	法国人		事 件	纳粹军官被打	
时 间	"二战"		地 点	电梯里	
人物及关系	侦查手段	证据及线索	关键点	嫌疑人	侦查方向
法国人策划的小行动	身份分析、揣摩心理动态	①只有法国人知道经过；②法国人是唯一知道的人	接吻	法国人	用心理学分析法国人做了什么

18 让轮胎瘪一点儿

一天下午，罗尔警长在街上巡逻，一辆黄色轿车"呼"地冲过身边，紧接着，身边传来喊叫："他偷了我的汽车！"罗尔警长看见路边停着一辆集装箱卡车，司机正在卸货。他立刻跳上卡车，向司机出示了证件，然后就开足马力追赶。

偷车贼在后视镜里看见了卡车，慌忙加大油门。警长紧追不舍，两辆车在公路上追逐着。前方有一座立交桥，轿车一下子就从桥底下穿了过去，可是集装箱卡车的高度，恰恰高出立交桥底部2厘米，警长一个急刹车，停在立交桥前，好险啊！罪犯看到卡车被挡住了，还回头做个怪脸，罗尔警长气得两眼冒火。他毕竟是老警察了，马上冷静下来，看了看轮胎，立刻有了主意。几分钟以后，集装箱卡车顺利从立交桥底下穿过，警长终于追上了罪犯。罗尔警长用什么方法，很快就让卡车通过立交桥底下呢？

侦查小帮办

主 述	罗尔警长	事 件	追抢车犯
时 间	下午	地 点	立交桥下

人物及关系	侦查手段	证据及线索	关键点	嫌疑人	侦查方向
罗尔想办法让卡车穿过立交桥下的道路	情景再现、现场查看	①卡车高出2厘米；②看了看轮胎有了主意；③几分钟以后顺利穿过。	几分钟以后		罗尔如何处理高出的2厘米

19 免费辩护

有一位非常有本领的律师。每有离婚诉讼，这位律师总是站在女方一边，免费为其辩护，为女方尽可能多地争取赡养费。一天，这位律师自己也要离婚。律师一如既往，仍然站在女方一边，免费进行辩护工作，为女方争得了巨额赡养费。可是，离婚之后，这位律师在经济上却丝毫无损，也没有从其他途径获得金钱。你能解开这个谜吗？

20 易卜生智斗警察

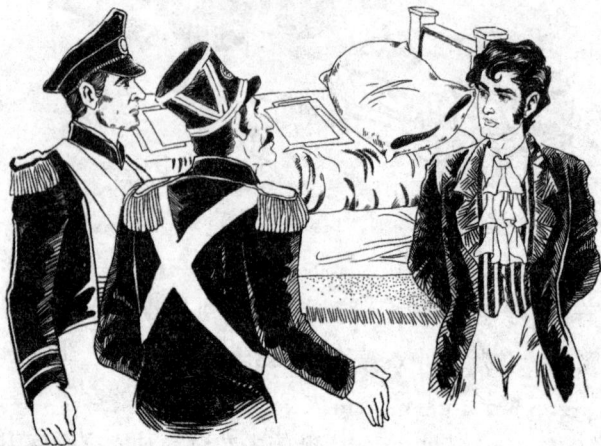

挪威某城的警察局局长好多次恶狠狠地声称："这个易卜生，他不要敬酒不吃吃罚酒。他要真的被我拿到证据，看我怎么来惩治他吧！"易卜生是挪威最有影响的戏剧家。他富有正义感，除了在自己的戏剧作品中，鞭挞和批判罪恶的社会制度外，还经常冒着生命危险帮助一些革命者，为他们传递信件，为他们提供秘密集会的场所等。他还与一些工人运动的领袖结成了好朋友，自然，易卜生的这些行动，遭到了反动当局的嫉恨。当局慑于他在人民中的威望，不敢贸然采取行动，只是先后多次"好意劝告"他，"注意行止"，"切莫上当"。但易卜生对此置若罔闻，我行我素。

工人运动领导人阿特葛，是易卜生的好朋友。他和他的同志们经常在易卜生的家中秘密开会，许多重要文件，也是易卜生帮助保管的。1851年7月的一天，有人告诉易卜生说："先生，阿特葛被捕了。上级让我通知您，把那些秘密文件销毁掉，警察可能要来搜查。"这时，外面响起了一片嘈杂的脚步声，他赶忙送走那位革命者。刚回到家里，在窗口一看，发现成群的警察已经包围住了自己的住宅。怎么办？望着装在箱子里的秘密文件，易卜生心急如焚。突然，一个大胆的计谋在他的脑中出现了。对！只有这个办法了。

当易卜生刚刚收拾完毕，"砰砰砰！"警察急促地敲起了门。易卜生从容地把门打开："先生们，到此有何贵干？""闪开！"警察粗暴地把易卜生推在一旁，翻箱倒柜地搜开了。可是柜子、天花板、墙壁等藏得住秘密的地方都搜过了，警察们什么也没有搜到，只好灰溜溜地走了。

易卜生把文件藏到哪里了呢？

侦查小帮办

主　述	易卜生			事　件	隐藏文件	
时　间				地　点	易卜生的家	

人物及关系	侦查手段	证据及线索	关键点	嫌疑人	侦查方向
易卜生将秘密文件巧妙地藏起来	现场查看、物证	①来不及销毁秘密文件；②一个大胆的计谋；③翻箱倒柜地搜开了	藏得住秘密的地方都搜过了		哪个地方藏不住秘密呢

㉑ 富翁的财产

　　名探福尔摩斯受其老友一位百万富翁的临终嘱咐，把遗产交给富翁的弟弟。富翁是12岁离家出走的，与弟弟分手至今已经60年了，一个月前才知道弟弟在洛杉矶，但没有详细的地址。他交给福尔摩斯一张发了黄的照片，这是可以帮助找到他弟弟的唯一线索。照片上是两个男孩，摄于60年前，当时两人都是12岁。

　　福尔摩斯受托前往洛杉矶，并在那里登了寻人启事，说明此行的目的。承受大笔遗产是很诱人的事，不久，他住的旅馆外就聚集了数十位老翁。虽然福尔摩斯没见过富翁的弟弟，也不了解他的其他的情况，但他还是在这些人中找出了遗产的继承人。

　　福尔摩斯是怎样认出的呢？

侦查小帮办

主　述	福尔摩斯			事　件	找遗产继承人	
时　间				地　点	洛杉矶	

人物及关系	侦查手段	证据及线索	关键点	嫌疑人	侦查方向
福尔摩斯完成老友的遗愿	现场取证	①照片；②摄于60年前	都是12岁		年龄相同的一定是双胞胎

⟨22⟩ 女作家遇强盗

英国女作家阿加莎·克里斯蒂写过数十部长篇侦探小说，如《东方快车上的谋杀案》、《尼罗河上的惨案》等，塑造了跟著名侦探福尔摩斯一样驰名全球的侦探赫尔克里·波洛的形象，可是谁会料到一天晚上她本人也真的遇到了抢劫。当她独自一人走到那条又长又冷清的大街上时，突然，在一幢大楼的阴影处，直冲出一个高大的男子，手持一把寒气逼人的尖刀，向阿加莎·克里

斯蒂猛扑了过来。阿加莎·克里斯蒂知道逃是逃不了了，就索性站住等那人冲上来。"你，你想要什么！"阿加莎·克里斯蒂显出一副极害怕的样子问。"把你的耳环摘下。"强盗倒也十分干脆。

一听到强盗说要耳环，阿加莎·克里斯蒂紧锁的眉头舒展了。只见她努力用大衣的领子护住自己的脖子，同时，她用另一只手摘下自己的耳环，并一下子把它们扔到地上说："你拿去吧！那么，现在我可以走了吗？"强盗看到她对耳环毫不在乎，而只是力图用衣领遮掩住自己的颈脖。显然，她的脖子上有一条值钱的项链。他没有弯下身子去拾地上的耳环，而是重新下达了命令："把你的项链给我！""噢，先生，只是它一点也不值钱，给我留下吧。""少废话，动作快点！"阿加莎·克里斯蒂用颤抖的手，极不情愿地摘下了自己的项链。强盗一把抢过项链，飞似的跑了。阿加莎·克里斯蒂深深地舒了口气，高兴地拾起了刚才扔在地上的耳环。你知道为什么吗？

◆◇ 侦查小帮办 ◇◆
★★★★★

主 述		女作家		事 件		遭遇抢劫犯
时 间		晚上		地 点		大楼的阴影处
人物及关系	侦查手段	证据及线索		关键点	嫌疑人	侦查方向
女作家被劫匪抢走了项链	情景再现、物证、推理	①努力护住脖子；②将耳环扔在地上；③项链被抢		高兴地拾起耳环		女作家为何故意让劫匪抢走项链

23 移形换影

有一天晚上，盗牛贼出现了。但不巧得很，却让牧场主人发现了行踪，盗牛贼见行迹败露，只得落荒而逃。牧场主人骑快马追赶，没想到小偷跑得比他还快，不一会儿，就消失在茫茫麦田里。牧场主人下马一看，田埂上尽是牛蹄印。

"岂有此理，这个小偷原来是骑牛来的，难怪找不到人的脚印。啊！不对啊，他若真是骑牛来的，那我怎么会追不上呢？"

牧场主人百思不解，第二天就去请侦探福尔摩斯调查。福尔摩斯循牛蹄印前行，不久折回后道："小偷是骑马逃走的。"福尔摩斯见牧场主人欲言又止，明白了他心中的疑惑，于是继续说道："地上虽是牛蹄印，那是因为在马脚上装上了牛蹄的缘故。""你又没逮到窃贼，怎知道是马呢？"

侦探福尔摩斯随即在口袋里拿出一包东西，然后打开给牧场主人看，只见他看后捧腹大笑，又不断地点头，表示福尔摩斯的判断十分正确。

想象一下，这个纸包里，究竟是什么东西呢？

24 求救信号

初春时节，西伯利亚仍然是寒气袭人，美国特务史密夫在那里执行任务时，失手被擒，其后被关在高原上的木屋内。木屋的囚室内没有纸、笔、电筒，就只有一扇窗、一张床、一台冰箱及一罐汽水。但在晚上，史密夫就利用囚室内的设备，发出了求救信号，通知同伴来救援。最后，他成功地逃脱掉了。史密夫是如何发出求救信号的呢？

㉕ 智取传世之宝

　　基顿是"二战"时期德国赫赫有名的一位传教士，也是一位收藏家。他的足迹遍及许多被德国占领的国家，除了享受作为征服者的快感之外，他的另一个目的就是贪婪地占有一切被他看到的各国的宝物。

　　每次掠夺到奇珍异宝，基顿都会在豪华阔气的酒店里举办盛大的聚会，并炫耀他从世界各地收集到的无价之宝。每一次他都会邀请社会名流、政府要员、当红明星等参加聚会，以此来提高聚会的档次和自己的名气。

　　上个月，基顿在法国东部一个葡萄酒酒庄里做客，无意中发现酒庄的主人曾是路易十六的皇室仆人，而且世代相传制锁的工艺。现在家里也珍藏了一些精美的锁具，禁不住基顿的美言吹捧，酒庄的主人拿出了一些锁具供基顿欣赏。这些精美的锁具基顿并没看在眼里，直到他看到路易十六御赐的一个锁具时，凭着直觉，他断定这个锁具是中空的。趁着主人醉酒之机，他用每一把钥匙试着开这把锁，锁最后被打开了，一颗硕大的钻石映入眼帘。基顿立刻揣入口袋，随即离去。酒庄主人酒醒之后，找基顿索要，被基顿的护卫一顿毒打扔在大街上。看到传家之宝轻易被盗走，父亲遭受毒打，与基顿未曾谋面的酒庄主人的小儿子卡顿决定为父亲拿回这个宝物。

　　他跟随基顿来到巴黎，在一个豪华的大酒店里，基顿准备召开一个赏宝聚会。为了安全他把钻石放在一个盒子里，又在里面放了一条眼镜王蛇，以防止钻石被人拿走。

　　然而，大会的当天，卡顿化装成捧着盒子的服务生。当基顿吹嘘他如何在野外的废墟中发现这颗钻石的时候，卡顿就成功偷取到了钻石然后迅速离开了。盒子与眼镜王蛇仍保持着原样，他没有让毒蛇从箱内钻出来，也没有用任何方式接触到毒蛇，而他手上更没戴上防护手套。

　　那么，卡顿是如何偷取钻石的？

侦查小帮办

★★★★★

主　述	卡顿		事　件	取回钻石	
时　间	"二战"		地　点	大酒店里	

人物及关系	侦查手段	证据及线索	关键点	嫌疑人	侦查方向
卡顿破解基顿设置的障碍成功取回了自己家的钻石	情景再现、利用基顿的漏洞	①钻石和蛇在一个盒子里；②卡顿捧着盒子	盒子保持原样	卡顿	钻石和蛇比就显得非常小了，有个缝隙就能溜出来

26 被忽视的地方

一天，警长接到上级的命令：情报机关获悉有一名特工人员随身携带极其重要的某高地军事部署密码即将潜入警长管辖的区域，上级要求警长将此人迅速逮捕归案。警长请福尔摩斯协同赶赴机场、码头、车站办案。助手向警长报告：

此人身上并没有密码，经X光透视，体内也未发现任何异物。一目击者提供，此人在被截获前向邮筒内投过一封信。警长征得邮电部门领导的同意，提前将信取出。这是一封平常的信，信封上贴着一张普通邮票。文内丝毫没有提及有关密码的一字一句，再经化验，仍未发现密码。

福尔摩斯突然想到信封的某一地方没有查看，结果密码就在被疏忽的地方查到了。那是什么地方呢？

侦查小帮办
★★★★★

主 述		福尔摩斯		事 件		查密码	
时 间				地 点			
人物及关系	侦查手段	证据及线索		关键点		嫌疑人	侦查方向
福尔摩斯发现特工隐藏密码的秘密	现场查看	①一封信；②贴着普通的邮票		信封某一个地方没查看		特工	信封上还有哪个重要的线索

27 豪宅里的谋杀

罗密欧与朱丽叶幸福地生活在一所豪宅里。他们既不参加社交活动，也没有与人结怨。有一天，一个女仆歇斯底里地跑来告诉管家，说罗密欧与朱丽叶在卧室的地板上死了。管家迅速与女仆来到卧室，发现正如女仆所描述的那样，两具尸体一动不动地躺在地板上。

房间里没有任何暴力的迹象，尸体上也没有留下任何印记。凶手似乎也不是破门而入的，因为除了地板上有一些破碎的玻璃外，没有其他迹象可以证明这一点。管家排除了自杀的可能，中毒也是不可能的，因为晚餐是他亲自准备、亲自伺候的。在检查尸体的时候，管家没有发现死因，但注意到地毯湿了。

罗密欧与朱丽叶到底是怎么死的？谁杀了他们？

侦查小帮办

★★★★★

主　述	管家		事　件	奇怪的谋杀	
时　间	夜晚		地　点	卧室	

人物及关系	侦查手段	证据及线索	关键点	嫌疑人	侦查方向
管家辨别两个死者的死因	现场查看、物证、推理、想象	①死者从不与外界交往；②没有任何暴力迹象；③不是自杀，也不是中毒；④没有发现死因	破碎的玻璃、地毯湿了		罗密欧与朱丽叶的死和碎玻璃、水有什么关系

28 奇怪的宴会

这是一件发生在美国的案子。某夜，一名重要的人犯从监牢中逃走了。由于他穿着带有竖条纹的囚衣，蓬头垢面，所以不敢走在大街上。而在整个城里，联邦调查局已经开始搜捕，道路也全被封锁了，他的处境十分危险。

正在这名人犯不知如何是好时，突然看见前面50米处有一间大宅邸似乎正在举办宴会，明亮的灯光从窗子向外泄出。他打算偷偷溜到衣帽间去偷一件衣服来换，但一进去就被人发现。而令人惊讶的是，大家居然都拍着手欢迎他。

于是，这名逃犯便和大家一起快乐地玩了一个晚上。到宴会结束前，他才穿着别人的衣服成功地逃走了。这究竟是怎么回事？

侦查小帮办 ★★★★★

主 述	罪犯		事 件	越狱
时 间	晚上		地 点	宴会大厅

人物及关系	侦查手段	证据及线索	关键点	嫌疑人	侦查方向
参加宴会的人都欢迎他	情景再现、推理	①欢迎他；②玩了一晚上；③穿别人的衣服逃走	宴会	罪犯	考虑什么宴会会欢迎这样的穿戴

29 保险柜密码

70岁的亿万富翁格林独居在郊外，只有一只鹦鹉陪伴他。由于非常健忘，他常常为忘记了存放贵重宝石的保险柜的密码而困惑。所以他想出了一个办法，以便在忘了时能马上记起。某日，他外出旅行回家一看，不禁大吃一惊，保险柜门开了，里面空空如也。宝石全部被盗，只留给他一张纸条。上面写道：谢谢您的宝石，我已尽数收纳。保险柜的密码应用更安全的方法记下来才是。怪盗X

那么，格林将保险柜的密码记在哪儿了呢？怪盗X又是如何发现密码的呢？

侦查小帮办 ★★★★★

主 述	怪盗X		事 件	密码被发现
时 间	旅行归来		地 点	家中

人物及关系	侦查手段	证据及线索	关键点	嫌疑人	侦查方向
怪盗发现富翁格林保险柜的密码	现场确认	①格林非常健忘；②有个随时能让他记起密码的办法	鹦鹉	自己	从鹦鹉的特点推理此案

30 即兴的心理测验

法院正在开庭审理一件预谋杀人案。琼斯被控告在一个月前杀害了约瑟夫。警察和检察方面的调查结果：从犯罪动机、作案条件到一应人证、物证都对他极为不利，虽然至今警察还没有找到被害者的尸体，但公诉方面认为已有足够的证据能把他定为一级谋杀罪。

琼斯请来一位著名律师为他辩护。在大量的人证和物证面前律师感到捉襟见肘，一时间无以为辞，便把辩护内容转换到了另一个角度上，说道："毫无疑问，从这些证词听起来，我的委托人似乎确定是犯下了谋杀罪。可是迄今为止还没有发现约瑟夫先生的尸体。当然，也可以作这样的推测，便是凶手使用了巧妙的方法把被害者的尸体藏匿在一个十分隐蔽的地方或是毁尸灭迹了，但我想在这里问一问大家，要是事实证明那位约瑟夫先生现在还活着，甚至出现在这法庭上的话，那么大家是否还会认为我的委托人是杀害约瑟夫先生的凶手？"

陪审席和旁听席上发出几下窃笑声，似乎在讥讽这位远近驰名的大律师竟会提出这么一个缺乏法律常识的问题来。法官看着律师说道："请你说吧，你想要表达的是什么意思？""我所要表达的就是这个意思。"律师边说边走出法庭和旁听席之间的矮栏，快步走到陪审席旁边的那扇侧门前面，用整座厅里都能听清的声音说道："现在，就请大家看吧！"说着，一下拉开了那扇门……

所有的陪审员和旁听者的目光都转向那扇侧门，但被拉开的门里空空如也，没有任何人影，当然更不见那位约瑟夫先生……律师轻轻地关上侧门，走回律师席中，慢条斯理地说道："请大家别以为我刚才的那个举动是对法庭和公众的戏弄。我只是想向大家证明一个事实：便是即使公诉方面提出了许多所谓的证据，但迄今为止，在这法庭上的各位女士、先生，包括各位尊敬的陪审员和检察官在内，谁都无法肯定那位所谓的被害人，确实已经不在人间了。是的，约瑟夫先生并没有在那扇门后出现，这只是我在合众国法律许可范围之内所采用的一个即兴的心理测验方法。从刚才整个法庭上的目光都转向那道门口的情况来看，说明了大家都在期望着约瑟夫先生在那里出现，从而也证明在场的每个人的内心深处，对约瑟夫到底是否已经不在人间是存在着怀疑的。"说到这里，他顿住了片刻，把声音提高了些，并且借助着大幅度挥动的手势来加重着语气："所以，我要大声疾呼：在座这12位公正而又明智的陪审员难道凭着这些连你们自己也存在有虑的证据，就能裁定我的委托人便是杀害约瑟夫先生的凶手吗？"霎时间，法庭上秩序大乱，不少旁听者交头接耳，连连称妙，新闻记者竞相奔往公用电话亭，给自己报馆的主笔报告审判情况，预言律师的绝妙辩护有可能使被告琼斯获得开释。

当最后一位排着队打电话的记者挂断电话回到审判庭里时，他和他的那些同行听到了陪审团对这案件的裁决，那是同他们的估计大相径庭的：陪审团认为被告琼斯有罪！那么，这一认定又是根据什么呢？

侦查小帮办
★★★★★

主 述	著名律师		事 件	无罪辩护
时 间	一个月后		地 点	法庭上

人物及关系	侦查手段	证据及线索	关键点	嫌疑人	侦查方向
陪审团没有被律师的精彩辩护所误导	假设存在、现场确认、推理	①找不到约瑟夫的尸体；②精彩的辩论词；③所有的陪审员和旁听者的目光都转向那扇侧门；④法庭上秩序大乱，记者们的猜测	陪审团的裁决	律师	考虑一下是否所有人的目光都转向了那扇门

③1 是否被"调包"

珠宝店来了一个像是腰缠万贯的暴发户的人，举止粗野，态度蛮横，用命令的口气指使店员要这要那，嘴里还嘎巴嘎巴地嚼着口香糖，并不时地吹起小泡泡。店员忍气吞声地应酬着。

"哎哟，怎么搞的？"暴发户拿在手里的钻石不小心掉

到了地上。

店员慌忙拾起来一看，却是纯粹的假货。

"先生，非常抱歉，是您将钻石调包了吧？能让我搜一下您的身吗？"

直到这时，店员才强硬起来。可是翻遍了暴发户的全身，也没有发现真钻石。

"像话吗？你们以假充真，卖冒牌钻石，还在我身上找碴儿！走，上警察局评理去！"

店员虽坚信是此人玩了调包计，可又查不出证据，拿不出物证，只得忍气吞声地连连鞠躬道歉，并给了暴发户一笔精神赔偿费，这才打发他出了珠宝店。

请问，真钻石是否真被暴发户"调包"了呢？他这"魔术"是怎么变的？

侦查小帮办

主 述	店员		事 件	钻石被调包		
时 间			地 点	珠宝店		
人物及关系	侦查手段	证据及线索	关键点	嫌疑人	侦查方向	
店员被暴发户设计的鬼把戏欺骗	现场查看、物证、推理	①钻石掉到了地上之后变成了假的；②搜身找不到钻石	口香糖	暴发户	想象一下暴发户的手法	

32 制服女流氓

福尔摩斯侦探正在跟踪一项重大文物走私案。在开往墨西哥的轮船上，他装扮成一个整天捧着书本的书呆子，不说一句话，以免引起走私分子的注意，暗中却监视着走私分子和他随身携带的装有文物的旅行箱。

过了一会儿，旅客们纷纷走出船舱到餐厅吃午饭，走私分子也走了出去。为了监视那只旅行箱，福尔摩斯装成醉心于读书，不忍释卷的样子，独自一人留在船舱内。突然，一个穿着时髦的妖冶女郎闯进船舱，见舱内只有福尔摩斯一人，便笑吟吟地走上前去，猛地扯开自己的衬衫领口，压低声音说道："赶快把钱包交出来，不然的话，就喊说你要侮辱我。"福尔摩斯一惊，很快便镇定下来。心想：出示证件可以制服这个女流氓，但这

会暴露自己的身份，无法完成跟踪走私分子这一首要任务；不暴露身份，眼下如何应付？

突然，他灵机一动，略施小计，便将这个女流氓制服，使自己脱了困境。

福尔摩斯用的是什么办法呢？

33 侦探的疏忽

在一幢不大的楼前出口处，福尔摩斯侦探和警长不期而遇。"哎呀，真是少见呵。""是大侦探啊！好久不见了。您来此办事呀？""我把记事本忘在地下3楼的公用电话旁了，正要回去拿，你呢？""哎呀，我也是呀！我的通讯录忘在了3楼公用电话旁了，怎么样，大侦探，咱们来场比赛吧？"警长提议说。"比赛什么？""不乘电梯，看咱们谁先取回来到正门，谁输了谁请客。""好吧，那就来吧！"说着，两个人同时奔向楼梯。

可刚跑到地下室的楼梯口，侦探却忽然停住了脚步。"糟了，上警长的当了。"他后悔不已。你知道为什么吗？

侦查小帮办
★★★★★

主　述	福尔摩斯侦探		事　件	比速度		
时　间			地　点	楼前入口处		
人物及关系	侦查手段	证据及线索	关键点		嫌疑人	侦查方向
侦探被警长捉弄	现场确认	①地下3楼；②3楼	同样是3楼却有不同		警长	谁走的楼层多

34 姓啥

有一天，一位记者到体育馆去，对六位女运动员进行采访。当他问起这些姑娘的姓氏时，她们一个个笑而不答，却调皮地做出各种动作，要记者按此猜出她们姓什么。

一位篮球运动员指着两棵并排的树说："我姓它！"一位跳高运动员顺手把一根木尺往土堆旁边一插，说："我姓这个。"

一位射箭运动员把手上的弓使劲一拉，说道："这便是我的姓。"

一位围棋运动员捡起一些棋子放在一只瓷盆上，开口说："我的姓在此。"

一位田径运动员取来一本《作文选》，放在足球场的球门下，笑着讲："这儿藏着我的姓哩！"

最后一位武术运动员走上前拿过这本《作文选》，把手中的一把单刀和书并排放着，笑呵呵嚷道："我呀，就姓这些。"

记者想了半天才想出来。这六位运动员到底姓什么呢？

35 火灾逃命器

获得美国专利权的宾克斯火灾逃命器其实不过是在滑轮两边用绳索吊着两个大篮子。把一个篮子放下去的时候，另一个篮子就会升上来，如果在其中的一个篮子里放一件东西作为平衡物，则另一个较重的物体就可以放在另外的篮子里往下送。这项专利的发明家声称，此种装置应当安装在全世界每一个卧室的窗外。

在我们国家的一家旅馆里曾经做过试验，但由于一些狡猾的旅客用此种办法，不经过正式退房结账而带了私人物品在夜间溜之大吉，因而旅馆老板对于这种救生设备就不感兴趣了。

左图画了一架宾克斯火灾逃命器安装在一家夏季度假旅馆的窗外。假如一只篮子空着，另一只篮子里放的东西不超过30磅，则下降时可保证安全无虞。假如两只篮子里都放着重物，则它们的重量之差也不得超过30磅。

一天夜里，旅馆突然发生火灾，除了夜间值班员和他的家属之外，所有旅客全都安全脱险。当夜间值班员一家被叫醒时，除了窗外的那个宾克斯升降装置可以利用之外，其他的通路全都被火封死。已知值班员体重90磅，他老婆重210磅，一只狗重60磅，婴儿重30磅。

每只篮子都大得足以装进三个人和一只狗，但别的东西都不能放在篮子里。不论升、降，只能利用与逃命直接有关的男人、女人、狗和婴儿。假定狗和婴儿如果没有值班员或他老婆的帮助，自己不会爬进或爬出篮子。

请问用什么办法能尽快使这三个人和一只狗安全地脱离险境？

36 鳝鱼毒案

很久以前有一个农民吃了鳝鱼，之后肚子就疼起来，不一会儿就死了。邻居们怀疑是妻子故意毒死了丈夫，就把这件事告了官。警官听了邻居们的叙述以后，开始仔细地审阅这个案子。几天后，警官没有治农妇的罪，却出人意料地召来几个渔民，让他们一起捕鳝鱼。

渔民们捕来数百斤鳝鱼。警官让人把所有的鳝鱼都放到水瓮里。这些鳝鱼里有一些昂起头，从水里出来两三寸的，数了一下一共有七条，警官觉得很奇怪，于是向渔民们细细地请教，终于恍然大悟，为妇人洗清了不白之冤，于是警官当庭宣判：妇人无罪，当庭释放。

你知道关于鳝鱼有什么秘密吗？警官又是凭什么判断妇人无罪的呢？

第十章
逻辑思维

第一节　概要

　　很多侦探听了犯人的口供就知道谁是他要找的人，看了卷宗内容就能判断出谁是罪犯谁是无辜者，根据只言片语就能破译密电，难道他们是有"特异功能"吗？事实上，这些所谓的"特异功能"，很多时候是运用了逻辑思维的结果。

　　一位哲学家曾经说过：逻辑不是科学，不是艺术，而是陷阱。逻辑推理游戏，就是为了迷惑游戏参与者的思维，在判断或推理方面设置圈套，引导他们走进不利于找到答案的境地。避开逻辑陷阱，需要闪电一般的思维，需要针对逻辑陷阱的设置信息，通过逆向思维和发散思维来寻找正确的答案。这种游戏是提高逻辑推理能力的有效途径。以探案故事为题材的逻辑推理游戏，主要利用逻辑学的知识对供词、案情、人物关系进行分析、对比、判断，排除干扰、识破假相，揭示真相。请你也身临其境，尝试一下当"包公"、"福尔摩斯"的感觉吧！

第二节　如何在探案过程中应用逻辑思维

运用目击者提供的证据和案发现场所提炼出的线索

　　运用目击者提供的证据和案发现场所提炼出的线索进行因果推论，如果在这其间发生互为矛盾的现象，则矛盾出现之处必是破案的关键之处。几乎所有案件的侦破工作，都离不开缜密的逻辑推理过程。推理是刑侦人员对案件进行思索和梳理的过程，是侦破疑案的关键环节。在一定意义上，破案就

是推理。

以科学方法论的观点来看，侦查逻辑离不开"发现"和"证明"这两个基本框架。根据假说演绎法的步骤，侦查逻辑主要的范畴源于侦查思维线性程序的三分模式，即侦查推断——侦查假说——侦查推证。例如，侦查推断是指任何线索上的逻辑推理或直觉、顿悟、想象；侦查假说是涉及嫌疑人的倾向性的假定，是界定各种侦查认识状态的基准；而侦查推证是意在证实或证伪假说的推理方式，包括独立推证和言辞问证。

柯南·道尔创作的《福尔摩斯探案全集》在19世纪风靡欧美各国，于是出现了一股"侦探小说热"。从第一次世界大战结束到第二次世界大战爆发的20多年中，侦探小说进入了黄金时代。在英国、法国、美国与比利时等国家，出现了一大批侦探小说作者。在他们的书中，逻辑推理是最主要的破案手段，读者常常会为其中严密的推理过程所惊叹不已。

对于作案人动机的调查是逻辑推理的前提和重要内容，只有将可能出现的作案动机搞清楚了，才会据此找到案件的突破点，让事实浮出水面。

从事实出发，揭示过程和结局

《福尔摩斯探案全集》一开始有这样一个情节：当华生医生第一次见到福尔摩斯时，福尔摩斯一开口就说："我看得出，你到过阿富汗。"华生医生很惊异，后来他对福尔摩斯说："没问题，一定有人告诉过你。"福尔摩斯解释说："没有那回事。我当时一看就知道你从阿富汗来。由于长久的习惯，一系列的思索飞也似的掠过我的脑际。因此，在我得出结论时竟未觉察得出结论所经历的步骤，但是这中间是有一定步骤的。在这件事上我的推理过程是这样的：'这一位先生具有医务工作者的风度，但却是一副军人气

概，那么显见他是个军医。他是刚从热带回来，因为他脸色黝黑。但是，从他手腕的皮肤黑白分明看来这并不是他原来的肤色。他面容憔悴，这就清楚地说明他是久病初愈而又历尽了艰苦的人。他左臂受过伤，现在动作起来还有些僵硬不便。试问，一个英国的军医在热带地方历尽艰苦，并且臂部负过伤，这能在什么地方呢？自然只有在阿富汗了。'这一连串的思想不到一秒钟，因此，我便脱口说出你是从阿富汗来的，你当时还感到惊奇哩！"

在我们常人看来，这样的思考过程是一瞬间形成的，而对于福尔摩斯之类的大侦探来说更是如此。但其中一连串的推理却是存在的，如：凡具有军人气概的都是军人，他具有军人的气概，所以，他是军人。凡动作僵硬不便就是受过伤，他的左臂动作起来僵硬不便，所以，他的左臂受过伤。当然，其中还有其他一些推理形式。以上两个推理都有内容和形式之分。第一个推理可看作关于心理、气质的，第二个是关于生理的，就是说它们的内容不同。但如果撇开具体的内容，它们却具有相同的形式（或结构），用符号表示就是：所有M是P，所有S是M，所以，所有S是P。

从逻辑上说，上面的推理形式是符合规则的。推理中具体判断（如"凡具有军人气概的都是军人"、"他是军人"等都是判断）的真假要由具体科学和实践检验，是具体科学研究的内容，而其中的推理形式（判断之间联系的结构方式）才是逻辑研究的对象。推理由判断组成，而判断又由概念构成（如"军人气概"、"军人"等都是概念），因此，除推理之外，逻辑还研究如何恰当地下判断，如何正确地使用概念。概念、判断、推理是思维（即人的思想活动）的三种基本形式。因此，逻辑会告诉你什么样的思维是正确的，什么样的思维是错误的，指导你如何想，如何说，如何驳斥诡辩。推理影片、小说备受欢迎也正说明其中的推理过程、推理方式是人类共有的。

第三节　经典案例展现

① 鸡蛋上的密码

第一次世界大战中，一名德国农妇在跨越德法边界时，受到法军士兵盘查。士兵搜遍她的全身，也没发现可疑之物，然后又翻她手提的篮子，篮子里只有一些熟鸡蛋，她说是准备送给亲友的。士兵随手拿了一个放在手上玩，农妇见状十分惊慌。士兵要买这些鸡蛋，农妇坚决不肯。于是引起了士兵的怀疑，他们小心地打开一个鸡蛋，剥皮一看，发现了写在蛋白上的密码和字迹。原来上面是英军的布防图，上面还有各军的番号。

哨兵很纳闷儿，鸡蛋好好的，蛋白上的字是怎么写上的呢？请你想一想，用什么方法可以隔着蛋皮，在蛋白上写出字呢？

侦查小帮办
★★★★

主　述	哨兵		事　件	抓获间谍	
时　间	第一次世界大战		地　点	德法边境	
人物及关系	侦查手段	证据及线索	关键点	嫌疑人	侦查方向
哨兵和农妇	实物检验	①农妇护着鸡蛋；②蛋白上有字迹和图案	蛋壳完好无损	农妇	先了解蛋壳的特性；再用化学知识来推理

② 神秘的马丁案件

1943年4月末，在西班牙韦尔瓦附近的海面上，一架英国飞机突然失控，一头坠毁在海里，掀起数丈水柱。不久，那里的西班牙渔民发现海面上漂着一具男尸，躯体已腐烂，面目难辨，但从死者穿的军服，可以看出他是英国皇家海军陆战队的少校军官。另外在附近还发现了一艘撞坏了的橡皮救生艇。当时，西班牙跟英国是敌国，同德国是盟国。英国军官的尸体，很快就被秘密地运到西班牙首都马德里，落在西班牙总参谋部的手中。西班牙总参谋部从死者贴身的黑色公文包中获知，死者名字叫马丁。衣袋中有4月22日伦敦的戏票存根，证明马丁少校不久前还在伦敦看过戏。在公文包中，发现了极为重要的文件。西班牙总参谋部把文件拍成照片，转送给西班牙的德国领事，德国人如获至宝，火速密报德军最高统帅部。希特勒看了密件，改变了战略：本来，德军以为英美盟军会选择地中海的西西里岛作为进攻目标，在那里部署了许多兵力。看了马丁少校携带的密件，德军最高统帅部把部队悄悄从西西里岛调往希腊。然而，在1943年7月9日，英美盟军大举攻进西西里岛，希特勒竟无动于衷，还认为他们在佯攻！结果，西西里岛拱手相让给了英美盟军。

　　"马丁少校案件"成了一个谜。直到第二次世界大战结束以后好多年，英国海军谍报部的伊凡·蒙塔古少校，才披露了事情的真相。原来，"马丁少校案件"是英国谍报部队设下的圈套。"导演"者是蒙塔古少校。当时，英美盟军准备进攻西西里岛。希特勒识破了英美盟军的意图，所以在西西里岛设下了重重防线。制造"马丁少校案件"的目的，是调虎离山。其实，那马丁少校的尸体是冒牌货。蒙塔古精心地请人选择了一具患肺炎死去的青年的尸体，给他穿上少校军服，放上公文袋。至于公文袋里，则放了英国总参谋部副总参谋长写给地中海联合舰队亚历山大上将的一封信，信中谈到西西里岛不是盟军的进攻目标……至于死者衣袋中的伦敦戏票存根，纯粹是为了增强这出"戏"的真实感，说明马丁少校是从伦敦坐飞机飞往地中海，不幸半途遇难……实际上，那具尸体是用潜水艇运到那里的。就这样，"马丁少校案件"使老奸巨猾的希特勒上当了，而且至死没能知晓其中的内幕。

　　在这场谍战中，英国海军谍报部为什么选用肺炎死者的尸体呢？

侦查小帮办

主　述	英国海军谍报部		事　件	马丁少校的计划
时　间	"二战"		地　点	西班牙海岸

人物及关系	侦查手段	证据及线索	关键点	嫌疑人	侦查方向
英国人用马丁少校的尸体骗过了德国的最高统帅部	调查取证、物证、推理	①飞机失控；②坏了的橡皮救生艇；③漂着的男尸；④肺炎患者的特征	马丁似乎是坠机后淹死在海里的		从医学的角度来推理为何选择肺炎死者

③ 谁是抢劫犯

一天深夜，伦敦的一幢公寓连续发生3起刑事案件。一起是谋杀案，住在4楼的一名下院议员被人用手枪打死；一起是盗窃案，住在2楼的一名名画收藏家珍藏的6幅16世纪的油画被盗了；一起是抢劫案，住在底楼的一名漂亮的芭蕾舞演员的珠宝被暴徒抢劫。

报警之后，苏格兰场(即伦敦警察总部)立即派出大批刑警赶到作案现场。根据罪犯在现场留下的指纹、足迹和搏斗的痕迹，警方断定这3起案件是由3名罪犯分头单独作案的(后来证实这一判断是正确的)。

经过几个月的侦查，终于搜集到大量的确凿证据，逮捕了A、B、C3名罪犯。在审讯中，3名罪犯的口供如下：

A供称：

1. C是杀人犯，他杀掉下院议员纯粹是为了报过去的私仇。

2. 我既然被捕了，我当然要编造口供，所以我并不是一个十分老实的人。

3. B是抢劫犯，因为B对漂亮女人的珠宝有占有欲。

B供称：

1. A是著名的大盗，我坚信那天晚上盗窃油画的就是他。

2. A从来不说真话。

3. C是抢劫犯。

C供称：

1. 盗窃案不是B所为。

2. A是杀人犯。

3. 总之我交代，那天晚上，我确实在这个公寓里作过案。

3名罪犯中，有一个的供词全部是真话，有一个最不老实，他说的全部是假话，另一个人的供词中，既有真话也有假话。

A、B、C分别作了哪一个案子，看完口供后刑警亨利已经做出了判断。

④ 塑料大棚起火案

植物学博士在自家院子里盖起塑料大棚栽培稀有花草。可是在一个晴朗的冬日中午，大棚发生火灾所有花草付之一炬。是大棚中的枯草沾了火引燃的。然而奇怪

的是，塑料大棚里没有一点儿火源，也没有放火的迹象。大棚外面的地面因昨晚下过一场雨湿漉漉的，所以如果有人来此纵火，照理会留下足迹的。可周围没发现任何足迹。博士找不出起火原因，便请福尔摩斯侦探出马查个究竟。福尔摩斯侦探立即赶来，详细勘查了现场。

"博士，昨晚的雨量有多大？""我院子里雨量表上显示的是约27毫米，可今天从一大早起就晴空万里没有一丝云彩呀。""阳光直射塑料大棚，里面会产生多高的温度？""冬季是十七八度，可这个温度是不会自然起火的。""没有取暖设施吗？""是的，没有。""棚顶也是用透明塑料苦的吧。""是的。""果然如此……那么，起火原因也就清楚了。"福尔摩斯侦探马上找到了起火的原因。

那么，到底是怎么起的火呢？

侦查小帮办

主 述	福尔摩斯侦探		事 件	大棚起火
时 间	冬日的中午		地 点	自己院子的塑料大棚

人物及关系	侦查手段	证据及线索	关键点	嫌疑人	侦查方向
福尔摩斯侦探为植物学博士破解了大棚起火的原因	现场查看、物证、推理	①大棚中的枯草引燃的；②昨晚下过雨；③没有火源和取暖设施；④棚顶是透明塑料苦的	下雨、晴空万里		用生活常识和物理知识推理此案

⑤ 开保险柜的工程师

严冬的一天，工程师应福尔摩斯侦探之邀来到侦探事务所。一进屋，见屋子中间摆着三个完全一样的保险柜。

"工程师，请你在10分钟之内，不用工具把一个保险柜打开，这是一个保险柜生产厂家准备在今春上市的新产品，并计划推出这样的广告宣传词'连工程师也望尘莫及'。为慎重起见，保险柜生产厂家特地委托我请你给试验一下。"侦探说道。

"还没我打不开的保险柜呢，可如果10分钟内打开了怎么办？"工程师问道。

"可以得到厂家一笔可观的酬金。还是快干吧，我用这个沙漏给你计时。"侦探把一个10分钟用的沙漏倒放在保险柜上面。工程师也跟着开始动作。

前两个保险柜，工程师都在规定时间打开了。沙漏上边玻璃瓶中的沙子还有好多呢。

"实话告诉你吧，酬金就在第三个保险柜里面。"侦探说。

"那好，请你把炉火再调旺些，这么冷，手都冻木了，手感太迟钝。"工程师说。

侦探赶紧将煤油炉的火苗往大调了调，并将炉子挪至保险柜前。工程师将手放在炉火上，烤了烤指尖。

然而，这次沙漏中的沙子都流到了下面，10分钟已过，但保险柜还未打开。

"工程师，怎么搞的？10分钟已经过了呀。"

"怪了，怎么会打不开呢，可……"工程师瞥了一眼煤油炉旁的沙漏。工程师有些焦急，额头沁出了汗珠，可依然聚精会神地开锁。大约过了一分钟，他终于把保险柜打开了。柜中放着一个装有酬金的信封。

"这就怪了，与前两次都是一样的干法，这次怎么会慢了呢？"他歪着头，感到纳闷儿。忽然，他注意到了什么，"我差一点儿被你蒙骗了，我就是在规定时间内打开的保险柜，酬金该归我了！"

"哈哈哈，还真骗不了你。"侦探将酬金交给了工程师。

那么，他是用什么手段做的手脚呢？

侦查小帮办

★★★★★

主 述		工程师		事 件		开保险柜
时 间		10分钟内		地 点		侦探事务所

人物及关系	侦查手段	证据及线索	关键点	嫌疑人	侦查方向
侦探考验工程师	现场检验	①完全一样的保险柜；②都在规定时间内完成。	靠近火苗的玻璃沙漏	侦探	物理知识和生活小常识推理

6 犯人的高矮胖瘦

监狱里新来了8个犯人，分别是巴里、卡尔文、约翰、玛丽、保罗、山姆、伊恩、阿里。已知：

1. 巴里比卡尔文矮；

2. 约翰比玛丽重；

3. 保罗比山姆轻；

4. 山姆比伊恩高；

5. 阿里比玛丽高。

[问题]

（1）如果伊恩比阿里高，那么

(A)山姆比玛丽矮；(B)山姆比玛丽高；(C)山姆比保罗矮；(D)山姆比保罗高；(E)约翰比山姆高。

（2）如果玛丽和山姆一样重，那么下列哪一组判断是错误的？

(A)约翰130磅，玛丽125磅；(B)山姆130磅，阿里120磅；(C)保罗130磅，约翰125磅；(D)卡尔文130磅，巴里130磅；(E)伊恩130磅，巴里130磅。

（3）下列哪一种条件可以保证巴里与山姆同样高？

(A)玛丽和卡尔文一样高；(B)伊恩和阿里一样高，玛丽和卡尔文一样高；(C)伊恩、阿里、卡尔文和玛丽几乎一样高；(D)玛丽身高1.5米，卡尔文身高1.5米，伊恩身高也是1.5米；(E)以上没有一条是对的。

（4）下列哪一条推论是对的？

(A)玛丽至少不比其中三人矮或轻；(B)山姆至少比其中一人高和重；(C)如果再加入一个人——哈里，他比阿里高，比巴里矮，那么卡尔文比玛丽高；(D)如果附加人员佐伊比伊恩高，那么她也比山姆高；(E)以上均为错。

7 糊涂的偷钱人

星期六的上午，个体户徐民刚从银行取出1万元现金，就被盗贼偷去了。报案后，警方积极破案。晚上8时许，警方拘捕了两名疑犯，从他们两人的身上各搜出1万元现款，和徐民丢失的钞票数目刚好相同，但是其中有一人肯定与徐民失窃案无关。

在询问疑犯时，那个年轻人辩解说这1万元是他叔父给他做生意用的，而另一个牙齿已快掉光的老头则说，他那1万元是下午3时刚从银行里取出的。

负责此案的警长很是为难，找来福尔摩斯帮忙分析案情。福尔摩斯笑着说道："我已经知道你们谁是偷钱人了。"

聪明的读者，你猜出来了吗？

侦查小帮办
★★★★★

主　述	警长		事　件	辨认小偷
时　间	星期六上午		地　点	

人物及关系	侦查手段	证据及线索	关键点	嫌疑人	侦查方向
福尔摩斯识破疑犯的谎言	询问	下午3点从银行取得	取钱的时间	老头	当地银行星期六下午不工作

8 镜子店里的劫案

刘刚在镜子店买镜子时遇见抢劫案。拿刀的劫匪正抢劫店外一位要进入店内的贵妇人。刑警赶到时，劫匪早已逃逸无踪。镜子店老板说："我正跟顾客谈话，听到尖叫声，猛一抬头，从店里左边这面墙上的镜子，瞥见劫匪左手拿着刀，竟然是个左撇子。"

"不，"刘刚说，"根据常识，从镜子里看到的东西都是相反的，所以劫匪应是用右手才对。你看玻璃门上'欢迎光临'四个大字,从这面镜子里看,不也是反字吗?"

刑警仔细观察了现场:店里除了门面以及右面墙外,其他两面墙都挂满大大小小的镜子,从外面看,玻璃门上漆写着"欢迎光临"四个大字,而门是朝右开的。他瞧着在墙中的字体,立刻明白了劫匪到底是用哪一只手作案的。你明白了吗?

侦查小帮办

★★★★★

主 述		刑警	事 件		哪只手作案
时 间			地 点		镜子店门外

人物及关系	侦查手段	证据及线索	关键点	嫌疑人	侦查方向
刘刚和镜子店老板向刑警叙述案情经过	现场查看、物证、情景再现	①店老板说是左撇子;②镜子里看到的字体都是反的;③其他两面墙挂满镜子	其他两面墙挂满大大小小的镜子		从镜子的特点来推理此案

⑨ 审讯嫌疑犯

5月12日,N市的一家银行被盗了。警察抓到了四名嫌疑犯,对他们进行了审讯。

每个人都只讲了四句话,并且都有一句是假话。现照笔录记述如下:

甲:"我从来就没有到过N市。我没有犯盗窃罪。我对犯罪过程一无所知。5月12日我和瑞利一起在P市度过的。"

乙:"我是清白无辜的。我在5月12日那天与瑞利闹翻了。我从来也没有见过甲。甲是无罪的。"

丙:"乙是罪犯。瑞利和甲从来也没有到过P市。我是清白的。是甲帮助乙盗窃了银行。"

丁:"我没有盗窃银行。5月12日我和甲在P市。我以前从未见过丙。丙说甲帮助乙干的是谎言!"

请你概括分析一下四名嫌疑犯的上述供词,指出谁是盗窃犯。

10 假证词

约翰、保罗和洛克三个人是纽约的一家颇负盛名的珠宝公司的合股人，他们一同飞往佛罗里达州，在约翰的别墅度假。

一天下午，约翰带着保罗——一位不谙水性的钓鱼爱好者，乘坐游艇出海钓鱼，而洛克这位鸟类爱好者则情愿留在别墅。约翰是载着保罗的尸体回来的。他说保罗在船舷探出身子钓鱼，因风浪大船颠簸，失去重心而落水，待他赶快捞起时，保罗已经淹死了。而洛克则说，他坐在别墅后院乘凉，发现一只稀有的橘红色小鸟飞过，他便兴致勃勃地追踪小鸟来到前院，用望远镜观察那只鸟在高大的棕榈树上筑巢，说来凑巧，他的望远镜无意中对准了海面，只见约翰与保罗在游艇上扭打成一团，约翰猛地把保罗的头按入水中。

验尸报告证明保罗的确死于溺水。但在法庭上，约翰的辩解与洛克的证词互相矛盾。法官去拜访名探福尔摩斯，请他帮助解开疑团。福尔摩斯说："洛克的证词是假的。"你知道为什么吗？

侦查小帮办
★★★★★

主 述	名探福尔摩斯		事 件	真假供词	
时 间			地 点	约翰的别墅附近	
人物及关系	侦查手段	证据及线索	关键点	嫌疑人	侦查方向
洛克与约翰对保罗的死因各有说辞	调查取证、询问、实地验证	①鸟在棕榈树上筑巢；②鸟类爱好者	筑巢	洛克	了解一下棕榈树的特征

⑪ 三人专案小组

三个女警员海伦、珍妮和苏，四个男警员艾略特、乔治、伦纳德和罗伯特有资格被选入三人专案小组，除了他们之外，没有合格人选。

1.这些人中只有珍妮与乔治有亲戚关系；

2.有亲戚关系的人不能同时选入专案小组；

3.罗伯特不能与任何妇女共事。

[问题]

（1）如果珍妮被选入专案小组，那么其余两人应从几人中挑选？

(A) 2；(B) 3；(C) 4；(D) 5；(E) 6。

（2）如果海伦和苏被选入专案小组，那么下列哪一组名单是有资格当选专案小组另一个成员的完整准确的名单？

(A) 珍妮；(B) 珍妮，艾略特，伦纳德；(C) 艾略特，乔治，伦纳德；(D) 珍妮，乔治，艾略特，伦纳德；(E) 珍妮，乔治，艾略特，伦纳德，罗伯特。

（3）如果艾略特和伦纳德拒绝参加专案小组的工作，那么专案小组的组合有几种可能？

(A) 1；(B) 2；(C) 3；(D) 4；(E) 5。

（4）如果再附另一个条件：专案小组成员不能全部由同性人员组成；如果乔治被选入专案小组，那么有可能当选另两位成员的候选人的总人数是多少？

(A) 1；(B) 2；(C) 3；(D) 4；(E) 5。

（5）如果再附加一个条件：专案小组成员不能全部由同性人员组成，那专案小组的组合有几种可能？

(A) 6；(B) 2；(C) 3；(D) 12；(E) 14。

⑫ 小偷的诡计

一天，福尔摩斯在一所住宅的后门看见一个可疑男子。

"你等会儿再走。" 福尔摩斯见那人形迹可疑，便喊了一声。

那人听到喊声，愣了一下，便停下了脚步。

"你是不是趁这家家里没人，想偷东西？"

"您这是哪儿的话，我就是这家的啊。"那个人答道。

正说着，一条毛乎乎的卷毛狗从后门里跑了出来，站在那个人身旁。

"您瞧，这是我们家的看家狗。这下您知道我不是可疑的人了吧？"他一边摸着狗的脑袋一边说。

那条狗还充满敌意地冲着福尔摩斯"汪、汪"直叫。

"嘿！梅丽，别叫了！"

听他一喊，狗立刻就不叫了，马上快步跑到电线杆旁边，翘起后腿撒起尿来。

福尔摩斯感到仿佛受了愚弄，拔腿向前走去。可他刚走几步，脑海中又浮现出刚才的一幕，好像突然想起了什么，又急转回身不由分说地将那个男子制服了，嘴里还嘟囔着，"闹了半天，你还是个贼啊。"

那么，福尔摩斯到底是根据什么识破了小偷的诡计呢？

侦查小帮办
★★★★

主 述	福尔摩斯		事 件	冒充主人	
时 间			地 点	住宅的后门外	

人物及关系	侦查手段	证据及线索	关键点	嫌疑人	侦查方向
福尔摩斯发现了可疑男子冒充住宅主人的伎俩	现场查看、询问、推理	①毛乎乎的卷毛狗；②翘起后腿撒尿；③形迹可疑	梅丽	男子	狗的名字有什么不对的吗

13 三个珠宝箱

"请收我当您的徒弟吧！我十分想拜您门下当徒弟。"某日，一个青年来到黑老大的住处诚恳地请求说。

"要想当我的助手，必须经过考试才行。那么，先出个题考考你吧！"黑老大说着拿出3个完全一样的珠宝箱，放到桌子上，箱盖上分别别着签，上面写着钻石、红宝石、蛋白石。

"可是，箱子里装的东西与外面的标签内容完全不同。现在不知道哪个箱子里装的是钻石，哪个里面是红宝石和蛋白石，要想使箱外的标签与箱内的东西一致，你至少要打开其中的几个箱子才能搞清楚？"

"怎么样，够难的吧？你如果能通过，我就答应你做我的徒弟。"

你知道至少要打开其中的几个箱子吗？

14 糊涂间谍

A国的间谍006叛逃后被B国的间谍机关保护起来，将他藏在某高山滑雪场附近的山庄里。A国间谍部门在得到可靠情报后，派杀手008去除掉他。008在嘴上贴了假胡子，混在大批来滑雪的国外游客中，一面滑雪，一面观察地形，考虑暗杀方案。他在晴朗的天气下滑了两整天雪，到了第三天晚上，他终于溜进山庄。不过他被B国保安人员看到，B国反间谍机关根据目击者的描述，给他画了像，在各个关口都布置人员捉拿他。

008早有准备，他撕下贴了几天的大胡子，相信B国警方一定认不出他来。但结果他在第一个关口就被人一眼认出而遭拘捕，毛病还恰恰出在胡子上，你知道是什么原因吗？

15 劫匪的圈套

　　惯犯库克和比尔劫了一辆运钞车。就在两人庆幸得手的时候，身后响起了一阵警笛声，得到指示的警车追了上来。摩托车没油了，两人只得弃车逃入农田。路过一座农舍的时候，库克发现农舍的主人大概种田去了，里面空无一人，农舍外有口很深的古井，便立刻想到了一个办法。他对比尔说："我们如果一直这样跑，终归是要被抓住的，不如躲到农舍里去。我假装是农舍的主人，一会儿警察来的时候，你就用防水袋套住钱，含上根吸管，躲到水里去。要是我不幸被抓住，钱就全部归你。"比尔有点犹豫："这样行不行呢？警察恐怕没有那么好愚弄吧，再说井水那么深……"库克打断了他的话："蠢货，难道你想被抓住吗？井水深怕什么，我会给你一根很长的管子的。"听到远处隐约响起来的警笛声，比尔只好同意了。

　　库克把一根长5米、口径不足2厘米的管子交给比尔，帮他捆扎好钱放入井里，自己却没有像他说的那样装扮成农舍的主人，而是到田地里躲藏起来。半小时后，警察开始搜查这座村庄。虽然库克隐蔽得非常好，可是警犬还是凭借灵敏的嗅觉迅速找到了他。

　　当警察把比尔打捞上来的时候，却发现他早就溺死了。警官询问了比尔躲到井下的前后经过，对库克说道："现在，你除了抢劫，又害了另一个人！"

　　警察为什么说是库克杀害比尔呢？

侦查小帮办
★★★★

主　述	警察		事　件	杀害同伙
时　间	逃跑路上		地　点	深井里

人物及关系	侦查手段	证据及线索	关键点	嫌疑人	侦查方向
警察识破库克的杀人伎俩	现场查看、推理	①管子的长度和直径；②人的肺活量	管子	库克	从人的生理结构和肺活量分析此案

16 朱腊波提的智言

这是1300多年前的故事。傣族勐巴拉纳西有个猎人，有一套丰富的狩猎经验。但是，他在大森林里打猎，碰到这样的情景：在林间草地上，往往会有几头马鹿和麂子神态惊慌地围着大象兜圈子。并且总是发现，在附近的森林里一些虎豹熊狼烦躁地走来走去的，想进草地又不敢进去。碰到这种情况，猎人往往会有很大的收获。这种现象，究竟是什么原因呢？这个猎人去问聪明的朱腊波提。

朱腊波提暂不急于解释，而是把厩里刚生下不久的小马驹拉到田坎上，那儿有几条老水牛在吃草，然后又放出猎狗，猎狗按照主人的命令大叫着去追小马，开始小马被吓惊了，乱跑了一阵。狗越追越近。突然，小马向正在低头吃草的老水牛身边跑去，紧紧挨着水牛，再也不离开了。这时，那猎狗不敢再追，站在远处打转转，想冲过去追小马又不敢挨近。看到这个情景，猎人找到了问题的答案，并且夸奖朱腊波提的博学多才。你知道问题的答案吗？

17 谁的伪钞

凌晨1时45分，旅馆夜班服务员杰姆在核对抽屉里的现金时发现一张面额为100马克的钞票是伪钞……半小时后，警长霍尔赶到了这家旅馆。

"你是否记得是谁把这张100马克给你的？哪怕一点印象也好。"警长问。"我没留心。"杰姆似乎在回忆什么，随即用不容置疑的语调说，"我值班时，只有3个旅客付过钱，他们都没有离开旅馆。"警长眼睛一亮，竖起双耳："不开玩笑？""决不会错！我今晚收到731马克现金，其中14马克是卖晚报、明信片

等物品收进的，其余的现金都收自3位旅客。考纳先生给我一张100马克和24马克的零票；鲍克斯先生给我两张100马克加19马克零票；斯特劳斯先生给我三张100马克以及74马克零票。"

警长的手指在桌面上轻轻弹着，若有所思。"你能肯定他们都是付给你100马克票面的钞票？"他问。

杰姆肯定地答道："请放心，凡涉及钱，我的记忆特别好。""那好吧，我想我已找到了我要找的人。"警长霍尔说。

你知道谁是使用伪钞的吗？

18 失算的惯偷

有个惯偷，这天到地铁里来行窃。他贼眉鼠眼地观察四周，在乘客中挤来挤去，终于找准一个目标。他先将一个肩挎皮包、身穿迷你裙小姐的钱包偷到手，接着又把手伸进一个男士的口袋，最后将一个穿休闲服的妇女的钱包掏了出来。

他知道作案的时间不宜过长。车到站，他就赶紧下车溜了。来到一个僻静处，他从衣袋里掏出偷来的钱包查看，发现收获不大。"都是些穷光蛋！"他不满地嘟囔了一句。可是此时，他突然发现和三个偷来的钱包放在同一衣袋里的自己的钱包不见了。不仅如此，他还从口袋里发现一张字条，上面写着："在偷别人东西之前，最好先看好自己的东西！"

在被偷的三个人中，是谁偷走了惯偷的钱包？

19 百万名钻遭窃

亿万富豪曾友浅的百万名钻被偷了。窃贼确定是同一前来参加跨年派对的守样、桑巴、先仪、倩玛、芳同5人当中的一个。他们在接受警方盘问的时候，都各说了3句话：

守样：

1. 我没有偷钻戒。

2. 我从小到大没偷过任何东西。

3. 是倩玛偷的。

桑巴：

4. 我没有偷钻戒。

5. 我家里很有钱，而且我自己有很多钻戒。

6. 倩玛知道是谁偷的。

先仪：

7. 我没有偷钻戒。

8. 我在还没有出社会前并不认识芳同。

9. 是倩玛偷的。

倩玛：

10. 我没有偷钻石。

11. 是芳同偷的。

12. 守样说是我偷的。他说谎。

芳同：

13. 我没有偷钻戒。

14. 是桑巴偷的。

15. 先仪可以为我担保，因为我和他从小在一起。

警方经过仔细分析后，发现每个人所说的话中只有两句是真的，另外一句是假的。

请问，到底是哪个人偷了曾友浅的百万名钻？

20 奇怪的拨号

某日夜，犯人从监狱逃跑了，警方马上就设置了警戒线进行封锁，使他无路可逃，被迫闯进盲人按摩师的家。逃犯将盲人捆绑后又将其嘴堵上，然后马上拨打电话。

电话马上接通了，在天还没有亮时，同伙赶来将其接走，逃犯顺利突破警戒线越狱成功。

到了早晨，按摩师终于挣脱了捆住手脚的绳索，向110报了警。刑警马上乘警车赶到，向其了解情况。

"听说盲人听觉很敏感，只要听拨号声音，就能辨别出电话号码，您听出逃犯拨的电话号码了吗？"

"无论听觉怎么好，也是无法辨别数字的。"

那个逃犯拨了八个号后，按了一下上面的键，然后又拨一个号。上面的键就是指放听筒处的两个突起物。

"可一按上面的键，电话不是挂断了吗？……"刑警感到不可思议。不久经过侦查，找到两个有可能是同伙的人，两个人的电话号码分别是：074—43—9819和003—353—9125。这种拨号电话机的数字"一"不拨也可以打拨号自动电话，号码是"一"时，不拨数字盘上的1，只要按一下上面的键，也可以代替1。那么，逃犯拨的号码是哪个呢？

21 奥肖内西的家产

沉浸在即将老年得子的欢乐里，奥肖内西宣称，要把他家产的三分之二给他的"儿子"，三分之一给孩子的母亲；但如果生下来的是女儿，那么，母亲得三分之二，而女儿只能得三分之一。事态的发展出人意料，生下来的孩子竟是一男一女的双胞胎，为此必须给男孩、女孩及其母亲都分家产。此时此刻，奥肖内西手足无措，不知怎样才能实践他以前做出的承诺。你能否助他一臂之力？

侦查小帮办

主 述	奥肖内西		事 件		如何分家产
时 间	妻子生产后		地 点		

人物及关系	侦查手段	证据及线索	关键点	嫌疑人	侦查方向
妻子、女儿、儿子分家产	数学推理	①儿子财产是母亲的2倍；②母亲又是女儿的2倍	母子三人的分配比例		各占几分之几，提示女儿占七分之一

22 偷越边境

A、B两国正在闹边界纠纷。A国的间谍企图偷越边界进入B国，因为对方戒备森严，未能成功。于是想挖掘地道偷越边界。不过，这个方案似乎行不通，因为挖出的浮土一增加，就一定会被敌人的侦察机发现。那么，先盖一所小房子，把浮土藏在里面行不行呢？似乎也不行，浮土一增加，就需要把它运到小房子外面去，同样会露出破绽。有没有较好的越境办法呢？

23 发脾气的事故

李伯伯是一个性格孤僻的人，不喜欢与人接触，所以他选了一处人烟稀少的地方做管理员。他从不离开他的工作地点，而日常用品都有送货员每隔两星期直接送去。

初春的一个晚上，李伯伯脾气非常暴躁，将室内的杂物乱扔，还将所有灯打烂了。翌日，有人发觉李伯伯这次的失常行为竟然导致了多人伤亡的事故。你猜猜李伯伯是怎样在无人的地方伤害到其他人的？

24 寻找陶罐

在一年一度的理工学院对加州大学足球赛开赛前3天，加州大学足球队的吉祥物——一只古老的印第安陶罐突然不翼而飞。距离开赛仅3个小时，加州大学足球队教练接到一个匿名电话，告知他那个陶罐现埋在理工学院足球队狂热的球迷、百万富翁莱顿家的花园里。莱顿为人傲慢，是个出名的恶作剧者。

这样，6位加州大学的学生就来请名探摩斯帮忙，因为摩斯与莱顿是好朋友。摩斯满口答应。于是他们7人举着铁锹来到莱顿的花园。

"当然，那个陶罐是埋在这儿。"莱顿指着一大片草坪说道。加州大学的小伙子顺着莱顿手指的方向望去，这是一片刚刚开垦出来的足有半英亩大的草坪，已平整好，刚刚播过草籽，草坪三面接墙，第四面以一条石砌小径为界；草坪正中有一个为鸟儿洗浴而备的小池；一棵枫树与两棵橄榄树各居一个围墙角，遥遥相对。

"从现在至开赛还有6个小时，"莱顿说，"陶罐就埋在这半英亩草坪中唯一最恰当的地方。找到了，就请拿回；若到时仍未找到，我自然会将它取出来奉还，但你们得支付为草坪重新播种的钱。"6位小伙子见状都打算放弃寻找，但摩斯告诉他们应在哪儿挖，不出半小时他们就找回了吉祥物。

他们在哪里挖到了陶罐呢？

25 郁金香的秘密

许妍小姐在外出旅行时常将珠宝藏到自家窗外边的花盆底下，因为她认为放到保险柜里反而容易引起注意。可是，春天的夜里，在她外出旅游时，窃贼悄悄溜了进来。他站在院子里借着手电筒的光，隔着窗玻璃打探着黑乎乎的卧室。

"哎，那盆郁金香可真怪，一定是盆假花。该不会是盆里藏着什么宝贝吧。"窃贼看到一盆郁金香花瓣合在一起，而另一盆却开着花。窃贼比较了一下，认定出一盆是假花，便潜入室内不客气地将花盆里面的珠宝全部盗走。

窃贼怎么知道假花盆下有珠宝？

26 白纸遗嘱

作曲家简和音乐家库尔是一对盲友。简病危时曾请库尔来做公证人立下一份遗嘱,把简一生积蓄里的一半财产捐给残疾人福利机构。随即让他的妻子拿来笔和纸,以及个人签章。他在床头摸索着写好遗嘱,装进信封里亲手密封好,郑重地交给库尔。库尔接过遗嘱,立即专程送到银行保险箱里保存起来。一星期后,简死于癌症。在简的葬礼上,库尔拿出这份遗嘱交给残疾人福利机构的代表手中。但当代表从信封中拿出遗嘱时,发现里面竟然是一张白纸。

库尔根本无法相信,简亲手密封、自己亲手接过并且由银行保管的遗嘱会变成一张白纸!这时来参加葬礼的尼克警长却坚持认定遗嘱有效。众人都疑惑不解地看着尼克警长期待着他的解释。你认为警长会怎么解释?

27 接头

一天,警方收到报告,黑老大正潜伏在码头附近,他是来与"东方神秘"号船上某个人接头的,似乎准备商量一笔"大买卖"。于是警长命令加强对"东方神秘"号上所有人员和码头周围人员的监视。

经过数天观察,警方得到如下线索:这条船上有1名船主、5名水手和1名厨师。每天上午10点,厨师会上街采购。他总是沿着相同的路线:先去一家面包店,然后去一家调味品批发商店,再去一家肉店、一家乳品店、一家中餐馆,最后去报摊买当天报纸。在每个地方,他都会作短暂停留。5名欧洲水手上午在船上工作,下午上街游玩,傍晚喝得醉醺醺的,嘴里胡乱哼着小调回船,天天如此。

警方经过仔细的分析，决定跟踪厨师，果然发现他每天都在同一家商店与黑老大接头。请问，他们是在哪家商店接的头？警方是如何判断出来的呢？

28 老鼠侦探

"砰！砰！"英国S市电气公司总经理办公室里传出了两声沉闷的枪响，负责警卫工作的两名雇员立即赶往总经理办公室查看，只见总经理罗伯逊的头部和左胸各中一弹，已经气绝。两名雇员探头朝窗外一看，发现一个陌生的中年男子正匆匆由公司的大门往外奔去，看他那惊慌的步履，使人不能不怀疑他就是作案的凶手。两名雇员来不及报警，就急忙下楼追赶。追到人山人海的火车站时，目标突然消失了。两名雇员只得一面向警察局报案，一面守候在进出口。不一会儿，两名警员驱车赶到火车站，雇员立刻向他们大致描述了凶手的衣着和高矮。警员便分头挤进了人群。

"先生，请跟我们走一趟！"两名警员冷笑着拦住人群中的一个衣着讲究的中年人。经过搜查，警员从这个人的口袋里查出了一支小型手枪，里面少了两颗子弹；对照死者身上留着的子弹，正与这支手枪里的一模一样。一审讯，这个中年人正是凶手。据罪犯交代，他是被另一个公司雇用来行凶的。

警员们迅速侦破了此案，使电气公司的两名雇员大为惊奇。警员们说："迅速侦破此案，应该归功于我们的实习'侦探'——一只老鼠！这是前不久，科学家训练出来的'侦探'。老鼠的嗅黏膜上分布着密集的嗅神经末梢和丰富的血管，所以它的嗅觉异常灵敏，科学家由此想到利用它们来当'侦探'。""你们是怎么训练它们的？"警察讲述了训练过程，众人听了，无不惊讶不已。

你知道这些老鼠侦探是怎么训练出来的吗？

29 不敲自鸣的磬

从前，有一个和尚，他的房间里收着一个磬。这个磬有时半夜三更或大白天突然发出响声。和尚以为是鬼在捉弄他，十分惊慌，终于得了病。

一天，和尚的朋友来看望他，就在探望时，传来了寺院里敲钟的洪亮响声，这时，和尚房里的磬也跟着响了起来。和尚吓得面色惨白，浑身哆嗦。这位朋友一下就明白了，他找来一把锉，把磬上锉缺几处地方。从此以后，磬就不再自鸣了，和尚的病也好了。这个磬不敲自鸣的秘密在哪里呢？

30 寻找机密文件

　　某国间谍劳伦，奉命到敌国去刺探军事情报。他顺利完成任务，并且把所得的文件拍成微型胶卷，乘飞机返回本国。在飞机上，他向本部呼叫："我已把胶卷藏在飞机上最安全的地方，即使飞机失事，也不易损坏……"话还没说完，他突然大叫道："不好，飞机上有定时炸弹！"紧接着，电讯中断，随之而来的是飞机失事的报告。该国情报局立即派出大批情报人员到失事现场找胶卷。只是，飞机爆炸成无数碎片，到哪里去找呢？

　　劳伦说过，胶卷放在飞机上最安全的地方。到底哪里最安全呢？你能帮忙找到吗？

31 酿酒专家

　　哈尼在其庄园设晚宴款待几位美国客人。当仆人来往穿梭上菜时，哈尼站起来，熟练地拧开一瓶冷藏的红葡萄开胃酒，为客人各斟上一杯。

　　福尔摩斯一面仔细品味，一面礼貌地点头嘉许。坐在福尔摩斯旁边的乔治对他耳语道："你知道我们为什么受到邀请吗？""我猜哈尼大概是急需用钱。"福尔摩斯答道。"上星期他找到我的办公室，"乔治说，"要我为他开列一张可能有兴趣在法国对葡萄园投资的人的名单。""哈尼自称是从酿酒之乡波尔特来的酿酒专家，但我还没来得及证实。"乔治继续说，"他向我保证那块将要拍卖的是法国最肥沃的葡萄园，那儿产的是法国最上等的葡萄。他要用那儿的葡萄酿制最优良的勃艮第红葡萄酒，在美国高价出售。""他究竟需要多少现金呢？"福尔摩斯问。"葡萄园主索价100万美元，并要求最迟在下星期二成交，过时不候。"乔治说，"我将你的名字列入名单是因为我想你能帮我尽快对哈尼做出评价。""我当然能。"福尔摩斯说，"你们一分钱也不要投资！"请问为什么他会这样说？

主　述	福尔摩斯		事　件	投资		
时　间	晚宴时间		地　点	宴会上		
人物及关系	侦查手段	证据及线索	关键点	嫌疑人	侦查方向	
福尔摩斯建议乔治不要对哈尼投资	现场确认、物证	①自称是酿酒专家；②最肥沃的葡萄园；③冷藏的开胃酒	哈尼的言行不像个酿酒专家	哈尼	哈尼的言行	

32 失败的测谎机

　　警方逮捕了一名涉嫌抢劫银行的男子，并对他做了测谎试验。但是不管警方问什么问题，他都十分平静地回答四个字："我不知道。"所以，根据测谎机测试的结果分析，这名男子并不是真正的罪犯。可是，后来收集到的物证表明，这个脸上有一道长疤的男子的确是罪犯。

　　既然测谎机没有出现机器故障，却为何测不出他的谎言呢？

33 芝加哥美术馆的失窃案

　　神偷从芝加哥美术馆轻而易举地盗出一张世界名画，驱车上了高速公路向东逃往纽约。进了纽约后，没想到却在那儿碰上了福尔摩斯。

　　"哟，真是有缘千里来相会呀，没想到又在这儿相见了，是驾车旅行吧？"福尔摩斯凑上搭讪。"是的。刚好……呀，怎么都这个时间啦！

对不起，我失陪了。"神偷看了看手表，慌忙起身要走。福尔摩斯一把抓住他的手腕拦住了他。"那件事不是已经干完了吗，还是不必那么急着走吧？""啊，你指什么？"神偷心里惦记着放在汽车后备厢里盗来的画，可表面依然故作镇静。"刚刚电视新闻里说，昨天夜里芝加哥美术馆的一张名画被盗，难道那不是你的拿手好戏吗？"福尔摩斯盯着神偷的脸，笑呵呵地说。"你这是什么话？我这一个星期根本就没离开过纽约。""装傻也没用，你去过芝加哥，你手上的表已经告诉我了。"福尔摩斯直截了当地挑明了。

那么，理由何在？

侦查小帮办
★★★★★

主述	福尔摩斯	事件	千里潜逃
时间		地点	纽约

人物及关系	侦查手段	证据及线索	关键点	嫌疑人	侦查方向
福尔抓获神偷	物证、询问	①福尔抓住他的手腕；②表	表的时间	神偷	美国有4个标准时间

34 奇怪的侦探

一个冬天，一名侦探骑马赶路，途中遇上大雨，当他来到一家小客店时，浑身已经湿透，冷得直发抖。但客店里挤满了人，他无法靠近火炉。于是他对店主大声说道："老板，请拿点肉去喂喂我的马。"店主奇怪地问："马不吃肉呀？"侦探则说："你只管去喂就行了。"店主只得拿着肉出去喂马。你能猜出这个侦探为什么要这样做吗？

35 招侦探

　　某部招收一名侦探。考试的方法是：凡是参加报考的人都关在一间条件较好的房间里，每天有人按时送水送饭，门口有专人看守。谁先从房间里出去，谁就被录取。有人说头疼要去医院，守门人请来了医生；有的说母亲病重，要回去照顾，守门人用电话联系母亲正在上班。其他人也提了不少理由，守门人就是不让他们出去。最后有个人对守门人说了一句话，守门人就放他出去了。这个人说的是什么？

侦查小帮办 ★★★★★

主　述	报考的人		事　件	侦探选拔赛
时　间			地　点	封闭的房间

人物及关系	侦查手段	证据及线索	关键点	嫌疑人	侦查方向
报考的人成功欺骗守门人被录取	情景再现、语言技巧	①谁先出去就被录取；②守门人很负责任；③一句话就放他出去了	一句话	一个报考的人	考虑什么情况可以走

36 劫机惊魂

　　飞机刚刚起飞，两名男子就冲进后舱配餐室，端着手枪对着空中小姐，要她接通机长的机内电话。"是机长吗？这架飞机被我们劫持了，空中小姐是人质。下面请按我的命令行事。首先让全体乘客都系上安全带。"

　　"明白，你们的目的是什么？"机长应答着。"这个以后告诉你，快点儿指示系安全带！"客舱中嘈杂声四起，但乘客均按机长指示开始系安全带。"你们也都坐到空着的座位上系上安全带！"罪犯命令着空中小姐，又抓起电话与机长通话："现在我要到你那里去，把驾驶舱的门给我打开。不要做什么蠢事，这里我的同伴正把乘客作为人质。""知道了。你来吧，我们谈谈。"

　　两名罪犯端着手枪出现在客舱，一边缓步穿过过道，一边确认乘客是否都系上安全带。其中，一人站在过道中央大声地演讲："我们不打算伤害诸位，到达目的地后释放女人和孩子……"但是演讲未能进行完，数秒钟后，事态为之一变，两名劫机犯丝毫没作抵抗就被乘客制服了。你知道劫机犯是怎样被乘客制服的吗？

37 劫机风波

从纽约飞往洛杉矶的班机，上午7时出发。空中小姐满面笑容地迎向旅客，其中有出差的职员、带着照相机的旅行团成员、提着文件箱的男人、拄着拐杖的男人……乘客共126名。30分钟后，地面控制台接收到了班机被劫的无线电讯。机长报告说，有一男子携带步枪，要求飞机接受他的指示。机场的安全人员立刻大哗。在履行严格检查后，竟有人能把步枪带上飞机！连打火机也会呈现出反应的最新式的金属探测器，怎么可能把步枪遗漏呢？

安全人员把班机上的旅客一个一个过滤回想，随即恍然大悟。于是警方根据劫机犯拄拐棍的特征迅速锁定了嫌疑人，让他的家属配合谈判，最终促使劫机犯向警方投降。你知道劫机犯是谁吗？他是怎么把步枪带上飞机的？

38 巧分钥匙

警察局的档案室里有三只资料柜，每只柜子各有两把钥匙，三个警察随时都需要打开这三只柜子。请问，在不增加钥匙的情况下，怎样才能使每人随时都可以打开这三只柜子的任何一只？

侦查小帮办
★★★★

主　述	警察		事　件	开柜子	
时　间			地　点	档案室	

人物及关系	侦查手段	证据及线索	关键点	嫌疑人	侦查方向
三个警察共用三只柜子	现场查看、推理	①钥匙只有两把；②随时需要打开三只柜子；③不增加钥匙。	都可以打开三个柜子		怎样处理钥匙才能保证随时打开柜子

第一章　认知思维

❶ 有问题的酒

毒酒是温酒温出来的。锡壶大多是铅锡壶，含铅很高。酒保把铅锡壶直接放在炉子上温酒，酒中就带上了浓度很高的铅和铅盐。黄酒上浮的那层黑膜有种金属的暗光，多饮几杯，就会出现急性铅中毒。

❷ 铁塔之谜

埃菲尔铁塔是钢铁结构的，由于热胀冷缩，它必然要随着温度的冷暖而变化。白天，由于光照的角度和强度是变化的，塔身各处的温度也是不一样的，热胀冷缩的程度因此也是不一样的，所以上午和下午不仅出现了倾斜现象，倾斜角度也不一样。夜间，铁塔各处的温度是相同的，所以就恢复了垂直状态。冬季气温下降，塔身收缩，所以就变矮了。

❸ 土人的笛声

食人族传递讯息的方法，主要是靠笛声。因为这些笛声的音波，比人类耳朵所能听到的音要高，只有狗才能听到。他们利用这一原理追捕福尔摩斯和乔治。

❹ 敲击桌面

原来从那人敲击的节奏判断，那是一首德国名曲，从而怀疑他们是德国间谍。经审讯确实是如此。

❺ 汽车事故

他的身材高大，而妻子身材矮小，如果真的是他的妻子开车，肯定会调整座位，那他不可能坐得舒舒服服的。

❻ 锡制纽扣失踪案

锡有个特性，在-13.2℃度时，锡的体积骤然膨胀，原子之间加大，变成另一种结晶形态的灰锡，因此就会慢慢变成松散的灰色粉末。而当时气温已到了-30℃，怎么还能期望锡纽扣不失踪呢？

❼ 黑人姑娘伪造现场

斯通没有成功。这是因为电冰箱冷藏室中的冷却是利用液体制冷剂汽化时吸收电冰箱内的热量，再向外散发的。因此，如果把窗子关严，电冰箱散发的热量散不到室外去，只能全部积留在室内，再打开冰箱的门，冷气、热气混合在一起，室内温度丝毫不会降低。相反，由于电冰箱内不容易冷却，压缩机就得不到休息，就会反复进行正、负、零的恶性循环，尸体反倒得不到冷却。

❽ 初春疑案

在日本温带气候生栖的蛇类，是靠冬眠度过漫长而寒冷的冬天。能够采春天的山野菜的时节，蛇还没有结束冬眠，是不会出来袭击人的。

❾ 狼的野性

有趣的是，母狼吃什么样的食物，它的奶就会有什么样的味道。母狼不吃羊羔的特性，会很快地传给它的幼崽，并且母狼不给它的幼崽吃自己已经回避的食物——羊羔，那么幼狼也绝不会去尝试这些羊羔。

❿ 智审间谍

吉姆斯说的那番话，用的是德语，他从"流浪汉"露出的笑容中发现了破绽。"流浪汉"的真实身份暴露了。法国军官吉姆斯利用人的潜意识心理，转移德国间谍的注意，通过假释放的错觉，使他在无意之中露出得意忘形之色，这是一场典型的心理战。

⑪ 被监禁在哪里

福尔摩斯被关在新西兰。在北半球的夏威夷宾馆里，拔下澡盆的塞子，水是由左向右呈顺时针方向旋转流进下水道。而在这个禁闭室，水是由右向左逆时针流下去的。所以，福尔摩斯弄清了当地是位于南半球的新西兰。水的漩涡受地球自转的影响，北半球水的漩涡是由左向右顺时针旋转，南半球则相反。

⑫ 墓石之谜

这个地方冬天非常冷。由于下雨落雪，使坑里积了水，到夜晚就结成冰。白天，这坑里南面的冰因受太阳的照射，又融化成水，而北面由于没有太阳照射，仍结着冰。这样，北面的水结成冰，而南面的冰又融化成水，沉重的球面便渐渐地出现倾斜，从而非常缓慢地向南移动。其正面的十字架，必然也会渐渐地被隐埋起来。这种物理现象，就是男爵的墓石之所以移动的原因。

⑬ 盲女的回答

夏天之夜风易进入朝北的房屋。海岸到了晚上，陆地的热气比海面的热气更易冷却，所以冷却的空气会由山上往海面直吹，于是微风就会从朝北的小窗吹进阁楼内。相反，到了白天，陆地的热气较易上升，海风会朝陆地直吹。

⑭ 蜘蛛网疑团

斯达克拆下仓库天窗的两根铁栅栏后，从那里潜入盗走箱子，然后在窗口上放了几只蜘蛛。只要三只蜘蛛，就足够在第二天清晨织上网，因此即使铁栅栏缺了两根，仓库仍好像处于密封状态。

⑮ 失火之谜

走电失火决不能用水灭火，只能用喷射四氯化碳或二氧化碳的灭火机灭火。会计说自己是用水把火扑灭的，又肯定说火灾系走电引起，这显然违反常规。

⑯ 跑步脱险

所有人一起从左舷跑到右舷，再从右舷跑到左舷，就这样，搁浅的潜艇很快就左右摆动起来，慢慢脱离浅滩。

⑰ 细毛破案

证据就是那根白色的细毛，福尔摩斯将细毛带回去后，经鉴定是白鼠身上的毛，为了麻痹罪犯，他故意制造假新闻，说罪犯已被抓获。而后，他又以高额酬谢为诱饵，让罪犯自投罗网。

⑱ 火

引致无名之火的原因，就是福尔摩斯脸上滴下的水珠。由于水珠滴在玻璃表面，再经夏天日光照射，水珠因表面张力的缘故而变成半珠形，因此具有凸透镜的作用，透过水珠的日光照射所集中的焦点，刚好射在玻璃板下的稿纸上，因此引起火灾。

⑲ 嫌疑犯供词

根据物理学常识，在只有一个电灯泡的房间里，不可能在房间的两面纸门上都照有人影，所以中间的房间应该有两个人。

⑳ 深夜里的昆虫

是保罗。保罗说那天夜里大维的房间是开灯的，而侦探福尔摩斯发现昆虫集中死在烧杯的附近，这说明那天夜里屋内没有点灯。因为如果房间里开灯，昆虫有趋光性，它们会围着灯泡飞，时间长了，一些昆虫就会死在电灯下的。

㉑ 伪证

福尔摩斯在衣橱里发现了樟脑丸，这证明别墅主人说的是假话。如果别墅真是两年没有人来过，以前的樟脑丸应该早就升华而消失得无影无踪。

㉒ 伽利略破毒针案

索菲娅的弟弟事先在这个望远镜的筒里装有毒针。那天晚上，索菲娅在众人入睡之后，悄悄登上钟楼的凉台，想用这个望远镜观察星星。在眼睛贴近筒之后，为了对准焦点，就要调节筒内的螺丝。这时，弹簧就会把毒针射出，直刺眼睛。索菲娅猛地一惊，望远镜便从手里滑落而掉进河里。她忍住剧痛把毒针从眼里拔出来……

㉓ 被劫持的飞行员

驾驶员在上空一边盘旋一边等候潜艇时，是按照三角形路线飞行的，每两分钟向左飞行划一道。这就是航空求救信号。当飞机在飞行中报话机出现故障不能收发报时，就用这种飞行方法求助。这样，基地的雷达就会发现，马上派出救生机紧急前往搜索。

㉔ 直升机

若直升机在飞行中，舱门被打开时，由于机内外的气压不同，所以一定会扎起一阵急风，将机舱内的东西扯出舱外，因此遗书不可能仍在椅子上。警长怀疑驾驶员有很大的害人嫌疑。

㉕ 郁金香花开了

郁金香一到夜里花就合上，灯先照射十五六分钟还会自然张开。名探进门时，花瓣是闭着的，而现在张开了。这说明书房在名探进来时一直是黑着的，无法读书。

㉖ 女作家之谜

福尔摩斯所观察的那盆花是"月下美人"。所谓"月下美人"是仙人掌的一种，开纯白色的花，直径有15厘米，但花期只有一夜，是只在夏夜开的一种短命漂亮的花。一般是晚上八点开始开花，4个小时后开始凋谢。福尔摩斯便是看到了凋谢的"月下美人"的花瓣内侧也溅有血迹，便推死亡时间的范围。

㉗ 智斗连环杀手

黛娜对付查理斯的方法，心理学上叫"暗示"。暗示是指用含蓄的、间接的方法，对别人的心理和行为产生影响。暗示往往使别人无意地、不自觉地接受某些信息的影响并做出相应的反应。暗示所产生的作用有时是十分玄妙、异常神奇的。黛娜运用的暗示不仅保护了自己，而且从身心上有力地打击了她那凶犯丈夫。

㉘ 专机安全着陆

是因为成田机场在下雪。如果飞机高速在雪中飞行，即便是柔软的雪花，也会像坚硬的沙子一样发生摩擦的。由于雪的这种摩擦，镶嵌在机翼上的塑料炸弹及导电涂料像是被用锉刀锉掉了似的都脱落了。008身在热带国家，所以没有考虑日本早春降雪这一情况。

㉙ 实验辨谎

服务员的建议是：把该客人带到美容院剃成光头，三七开式的分界线就会明显地暴露出来。因为盛夏在海滨住了半月以上，分界处的头皮和面部一样会受到日光的强烈照射，头发剃光后，光头上就会出现一条深色的分界线。

㉚ 秘书的谎言

秘书加害卡恩博士之后，用电热毯包住其身体，造成博士刚刚猝死的假象。

㉛ 取情报

亚当斯说把图纸放在沙发下面，那两个陌生人一定会四处寻找，把屋里翻得很乱，但是亚当斯的屋里却并没有被翻过的迹象。亚当斯说那两个陌生人来的时候就把电视机关掉了，可那件事发生在一个小时以前，电视机应该早已散热完毕，可是杰克摸到电视机还有微热。因此，杰克断定亚当斯是在说谎。

㉜ 可疑的花匠

有经验的花匠都知道，夏天的中午不能给植物浇水，因为那时气温很高，植物要通过蒸发水来散热，而这时给植物浇水，植物的根部遇冷，影响对水分的吸收，会造成植物的死亡。所以，这个时候浇花的花匠是很值得怀疑的。

㉝ 毛玻璃"透视"案

毛玻璃不光滑的一面只要加点水或唾沫，使玻璃上面细微的凹凸呈水平状，就变透明了，能清楚地看到出纳在办公室中所做的一切。而在左边办公室毛玻璃的一面是光滑的，就不具备这样的条件。

㉞ 船长识贼

大副、水手、旗手、厨师4个人的话中，很明显，旗手的话是有破绽的。他说："我把旗子挂倒了，当时我正在把旗子重新挂好。"事实是，英国的船只驶入日本领海，无论是挂日本旗，还是挂英国旗，都不存在倒挂的问题。这两个国家的国旗是多数人熟识的。所以旗手是说谎者，他就是罪犯。

㉟ 偷牛疑案

是牛的鼻纹。牛的鼻纹和人的指纹一样，每头牛的彼此都不同，彼得曾经给自己的小牛留有鼻纹档案。

第二章　实践思维

① 福尔摩斯审瓜

抱着孩子，没法再抱三个大西瓜走路了。福尔摩斯据此断定少爷诬陷好人。

② 谁偷了文件

窃犯是刘杰。因为机密文件失窃只有保密员一人知道，刘杰不但知道发生了窃案，竟还能说出文件的编号，不是太奇怪了吗？

③ 画贼

原来画家画画要求典型性，所以概括性强；而女管家画画讲究真实性、个体性，只适合一个人。由于画家概括性强，适合较多的人，所以画家的画使不少人被带到了警察局，而女管家的画使警方抓到了真正的小偷。

④ 钥匙的藏处

因为钥匙的隐藏地点是外人想象不到的，谁会想到钥匙会藏在狗的脖圈中呢？即使有人注意到了，可这只狗是受过训练的，主人家以外的人是很难靠近的。所以空宅也就万无一失了。如此说来，能顺利取走钥匙的只能是失主家里的人。后来的调查证明，这果真是失主为了骗取保险而自导自演的一场闹剧。

⑤ L尺寸

该村落在湖边，村民经常要在湖上捕

鱼之类的，如果落水大号衣服在水里游泳时不方便，有可能丢掉性命。小号紧身的衣服反而适合下水。

6 福尔摩斯断鸡蛋

福尔摩斯对柯南说：刚吃过鸡蛋，一定会有蛋黄渣塞在牙缝里。用清水漱嘴，再吐出来，就根据吐出来的水里有无蛋黄沫来判断。玛丽不敢喝清水漱嘴，不是她是谁呢？玛丽已是个大姑娘，懂得道理，犯不着为两个鸡蛋闯下祸，这是一；二是当我知道是她吃了鸡蛋时，她感到羞愧和委屈；第三条，也是最重要的，在全室众人面前她被当众说出是偷吃，这事不向众人说清楚，玛丽就不能过安分日子，会因羞愧而寻短见的。柯南虽是开玩笑试试我的才智，我要是一步处理不慎，不是会闹出人命来吗？

7 纰漏

劳伦右手臂一个月来都打了石膏，他的常用物品不应该放在右裤袋里。

8 借据丢失后

加伊回信说只欠2000金币，阿桑因此重又得到了借款的证据。

9 糊涂的警员

因为商人的双手放在被单下面。如果是自伤的，则头部受伤昏倒后，不可能还有时间将双手放回被单下面。

10 琳达的马脚

琳达小姐在门窗紧闭的浴室里淋热水浴，镜子被蒸汽熏得模糊，根本不可能看清盗贼在镜子里的面容。

11 没有双臂的特工

尼古斯有一双经过刻苦训练的双脚，这两只脚能翻文件，当然也能开车。

12 来过的痕迹

原来，福尔摩斯在敲门前就验过了门铃键，发现了杰米的指纹，并且福尔摩斯只敲门不按门铃，这样杰米的指纹完整地保留在上面，使汤姆无法抵赖。

13 银碗中的头像

依据凹镜成像原理，在大水果碗中看到的映像，营业员不可能认定持枪者是谁，因为碗中反射出来的影像是个倒影。

14 宝石藏在哪儿

冰块应浮在水面。福尔摩斯看到窃贼杯子里的冰块有两块沉到杯底，推测一定是藏有钻石。普通冰块一般是浮在水面，而冰块里藏有钻石肯定要沉入杯底，因其比重大于冰块。

15 智挑蒙眼赛选手

这个老头原来就是个盲人。盲人的感觉比常人灵敏得多，对他而言，蒙不蒙眼是一样的。邻村的选手，尽管精干、麻利，但一旦蒙上眼睛就会变得十分不习惯，所以彦一有必胜的把握。

16 开枪难题

发觉有人开枪，最早是聋子。因为光的传播速度是每秒30万千米，比空气中声音的传播速度和子弹的飞行速度都要快得多。

17 日式住宅之谜

在古老的日本式房子中，就算门和窗都上了锁，仍然有一个地方可以打开，那就是榻榻米下面的地板。劫匪在房内将被害者打昏后，特意将门窗关起来，使房间变成密室，再从榻榻米下面逃走。

⑱ 石子的提示

因为企鹅潜水本领不大。它嗉囊里的石子，不可能是从海底衔上来的。唯一的可能是附近有陆地，在那里吃的石子。

⑲ 雪地足迹

团侦探看到院子留下的罪犯胶鞋脚印清清楚楚，就知道谁是真正的罪犯了。因为那个院子很潮湿，所以像昨天夜里那样的低气温照理会结霜。所以如果罪犯是昨天夜里潜入室内作案的话，鞋印肯定会因地面结霜而走样变得不清楚。与此相反，鞋印清楚得连花纹都清晰可见，这说明是天亮之后也就是霜融化之后作的案。这样，真正的罪犯就是今天上午11点半左右在现场徘徊的小村明彦。黑木和也因从深夜1点到中午过后有不在现场的证明，所以是清白的。

⑳ 巧妙的情报电话

在通话时，福尔摩斯一讲到带有重点的话，就用掌心掩紧话筒，不让对方听到。这样，总部就收到了一段"间歇式"的说话："我是福尔摩斯……现在豪华俱乐部……和目标……在一起……请你……快……赶来。"

㉑ 姐夫失踪

因为福尔摩斯在电话中并未提名字，而雷利却说出了被害姐夫的名字。而在面谈中，福尔摩斯又了解到雷利不止一个姐夫。所以福尔摩斯断定雷利就是凶手。

㉒ 智识毒犯

英国的"米"字旗是没有正倒之分的。还有，晚上只会降旗，不会升旗。

㉓ 大胆的窃贼

原来窃贼扮作搬家公司的工人，所以才敢在白天把阿D家的所有东西都搬走，而不会引起任何人怀疑。

㉔ 列车失窃案

去德州的旅客被带走了，因为他的话违反了旅行常识。列车在停靠站时，为了保证站内卫生，厕所门一律锁着，不准使用。

㉕ 毒气入口

毒气是通过洗手盆的排水口喷出的。

㉖ 录音机里的证据

这个人是木原久子，因为只有她穿着没有声响的球鞋，所以录音机里开始什么都没有录下来。

㉗ 有惊无险的冒险

首先是蒙着双眼看不到置身何处，其次就算是悬崖，那条小道也是在悬崖下面的山沟里。道两侧是令人眼晕的悬崖峭壁，这一点儿不错，但峭壁却是向上耸立着的。因此，即使撞到两侧的峭壁也不必担心会从悬崖上跌落下去。

㉘ 信箱钥匙

信箱钥匙寄回家后被投进了信箱，女管家仍然取不到钥匙。

㉙ 村长的诡计

比赛结束时再量一下。在跑完26英里后，运动员小腿肚的周长大约会增加1英寸左右。

㉚ 两页中间

第43页和44页是同一页。

第三章　缜密思维

① 登山者的遭遇

生手的原因是：登山老手的手表一般是机械表，可以用指针来计算方向，数字表则没这功能。

② "独眼龙"之谜

小明忘记了一点，镜子里的像是反的，本来左眼瞎的人在镜子里就变成右眼瞎了。

③ 机智擒贼

老翁急中生智，迅速把手中的黄豆向窃贼脚下撒去，楼梯上立刻布满黄豆，窃贼一脚踩在黄豆上，站立不稳，从楼上滚落下来，当即动弹不得，被老翁和众邻居捉住。

④ 迷幻药与色盲

亚森知道哈利是色盲，便嫁祸于他，故意将许多这种颜色的鞋子和那种颜色的鞋子混放一箱，但因太整齐划一，反而露出了马脚。

⑤ 错误百出的考卷

试卷共有4处错误：

1. 中午，当太阳高悬天空中时，不论树木多高多矮，都不会有阴影；

2. 水源靠地下涌泉补充的湖是没有潮流的；

3. 海鳟是海水鱼；

4. 贩毒犯开始往回划时是"午夜刚过10分"，因此"午夜时分"巡逻队不可能在对岸发现他们的船。

⑥ 拖延了的侦破

福尔摩斯怀疑送奶工是窃贼，打匿名电话的是送奶工，他以为警察接电话后很快就会开始侦破，因此他不必再送奶了，因为现场有两份报纸，却连一瓶牛奶也没有。

⑦ 美军医院

是假的。虽然美国在1867年购入阿拉斯加，1898年将夏威夷合并，但至1949年，这两处地方才分别被定为联邦的其中一州。1945年，美国只有48个州，所以旗上也应只有48颗星星。

⑧ 冒牌丈夫

福尔摩斯发觉，除了对"不想更正死亡消息的误传"没讲出原因之外，他说自己在死亡消息传出的第二年把商行转卖给彼得格勒的大商行，这是个破绽。1911年彼得格勒叫圣彼得堡。

⑨ 聪明的监视

原来那四人站在四个屋角，一人便可监视两个门口，到疲倦时，由另外四人顶替。故当警长进行突袭行动的时候，四名干探已躲藏起来休息，故不能参与行动。

⑩ 诺贝尔破案

原来，艾肯一直嫉恨他的情敌汉森，达到了疯狂的程度，早想杀死汉森。为了逃避罪责，他利用冷冻方面的知识，在一个厚厚的玻璃瓶中放满水，密封后放在化学实验用的大口玻璃瓶中，再在密封的玻璃瓶四周放满了干冰和酒精。大口瓶盖上盖子，盖子又压了一块石头，并且用钢琴弦牢牢地将石头扎紧在瓶盖上。在轮到汉森值班时，他偷偷地把玻璃瓶放在值班室内的书架上。干冰和酒精掺和在一起，温度能降到-80℃，密封的玻璃瓶就会爆炸，连同实验用的大玻璃瓶的碎片，能像炸弹一样地飞出来伤人。汉森反正已经睡熟，警卫又被艾肯拉走，消灭情敌的目的达到了。

⑪ 一无所获

安妮使了个"调包计"。她把珠宝藏在玛莎夫人的衣箱内，因为她断定侦探们不会检查受害人衣物。等到列车靠站后，全部行李堆放在月台上时，安妮便用一只一模一样的衣箱调换了玛莎的衣箱，珠宝便到了安妮的手里。

⑫ 猫侦探

福尔摩斯看到前厢盖上印着猫走过的泥爪印，便揭穿了他的谎言。寒冷的冬季，猫所以喜欢爬过前厢盖上去，是因为那里暖和，罪犯抛下被撞的行人不管，逃回家中，将车存放在车库内。但是，那之后即使马达停转，但前厢内的热不会马上冷却，对于猫来说是很好的取暖设备。在逃离现场之前，如果猫上过前厢盖的话，因为前些天持续干燥天气，也不会留下泥爪印的。在逃离现场事件前后，下了雨，车库旁的院子地面是湿的。所以，猫才是泥爪子爬上了车厢。

⑬ 香烟的联想

凶手就是那个来推销商品的推销员。因为推销员不会衔着香烟进屋推销商品的，那是很不礼貌的，因此那支只抽了一两口就捏灭的香烟蒂应该是推销员丢弃的。可能他在按响门铃之前点着香烟，等那位女子来开门时，他出于职业习惯熄灭了香烟。

⑭ 第一个飞人

问题出在热气球下面挂的火盆。罗其埃没想到氢气是一种易燃、易爆的气体，只

要一碰到火星就会爆炸。显而易见，热气球是不能和氢气球同时混用的。

⑮ 水都快相

问题出在了汽车上。照片里拍进了汽车是不对的。水都威尼斯是由118个小岛约400座桥连接在一起的，117条运河是其主要交通路线的罕见都市。威尼斯与对面意大利本土大陆之间以大铁桥连接起来，汽车只能进入岛屿的入口处，根本无法进入市内。因此，位于旧市区的桑马尔格寺院的附近是绝对不会有汽车停在那里的。

⑯ 列车上的讹诈案

当福尔摩斯和乘警赶到里克先生的包厢，发现里克先生正在悠闲自在地抽着雪茄。而福尔摩斯发现雪茄上留着一段长长的烟灰。据此断定：在三四分钟前，里克先生是在抽雪茄，而并不是像那女人说的那样把她强行拉进包厢企图非礼她。

⑰ 识破疑阵

两个人走到坡下，矮胖子上了坡，手里拿着高个子的鞋，走到悬崖边，把笔记本扔到草丛里，然后，换上高个子的鞋，倒退着下来，企图造成两人都跳崖的假象。因为退着走，所以步距比原来的还小，而且是前脚掌着力，因此小鞋印不会落在大鞋印上，只能是大鞋印落在小鞋印上。高个子在坡下草丛中接应了矮个子，两个人赤脚从草丛溜掉。

⑱ 巧取王冠

把地毯从一端卷起来，接近王冠时伸手就能拿到了。

⑲ 还差1厘米

矮个子胳膊和手短，高个子胳膊和手长，警长是个大个子，由他站在上面就够着窗户了，用这个办法他们爬出了窗户，抓住了罪犯。

⑳ 冬夜"目击者"

因为当晚大雪纷飞，房间的温度很高，外面又很寒冷，透明的玻璃上必然结有许多霜，即使再好的眼力，也看不清屋里发生的事情。这证明"目击者"是在撒谎，想嫁祸于人，因为他自己正是小偷。

㉑ 老太婆夜擒小偷

其实这个房子是没有天花板的。

㉒ 屠狗洞的秘密

这个由大量钟乳石和石笋构成的石灰岩岩洞。这里，长年累月地进行着一系列的化学反应：石灰岩的主要成分是碳酸钙，它在地下深处受热分解产生二氧化碳气体：

高 温

$$CaCO_3 = CaO + CO_2 \uparrow$$

产生出来的二氧化碳又和地下水、石灰岩的碳酸钙反应，生成可溶性的碳酸氢钙：

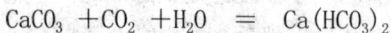

$$CaCO_3 + CO_2 + H_2O = Ca(HCO_3)_2$$

当含有碳酸氢钙的地下水渗出地层时，由于压力降低，碳酸氢钙分解又释放出二氧化碳，并从水中逸出：

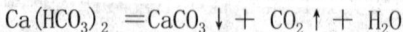

$$Ca(HCO_3)_2 = CaCO_3 \downarrow + CO_2 \uparrow + H_2O$$

因为二氧化碳比空气重，于是就聚集在地面附近，形成一定高度的二氧化碳层。

当人进入洞里，二氧化碳层只能淹没到膝盖，有少量的二氧化碳扩散，人只有轻微的不适感觉，然而处在低处的狗，却完全淹没在二氧化碳层中，因缺乏氧气而窒息死亡，这就是屠狗洞屠狗而不伤人的道理。

㉓ 无赖的马脚

因为龙南点燃了壁炉里的干柴，烟囱必然冒烟，屋里没人，而烟囱却冒烟，一定会引起巡逻警察的注意，必然进屋看个究竟。

㉔ 失踪的图纸

A. 根据气流流动的科学原理，在列车行进时打开窗户，放在桌上的纸张不可能吹出窗外，只可能吹落在车厢内，即使是朝窗外丢东西，都可能被吸回车厢内。因此，图纸失踪是李雄捏造的。

B. 没有失踪。若被风吹走，只吹走最重要的3张的概率微乎其微。所以图纸失踪是李雄编的谎话。

㉕ 火车刚刚到站

因为巧克力太硬了。巧克力在28℃以上就会变软，而当时气温高达34℃梅丽莎的巧克力是硬邦邦的，这说明她刚从有空调的地方出来，这个小火车站上并没有空调房间，有空调的只能是刚刚到达的火车车厢。

㉖ 侦探捉贼

因为当时电视机只有声音而没有画面，由于光线的作用，管家的偷窃行为全在电视机的屏幕上反映出来，福尔摩斯可一清二楚地看到。

㉗ 急中生智

J用脚趾夹住信件，助手也用脚趾接过去。两人伸出手如果还相差七八十厘米够不着，代之以脚，就能够着了。

㉘ 停电之夜的证词

停电和门铃没关系。别墅的门铃是电池式的，与停电毫无关系，只要电池没用完，门铃是应该响的。因用的是亲戚家的别墅，所以这个嫌疑犯没有注意到门铃是用电池的。

㉙ 并没有看错

你可以亲自做一个试验，在月光下用肉眼观察，就会把橙黄色看成深灰色。

㉚ 福尔摩斯的推断

因为鹿是不会叫的。

第四章 形象思维

❶ 抬病妇

一个病妇有多重，这么多壮男居然要换肩抬，说明床一定很重；又见他们不时用手去盖被拉被，说明里面必有见不得人的东西。这些不都是很值得怀疑的吗？

❷ 邮票失窃

邮票贴在电风扇的叶片上。

❸ 识破假和尚

出家七年，为什么额头上还有束裹头巾的痕迹？显然是刚刚剃发。

❹ 书房里的抢劫案

外面有大风，而落地窗一直打开，所以，燃烧着的蜡烛应该很快就被熄灭，可是桌上却有一大堆烛液，显然有问题。

❺ 仙鹤引路

鹤是一种喜静的鸟类，那地方落着两只鹤，一定不会有敌人伏兵，可以从那儿突围出去。

❻ 揭穿谎言

根据一般门的厚度，透过锁孔不可能看到房间里面的两侧，所以刑侦队员判定女佣说的是谎话。

❼ 项链被窃

窃贼是伯爵夫人。她趁停电时，把项链偷去，戴在哈巴狗的脖子上，用毛盖好。由于哈巴狗的毛很长，加上又是白色的，所以就成为隐藏珍珠项链的最佳"处所"了。

❽ 遗书真伪

如果是仰面朝上用圆珠笔写字的话，在信笺上写不了几行，圆珠笔就不出油了。

❾ 巧取手提箱

其实，男士并没有下错车，是侦探故意这样说的。如果男士说他拿错了手提箱，照理他应该赶快回到车厢拿回自己的手提箱，但他却往出口走，显然他是偷手提箱的贼。

❿ 谁偷走了邮票

罪犯作案时都有一个特点，就是要想办法加快速度，缩短时间。在这起案件中，作案者完全可以不撬开矮柜，直接打碎矮柜玻璃，就可以拿到邮票。但现在他却费功夫撬开柜子，那就只有一种解释，就是他怕损坏矮柜中的其他邮票，而有这种想法的，只能是邮票的主人。

⓫ 难做的动作

人紧闭两眼，猴子也两眼紧闭。可是，人什么时候睁开眼睛，猴子是永远不知道的。题目中所举的是指一只眼的情况，猴子只要是一只眼不闭着，始终能够看到它跟前所有人的一举一动。

⑫ 狡猾的走私者

自行车。

⑬ 聪明的女孩

如果你把这张纸片倒着看，你就会感叹道："原来如此！"不是吗？倒着看它就是一个英文句子：Shigeo is boss, he sell soil. 意思是：西格奥是头目，他是做石油买卖的。

世界上有一些事情往往很怪，有时候成年人费尽心机想解出一道题目，结果百思不得其解；而一个小孩当他用新奇的眼光看待世界的时候，倒常常可以领悟到事情的真谛。

⑭ 侦破敲诈案

侦探在这张纸条上发现了一处印记。他用铅笔在纸条上轻轻地涂，使印记显示出来。印记是敲诈者最近写的一封信，上面就有他的签名。

⑮ 地铁站的嫌疑犯

第四个人。因为福尔摩斯想到嫌疑犯跑了很长一段路，一定气喘吁吁，而这六个人中，只有第四个人在大口大口地喘气，并试图用跑步取暖来掩饰，因此可以判断这个人就是嫌疑犯。

⑯ 两盘草莓饼

福尔摩斯认为安娜没有吃下放了药的草莓饼，所以在窃案发生时她是清醒的。如果她吃过草莓饼，她的牙齿在15分钟后不会那么洁白光亮，而会因吃草莓变蓝。

⑰ 如何平分

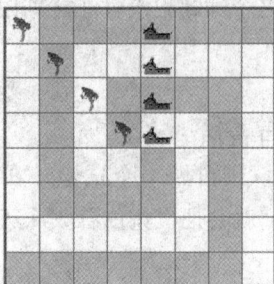

⑱ 逼真的赝品

可以从手套外形看到左手只有四根手指。假如罪犯要人们以为左手五指齐全的话，就应该用纸或别的东西将那只手套的小拇指塞满。

⑲ 无用的救生圈

如图所示，救生圈上的绳子如果是这样绑住的，则很容易脱落。

⑳ 恶劣的珠宝商人

原来坠子上的珍珠在从上数下来第8颗的地方向左右分开，但修理完之后，变成了在第9颗的地方向两边分开。用那位女士数珍珠数目的方法，数字和以前是没有发生任何变化，但总数却少了，从23颗变成了21颗。

㉑ 破窗而入

保安说他在玻璃打碎前拉上了窗帘，如果真的是那样，小偷打碎玻璃时，碎玻璃被窗帘挡住，就不会落得满地都是了。所以福尔摩斯判断这个人在说谎。

22 侦探的头发谁来剪

镇上既然只有2个理发师，他们也必然互相给对方理发，第一家理发师的发型好，那证明第2家理发师的技艺高超，故答案已经很明显了。

23 藏匿的巨款

黑老大将所有要带回的黑钱用来买了数枚珍贵的古董钱币，想借此逃过警方侦查。

24 下雪夜的不在场证明

汪某不在现场的证言是假的。他说烧水洗澡，可是烟囱上的雪都没融化，风一吹雪都飞起来了。

25 手机短信的秘密

一串字母是：QEEBCZFFHIJDFSFDARSKWSYEWLHGEJKHQSXABHSUFTQGO

另一串字母是：CGJOTWAEJLOSVAE（应该无可能系拼音，因为有V，V拼不出任何字）

四个数字：3214。

你可以如下推理：（A B C D E F G H I J K L M N O P Q R S T U V W X Y Z）

你看这一字符串CGJOTWAEJLOSVAE是有规律的，它的排列顺序是按英文字母表顺序排列的，并且是中间有间隔并且是循环的，中间这些字母间隔的数字也是把上面的字符串隔开的。如字母C之前有AB两个字符，C到G有DEF三个字母，如此类推那么你就可以把上面的字符串作了如下间隔 QE EBC ZF FHIJ DFSF DA RSK WSYE WLHG E JKH QSX AB HSUF TQGO，而关键的是解出如下谜题，利用3214这个密钥，把密文翻译成下面一串字符串QE EBC ZF FHIJ DFSF DA RSK WSYE WLHG E JKH QSX AB HSUF TQGO 密码 SG

EEE AG JJJJ GHTF GC SSN YTYH YMHJ G KKK STX DD ISYH UQJQ

是如何得出这些源码的呢？你在密码的每个字母下面用3214依次标明。

QE EBC ZF FHIJ DFSF DA RSK WSYE WLHG E JKH QSX AB HSUF TQGO

32 143 21 4321 4321 43 214 3214 3214 3 214 321 43 2143 2143

然后把密码的每个字母依下面的数字依次向后推，得出源码如Q的后三位字母是S，E的后二位是G，E的后一位是它本身，B的后四位是E就会得出如下源码：

SG EEE AG JJJJ GHTF GC SSN YTYH YMHJ G KKK STX DD ISYH UQJQ 源码

你试着用五笔字型输入法输入如下字母，就会得出如下源文

本月七日下午到楚州市一品梅大酒店交易

QE EBC ZF FHIJ DFSF DA RSK WSYE WLHG E JKH QSX AB HSUF TQGO

密码32 143 21 4321 4321 43 214 3214 3214 3 214 321 43 2143 2143

SG EEE AG JJJJ GHTF GC SSN YTYH YMHJ G KKK STX DD ISYH UQJQ

源码本月七日下午到楚州市一品梅大酒店交易3214

关键词CGJOTWAEJLOSVAE作为间隔

26 摄影家之谜

摄影家的底片被左右颠倒洗反了。这样，摄影家所说的右数第2人在洗错了的照片上就成了左数第2人。而不知其原委的刑警认准"左数第2人"是杀人犯。其实，只要注意照片上人的手的动作，谜也就不难解了，因为不可能这么巧几乎所有的人都是左撇子。

㉗ 怪贼

公园的管理员训练鸟雀并利用它们行窃，他最大的可能是利用猫头鹰。猫头鹰喜欢用嘴去叼物体，为了防止它发出怪声，所以，在它的嘴里先放了一根火柴棒，猫头鹰飞入屋内叼走戒指。

㉘ 瓦特智破毒针案

那青年助手把水壶放在火炉上时，早将插有毒针的软木塞放置在壶嘴中，壶嘴对准了教授所坐的位置和他的颈脖的高度。水蒸气在膨胀时，它的压力约比水要大1800倍。水烧开后，因壶嘴被塞，蒸汽的压力不断增加，后来，软木塞便连针飞出，射向教授，毒针正好扎在教授的颈上。

㉙ 冰川考察队

北极海洋中的冰川，是淡水结成的，考察队长弗兰克让大家取来冰块，融化后便得到了淡水。

㉚ 北极"英雄"

从当年10月到来年的3月左右，是北极圈的长夜。因此，圣诞节前一天，在北极圈内是无法照到阳光的，也就无法用阳光生火了。

㉛ 北极狐的照片

北极狐夏季的皮毛为灰黑色，尾端为白色，而只有在冬季全身皮毛的颜色才是雪白色的。

第五章 抽象思维

① 丈母娘的考问

他说："先救未来的妈妈。"这句话可以作两种理解，对菲丽母亲说，是福尔摩斯未来的妈妈；对菲丽来说，未来结婚后有了孩子，当然现在就是未来的妈妈。

② 暖间和寒间

暖间的可能性大，而且比"寒间"的可能性大一倍。原因是：进去是暖间的情况有三种，一种是，旅客从暖1进去的；一种是从暖2进去的；一种是从暖3进去的。在这三种情况下，旅客所处房间的邻室为寒1、暖3、暖2，也就是说，邻室是"暖间"的可能性比"寒间"的可能性大了一倍。

③ 隐蔽的住所

正确的答案是C。当时是夏天某日的午后三点左右，地点是东京郊外。而且，杨艳的身影在右侧，所以她是面向北站着的。也就是说，那所房子的门是朝南的C。

④ 改一字救命

把"用"改成"甩"字。"用刀劈死"，是故意杀人，要偿命；可"甩刀"就不一定致对方死命。只是甩得不巧，失手劈死。这样就把故意杀人罪降为误伤致死的过失罪，至多判两三年刑。

⑤ 寻找嫌疑犯

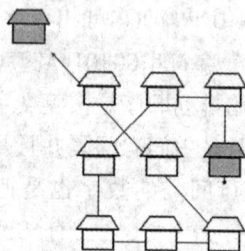

⑥ 报警的数字

比利留下的这串数字指代了7、8、9、10、11这5个英文单词的词头：J-A-S-O-N，这说明绑匪是JASON（加森）。

❼ 佳画讽贪官

"僧在有道"即"生财有道",是讽刺知府老爷发帖开贺,搜刮钱财。

❽ 搜寻间谍的路线

❾ 到底谁骗谁

是那人首先骗福尔摩斯的。赏梅是冬天的事,此时蛇已在地下冬眠。赏梅被蛇咬伤是谎言。而福尔摩斯的"六月六下雪"是以假治假。

❿ 打开保险柜

里圈数字是8,并不需要将里外圈数字一一对上,只要将外圈的最小数与内圈的最大数对上就行了。这样,里外圈数字相加都是13。

⓫ "赢"字破案

由于"赢字"与"银子"的读音相近,老板娘做贼心虚,她清清楚楚听到男人已经承认"银子"在,再也不敢隐瞒了。

⓬ 出差到哪里

太原(圆)、旅顺。

⓭ 山冈上盛开的花

被害人的哥哥发现妹妹所在山冈的草地里野草丛生,并盛开着黄色小花,因此对妹妹的所谓自杀产生了怀疑。因妹妹患有花粉过敏症,特别是猪草花的花粉更易引起过敏。如果来到开有猪草花的草地里,就会马上连续不断地打喷嚏,涕流不止。所以,她绝不会特意选择这种场所自杀的。

罪犯杰克逊搬进这所公寓结识她是今年年初。当时,加拿大还是冰雪覆盖的季节,她并不会为花粉过敏而苦恼,即使到春天或夏天时,她也很少外出,这样杰克逊就不可能知道她患有花粉过敏症。因此,杰克逊迷昏她后便粗心地将她转移到杂草丛生,盛开着野花的山冈上来。这是罪犯的失误。

⓮ 秘密通道

米勒的画与开关没有关系,那么,这"米勒"会不会是别的意思?是不是音符1234567中的3和6的谐音呢?"米"是3,"勒"是6。戈赫这么一想,就打开钢琴按了一下3和6的琴键,终于找到了秘密通道。

⓯ 黑手党的枪战

在规定的前提下,这七个人谁也没有移动过位置,而且每个人都开枪,被打死的人又是不能再开枪的。这样,我们不妨倒过来进行推理,看最后一个被打死的是谁。

因为阿里是唯一的幸存者,所以最后死的那个人肯定是被阿里打死的,从阿里所处的位置可以向汤妮和巴比两个人瞄准,他要么打死了汤妮,要么打死了巴比,而题目已经告诉我们,巴比是第一个倒下的人,因而最后倒下的是汤妮;在汤妮之前倒下的肯定是法亚。因为汤妮瞄准的是阿里和法亚,而阿里是唯一的幸存者,所以被汤妮打死的只能是法亚;在法亚之前倒下的是胡安。因为法亚瞄准的是胡安和汤妮,而法亚是被汤妮打死的,所以法亚打死的只能是胡安;在胡安之前倒下的是皮得。因为胡安瞄准的是皮得和法亚,而上一步已经推知法亚打死了胡安,所以胡安打死的只能是皮得;在皮得之前倒下的是奥费。因为皮得瞄准的是奥费和胡安，而皮得是被胡安打死的，所以皮得打死的只能是奥费。

题目已经告诉我们，第一个倒下的巴比是被阿里打死的。

到这里已经推断出：阿里打倒巴比；皮得打倒奥费；胡安打倒皮得；法亚打倒胡安；汤妮打倒法亚；阿里打倒汤妮。顺序是：巴比、奥费、皮得、胡安、法亚、汤妮。

⑯ 奇怪的车号

福尔摩斯想，见证人提供的虽然是空号，但肇事汽车必定与此车号有联系。经过分析，他断定10AU81号车肇的事。理由是见证人从自己汽车的后视镜中看到并记下的车号恰好是相反的，左右位置颠倒了。

⑰ 吕安访友

"鳳"字分开是"凡鸟"二字，吕安是借这个字来讽刺嵇喜庸俗无能。

⑱ 找到了6位数

如果把它译解为21时35分15秒，就变成了6位数，即213515。

⑲ 包公训儿

算盘。

⑳ 特务越狱

詹姆斯是把子弹里的火药填到锁孔里，再点火将锁炸烂，然后逃出牢房。

㉑ 王冕对字谜

王冕说："老爷，这'马'踏'扁'了钱箱，就是马和扁合成一字'骗'字，财主总想骗人！"

㉒ 神秘的暗号

如果"狮子怒吼的开端"是指狮子座，狮子座的英文为Leo，开头字母为L；东方圣兽是龙（LONG），龙在十二生肖排名为5；王字拆开可谓十二（王中间的十和上下的二），空虚的鸿沟就是将L的两点所构成的直线，这样把5和十二当作L的那两条边长，勾股结果就是5的平方加12的平方的根号为13，答案就是13。

㉓ 波斯太子起死回生

太子迅速把手中的这碗水泼在地上，然后对吃惊得张口结舌的国王说："陛下，我没喝这碗水，这水已经滋润了您的土地。我肯定是无法喝到它了，请您履行您的誓言吧。"国王有言在先，此刻无话可说，只好放了太子。

㉔ 书法家机智自救

黄河远上，白云一片，孤城万仞山。羌笛何须怨？杨柳春风，不度玉门关。

㉕ 空手除险

把钓鱼线扬向天空，绕住直升机的螺旋桨，使直升机下坠。当然，时机要把握好，而且钓鱼线前端必须绑着石头一类的重物，才能抵挡得住直升机强烈的旋风。机会只有一瞬间。

㉖ 大使中招

008号是把玻璃酒杯当成放大镜偷看大使办公桌上的文件。当圆形酒杯倒入透明液体后，就成了凸镜，可以把小物体放大。

㉗ 纪晓岚题字戏和珅

"竹苞"拆分开就是"个个草包"。纪晓岚是在讽刺和珅的儿子们胸无点墨、不学无术。

28 怪盗基德的预告函

乘着康乃馨的祝福——日期是母亲节。

绅士的一刻间——绅士和申时谐音，也就是下午3点；一刻，就是15分。所以时间是下午3点15分。

大地之子的礼物——大地之子指的是普罗米修斯，他送给人类火种。

潘多拉的魔盒——宙斯由于普罗米修斯帮人类偷了天火勃然大怒而送来魔盒到人间惩罚人类。

所以是：母亲节那天15点15分取走《火种》。

29 虚构的钓鱼故事

狄更斯连忙反问："您知道我是谁吗？我是一名作家，虚构故事是作家的事业，所以，不能罚我的款！"

第六章　想象思维

1 谁是匪首

这句话是："真狡猾，你们的头目衣服怎么穿反了？"土匪们一时没有反应过来，都朝一个人看去，那个人就是土匪头子。

2 红宝石谜案

福尔摩斯继续揭露道："你玩了时间的把戏，你早在下午宴会开始之前就去摘掉了红山茶花，并把匣子放在乔利夫的褥子底下，时间紧迫，你只得将花埋在就近的墙根下，后来被雪盖上了，这正说明了你摘花是在下雪之前，时间应是4点左右。""胡说！"上尉拒不认账，"我姐姐胸前佩戴的红山茶花是晚宴前刚采摘的，那时已下了一个多小时雪了。""这是你犯的第三个错误。"福尔摩斯不容马斯曼特喘过气来，

"你办这件不光彩的事，必须串通你的姐姐，让她帮助你还清赌债。但她显然是处于被你胁迫的地位，而且不惯做这种犯罪的勾当，她绝没有你熟练和厚颜无耻，这一点，她的举止、脸色、言谈都明白无误地向我提示：你是真正的罪犯！"

3 判断失误

首先，抢劫犯在得手后是飞车逃离现场的，而这个年轻人正好是超高速驾驶。但警察忽略了一点，即年轻人很可能是驾车技术好或者对这一段路非常熟悉。

其次，凡车照与汽车不符合都有问题，而这个年轻人的车照与汽车不符。警察并没想到做汽车买卖的人可能会随身带有若干车照，只是这个年轻人过于紧张才把车照拿错了。

4 羊皮招供

羊皮经过拷打，散落出了盐屑。

5 喇叭盗窃案

是洪伟干的。他暴露出喇叭是藏在盒子里偷走的，而且还知道店里有三个钱箱被撬。此外，他在短文里几乎所有的行动都跟实际发生的事实相反。

6 寻获赃银

银子在小船昨夜停靠码头的水底。那年轻船夫经常采用这种巧妙的方法逃避检查，待风波平息后再去取赃物。

7 金块藏在何处

车体本身就是用黄金制作的。因涂上了涂料，所以刑警们全然没有注意到车身会是用黄金制成的。由于纯黄金很软，又具有黏性，所以能随意加工成各种形状。加工薄

333

片可以加工到0.0001毫米薄的金箔。一克黄金就可以拉出3000米长的细丝线。利用这种特性，还可将金块加工成壁纸一样的厚度，装饰到墙壁上，以便隐藏。

⑧ "溜号"的巡警

要想安排四个巡警"溜号"而不被巡警队长发现，只需满足四个角上的人数之巡警和为16，即可解决。这里列出一种方法。如图所示。

（图1）

（图2）　　　　（图3）

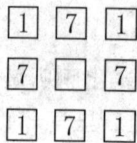 

（图4）　　　　（图5）

同样要想安排六个巡警"溜号"而不让队长察觉，只需满足四个角上的人数之和为18，可按图2的方案配置巡警。

请来四个客人时，只需满足四个角上的人数之和为8，巡警人数的布置如图3。

请来八个客人时，只需满足四个角上的人数之和为4，巡警人数巡警的布置如图4。巡警如果请来12个客人，那么，各座帐篷的巡警人数应该按图5所示安排。

在本题的条件下，要想不被队长发觉，"溜号"的巡警人数不能多于6人，请

来的客人不能多于12人。安排的方法有很多，读者有兴趣可以自己去解题。

⑨ 福尔摩斯智斗歹徒

福尔摩斯对歹徒说："这些钱不是我的，是我们老板的，现在这些钱被你拿走，我们老板一定认为我私吞公款。所以拜托您在我的帽子上打两枪，证明我遭打劫了。"歹徒心想，有了这笔巨款，子弹钱算便宜了，于是便对着帽子射两枪。而福尔摩斯再次恳求："可否在衣服、裤子上再各补两枪，让我的老板更深信不疑。"头脑简单、被钱冲昏头的抢匪，统统照做，所以发出了六声枪响。

⑩ 带毒品的钢笔

因为他的笔名叫天地无限，钢笔的签名是一个横着的8，意思是数学的无限符号。还有，在不会碰到警察前，不会特意抹掉指纹的，所以只有司机有抹掉指纹的作案时间。因为他吸毒，所以出了交通事故，必定会有警察，所以他赶忙把指纹擦了放进小偷的包里。综上所述，钢笔的拥有者是天地洋介。

⑪ 小偷的破绽

小偷忘了关灯。

⑫ 识破惯骗

宋清说道："这银子是和蜜饯放在一块儿的，如果是你的，银子上肯定爬满喜爱甜味的蚂蚁。可现在上面连一只蚂蚁也没有，只有我的猫在银子上嗅来嗅去。这说明银子上有点鱼腥味，难道这银两的主人是谁还不清楚吗？"

⑬ 精明的审判员

原来，数学上有一条规律：9乘以任何整数，其积无论是几位数，各位数字相加的和总是9的倍数。审判员正是以此作为前提进行推理的。杰森诈骗的钱，是9位顾客相等的数额（即是9的倍数）；而把杰森交代的金额每位数字相加：1+9+8+4=22，这不是9的倍数。所以，可以断定杰森交代的金额是假的。接着，审判员又进一步推论：22+5才能构成9的倍数，可见杰森交代的数额差5。如果把5加到个位，因为大的数字都交代了，隐瞒5块钱，没有什么价值。如果把5加到十位数或百位数上，更不可能，因为十位数已经是8，百位数已经是9。只有加到千位数才合乎情理。所以，断定杰森故意隐瞒的5，是一个千位数，即把6984元说成1984元，以此避重就轻，既可取得坦白从宽的"优待"，又可以隐瞒诈骗的大量金额，一举两得。谁知具有逻辑知识的审判员通过严密的逻辑思维，终于机智地揭穿了杰的森欺骗手段。

⑭ 聪明的匪徒

这位聪明的匪徒是从船长前两名开始数起的。当他点到第一个第七名时，一名弟兄就得救。再往下数，数到第二个第七名，又一名弟兄得救。依次点下去，弟兄全部得救留在船上，最后一个第七名正好轮到狡猾的头儿自己。

⑮ 遗产纠纷案

宋清以搜查赃物为名，在王大床底下浮土中挖出一只缸，打开一看，里面全是银元宝。宋清道："赃物在此，还有何话可说？"王大忙跪于地上分辩道："冤枉，这不是赃物，而是家父留下的遗产，请老爷明察。"宋清又喝道："大胆！事到如今，不

说实话，还想蒙哄本官！"王大夫妻吓得直哭道："这些钱，真是家父留给咱哥俩的遗产哪！"宋清见王大夫妻说出实话，命人取下口供。然后，叫来王二，说："这儿有一份你哥哥的自供，说这些钱是你父亲留下的遗产，请你拿走一半吧。"

⑯ 古罗马的法律题目

那位寡妇应分得1000元，儿子分得2000元，女儿500元，这样，法律就完全得到实现了。因为寡妇所得的恰是儿子的一半，又是女儿的两倍。

⑰ 真的不认识

那位太太一再声称，她不认识尼桑，但她却知道尼桑的全名是"乔治·尼桑"，很显然，她是认识此人的。

⑱ 来者是谁

伯年拿起一张纸，把来访者的模样迅速画了出来。他父亲一看，就认出了来访者是谁。

⑲ 名画失窃案

理由很简单，福尔摩斯发觉艾克的话中出现矛盾。因为他说案发当晚遗留了太太送给他的手帕。而手帕是星期二早晨太太才送给他的生日礼物，又怎么可能在星期一晚遗留在博物馆呢？可见他是偷画贼。

⑳ 卧铺车厢盗窃案

从车厢的连接处丢下的，列车的车厢连接处有块铁制的踏板。掀去铁板，里面是合成革制成的软革；这是为防止旅客出危险而设置的。窃贼从3号车厢偷出金条后，在返回4号车厢时，将连接车厢的合成革罩用刀子割开一个口子，再从那儿把装着金条的

皮箱丢下去。这样，皮箱便落到了铁道线上。在铁路沿线等候的部下，在列车过后把东西拾起来。

㉑ 郑大济智斗县官

郑大济理直气壮地应道："请问县太爷，我是爷爷的孙子，爷爷的长衫尚且不准我穿，那全乡的人还不是我爷爷的孙子呢，有什么理由让我爷爷来负担他们的皇粮？"

㉒ 露馅儿的海顿

海顿交罚款的那张10马克的号码，是被抢劫的7.5万马克中的一张。

㉓ 智擒盗车贼

原来技侦人员改装了大奔，对车门和汽车油路加装遥控电路，又在车座下放置了强力万能胶，遥控爆破，像粘苍蝇一样粘住了两贼。

㉔ 失车之谜

在汽车的玻璃上放上"违例泊车"的牌子，然后再用拖车将汽车拖走。

㉕ 聪明的化装师

原来，女化装师是仿照街上张贴的一张通缉犯人的照片来化装的。她把杀人犯的那张脸型，移到这个逃犯的脸上，怪不得警察一下就盯住了他。

㉖ 揭穿"玩扑克"的骗局

这其实是骗人的把戏。通过图可以看到：由圆圈上的任何一个数字或者左转或者右转，到2元钱位置的距离恰好是这个数字。因此，摸到的扑克数字之和无论是多少，或者左转或者右转必定有一个可能转到2元钱位置。既使转不到2元钱，也只能转到

奇数位置，绝不会转到偶数位置，因为如果是奇数，从这个数字开始转，相当于增加了"偶数"，奇数+偶数=奇数；如果是偶数，从这个数字开始转，相当于增加了"奇数"，偶数+奇数=奇数。我们仔细观察就会发现，所有贵重的奖品都在偶数字前，而奇数字前只有梳子、小尺子等微不足道的小物品。由于无论怎么转也不会转到偶数字，也就不可能得贵重奖品了。

对于小摊贩来说，游客花2元钱与得到小物品的可能性都是一样的，都是1/2，所以相当于小摊贩将每件小物品用2元钱的价格卖出去。

㉗ 化学家的声明

威廉在声明里说自己是个化学家，失窃那天晚上放在桌子上的那瓶酒里有毒，谁喝了，不出5天必定中毒身亡。他要求爱好那幅画的朋友尽快到他家服解毒药，否则，生命会有危险。

㉘ 间谍脱身

只要用闪光灯向对方的眼睛闪一下，可以使他的眼睛暂时失明，劳伦斯便可趁机逃走。

㉙ 穿红色泳装的女间谍

女间谍在红色泳装里面穿有另一种颜色的比基尼泳装。当她潜到水里时，把红色的泳帽和泳装脱下来，穿着另一种颜色的比基尼回到岸上去。由于海滨浴场的泳客很多，而且警察A又只注意穿红色泳装的人，所以才没有发现已经换了比基尼泳装的E上岸去了。

㉚ 珠宝抢劫案

珠宝被扔到了流沙上，迈克忘记了这

回事。但汤姆费了好大劲找到了珠宝。迈克也去找过，结果陷进流沙中死了，没有留下任何痕迹。警察甚至不知道迈克已经死了。

㉛ 魔术师的表演

魔术师拿来了一个仿真的纪念明信片，然后假装变魔术，将假的扔掉以后，对着众人宣布，他将明信片放进了那个家伙的衣袋里，这样，真的明信片很自然地就拿了回来。

㉜ 福尔摩斯夺刀

福尔摩斯对游客说："你也不必难过，你现在不是借住了旅馆的一间客房吗？'德政布告'公布了，你也不必将客房归还给店主，一把刀换一间房子也不算吃亏。"一间房子的价值当然比一把刀贵得多了。

㉝ 床底下的地道

说起来简单得令人难以置信，莫斯将挖出来的土从厕所中冲走了。

第七章　判断思维

① 福尔摩斯断案

有理胆壮，无理心虚。老大送礼是因为他无理心虚。福尔摩斯以此断案。

② 黑松林埋赃

原来，强盗们为了嫁祸别人，预先造了一份富家子弟的名册，并记下了他们的劣迹，转移官方视线。接着，又贿赂马夫，作为内线。当他们得知青年们信口说出的"埋赃"地点时，便连夜赶到那里，埋下一些赃物，让浪荡青年们有苦说不出。

③ 五十两银子

县官对财主说："你失落的乃是五十两银子，而非三十两，那这三十两银子没有失主认领，本官就奖给田春生让他奉养老母吧！"

④ 神秘的战船起火

给养船底舱的草塞得密不透风，有的开始缓慢地氧化，这实际上是一种迟缓的燃烧，放出热来，热散不出去，热量越聚越多，温度升高，终于达到草的着火点，于是就自发地着火了。

弄清了发生自燃的科学道理，我们就可以设法预防了。在堆放煤和柴草的时候，垛不能太大、太高，防止热量聚集。在煤堆中央，埋进几个铁篓子，从篓子里伸出铁管，通到煤堆顶上，这样可以使内部积存的热量迅速发散出来。保持良好的通风，可以把缓慢氧化产生的热带走，降低温度。消除了燃烧的温度条件，自燃也就杜绝了。有经验的仓库工经常翻仓倒垛，也是为了防止可燃物质自燃。

⑤ 保险柜的密码

会说话的鹦鹉。鸟笼子里的鹦鹉记住了保险柜的密码。如果是简短的话，鹦鹉记住后会反复学叫的。

⑥ 机智的老板

老板说："你们只有两个人，我不能给你们。你们去把那个人找回来吧！"

⑦ 签名日期

老教授仍活着。因为他盗取了学校10万元，故白天不在家、不授课，晚上化装成博士生导师，恐怕被人认出，故戴上墨镜，在旅馆住宿，自导自演了这出失踪事件。

至于博士生导师也确有其人，只是老教授查知他出外旅行后，便化装成他的模样，冒充他的身份，故意买本书签上博士生导师姓名，送给自己。让别人有一错觉，以为他们是朋友，但却忘记了这书是再版的，他所签发的日期，乃是再版前的日期罢了。

⑧ 有胜算吗

有胜算。

假设朝上的是√，朝下的是√或×的机会并不是一半一半。

朝下的是√的机会有两个：一个是第一张卡片的正面朝上时；另一个是第一张卡片的反面朝上时。

但朝下的是×的机会，只有当第二张卡片正面朝上的时候。

也就是说，只要回答朝上那面的图案，他就有2／3机会赢。

⑨ 智送秘密文件

福尔摩斯先将刹车不灵的车子里的汽油抽出一半，然后驾该车向F镇开去，等汽油耗尽，车子停下时他立即下车，向F镇走去，便可按时完成任务。

⑩ "铁判官"断案

张乾借钱时间是上午还是下午或晚上。

⑪ 窗栏杆的秘密

铁栏杆是特殊合金材料新更换的换气窗铁栏杆，其中的两根是用形状记忆合金材料制的。所谓形状记忆合金，是在一定的温度下可以记忆其原来的形状。其特性在于在温度比其低时，不管形状怎样改变，一旦到了一定温度就会复原。这种奇怪的合金被广泛地用于火灾报警器、恒温箱、眼镜架、玩具及医疗器械等

日常生活用品之中，尤其是双向记忆合金可以记忆高温和低温时两种原状。装修店更换换气窗的铁栏杆时，梅姑收买了装修店的修理工，在更换栏杆时用了两三根双向性记忆合金。因此，当去行窃时用打火机烤那两条记忆合金，栏杆就会就成"人"字形弯曲状，加大了间隔宽度，再从中钻进去打碎玻璃拨开插销进屋。

⑫ 毒品在哪儿

从曼谷有直达北京的航班，没必要绕这么大的圈，即使是旅游，也没有一天飞经这么多地方的，工夫都耗在天上了，另外做长途旅行的行李却非常简单，这一点也违背常理。

⑬ 路遇抢劫犯

民警将手表分别在两个人手上试戴，根据表带洞扣痕迹，他判断出了谁是那只上海表的主人，谁是抢劫犯。

⑭ 小偷

他们发现他们的钱包都不翼而飞了。原来，那第四个人是一个真正的小偷！

⑮ 肇事逃逸

车子向前行驶转弯的时候，前轮的痕迹应在后轮的外侧。而现在轮胎的痕迹，前轮是从后轮上通过的，可见车子是倒退行驶撞的，由此可知车尾凹陷的车是肇事车辆。

⑯ 深夜入侵者

注意荧光涂料。那个闹钟表盘上的数字及指针等涂有荧光涂料。荧光涂料如果受到灯光的照射，在光消失后的少许时间内，荧光涂料依旧发光。窃贼在卧室安装窃听器时打开了台灯，而在听到大门处有动静时又关掉了台灯。这样，闹钟表盘及表针上的荧

光涂料，就会在一段时间内发蓝光。来到卧室的侦探在昏暗中发觉闹钟有蓝光，便知道刚才屋里开过灯，肯定有坏人来此。

⑰ 谁偷了黑钻石

被虫咬伤右手拇指的客人偷了黑钻石。因为珍宝箱的封条是用糨糊贴上去的，糨糊的主要成分是淀粉。客人手指被虫咬伤后涂上了碘酒，应呈黄色，当其开启封条偷窃钻石时，右手拇指上的碘酒与淀粉发生化学反应，由黄色变成了蓝黑色。

⑱ 酒窖中的机械表

由于酒窖四周无窗，迈克若真的失去知觉，醒来后就无法知道外面是白天还是黑夜，就是有老式手表，他也无法知道到底当时是近中午12点还是夜里12点。而按照安卡平时的习惯，总是在中午12点左右到家的，这样迈克听到安卡回来时就会以为是中午，而不会催安卡到车站去追赶午夜列车的盗匪了。

⑲ 离奇的敲诈案

约翰从电话里得知狄娜的消息后，再也没有和狄娜通过电话，而狄娜却知道他用新买的蓝色皮箱装钱给了乔治，显然她是从乔治之处获悉的。结论非常清楚：狄娜与乔治合谋敲诈约翰。

⑳ 狡猾的窃匪

匪徒的确是驾摩托车逃走的，但在途中，被同党开着轿车接应，驶回郊区。摩托车则由同党警督的儿子驾驶，以掩人耳目。

㉑ 火车抢劫疑案

主要有3处自相矛盾：门很厚，列车疾驰时声音很大，警官A敲门B听不到，却能清楚楚听到劫匪敲4下门；劫匪戴着手套，不可能用戒指划破B的脸；劫匪既然都蒙着脸，根本不可能抽烟。

㉒ 骨灰盒里的钻石

钻石是夏尔太太的女友弗路丝偷的。

要知道是谁作的案，就必须推断出谁有时间、有条件作案。我们不妨这样来推算：

设水流速度为u，船在静水中的速度为v，那么船顺流时速度为v+u；逆流时的速度为v-u；再设投下骨灰盒的时间为t1。

因为小木盒漂流的路程加上船逆流赶上小木盒所走的路程，等于船在10点30分到11点45分这段时间内顺流所走的路程，即：

$(v-u)(10:30-t1)+(11:45-t1)u=(u+v)(11:45-10:30)$解此方程得t1=9：15分因此，投下骨灰盒的时间是9点15分，而此时安娜正在与夏尔太太争吵，她不可能作案；因此作案的是弗路丝。

㉓ 如何辨别方向

太阳在正南方时，树枝的影子最短，把这个影子延长，可画出南北方向的直线，从而得到上午与下午的时间。中午时两个影子相叠，此时将影子顶端连起，画出东西方向的线，进而找到藏宝地点是在傍晚向东行10米左右，便可挖到宝藏了。

㉔ 谁被拘留

被拘留的是甲。此人知道被害人当时是在锁房门，而不是开房门。他一定是一直窥视着这座房子，否则他不可能知道被害人是要出门还是要进家门。

㉕ 卫兵的智慧

青壮年男子开始表示是不懂中文的，

但是当卫兵用汉语告诉他可以进市政大厦时，他马上就听懂了并且径直就往电梯走，卫兵因此推知他的身份有诈。

26 逃犯的血迹

人体血液中盐的含量远远超过动物血液中盐的含量，摩斯已经以他敏感的舌尖品味一下两行血迹即鉴别出来。

27 冒牌科学家

是32架。可以这样计算：4人工作4×4小时生产4架模型飞机，所以，1人工作4×4小时生产1架模型飞机，这样每人工作1小时就生产1／16架模型飞机。因此，8人每天工作8小时，一共工作8天，生产的模型飞机数目就是8×8×8×1／16：32架。

28 谁割断了油管

罪犯是亨利。根据有两条：①亨利是药店老板，竟然不知道款冬这种常用的药草具有的疗效。这说明亨利并不是真正的药店老板。②在5点02分时，船长见屋外有人影一闪，这肯定是一名游客，因为除了游客以外，4位工作人员都在屋内。待船长等人回到古堡时，9名游客全在。在短短的8分钟内，这位游客要跑过杂草丛生的小路去上船把发动机的进油管割断，然后再回古堡，一来一回奔跑约1400米，这只有26岁的亨利这样身强力壮的年轻人能做到。

29 "沙漠之狐"的奇策

他命令卡车绕大圆圈行驶，这样四处的沙尘会到处飞扬。英军由于毫不知情，一看到漫天的烟尘，误以为大量的坦克要攻打过来，不知道该应付哪个方向好。而隆美尔将军等到时机成熟后再发出命令："卡车后退，坦克全速前进！"于是在德国坦克猛烈的进击下，英军只好急速后退，狡猾的"沙漠之狐"终于获胜。

30 监守自盗

当时屋里只有办公桌右边的台灯亮着，而窗外漆黑一片，没有月光。坐在办公桌前是不可能先看到右边地上有个人影，然后才发现有个人跳出了窗外的，所以老李在说谎。

31 大树做证

从拉登拉尔刚才所说的话，完全证实他知道那棵他曾在下面接过首饰盒的大杨树；他还知道盒子的长度和宽度；并且知道盒子里只装了玛瑙、珍珠、宝石，没有装银首饰。这一切证明他拿了莫蒂拉尔的盒子。

32 卖药人

原来，卖药人的草帽被吹落，露出了光头。大家见他连自己的秃头都未治好，卖的肯定是假药，所以都走了。

33 脚印里的秘密

坡上大个子的步距比小个子的短，大个子的脚印是前掌使劲，而且，大脚印有几次重在小脚印上，小脚印从来没压过大脚印。这两个人走到坡下时，矮胖子提着瘦高个的鞋上坡，走到崖边，把笔记本扔进草丛，然后换上高个子的大鞋，倒退着下山坡来。这样，造成了两人跳崖的假象。

34 作案时间

短针的一个刻度间隔，相当于长针的12分钟。短针正对着某一个刻度时，长针可能是0分、12分、24分、36分或48分中的任一位置上。分析了这种情况，就可以得到只能是2时12分。

35 奇异箱子

木箱不是太厚，箱体比较薄，所以小王完全可以把它举到两眼之间，这时左右两眼就可以同时看到箱盖和箱底了。

36 无动于衷的警察

司机也是一个行人。从我们日常生活的体验来看，卡车的车体与司机是一体的，相互分不开。其实本题只要将司机隔开，就不会僵住大脑的。

第八章　发散思维

1 影子法官

福尔摩斯对原告说："你呢，得到的是钱在袋子里发出的响声！"

2 钻石的命运

钻石怕热、怕碰撞。铁虽然要比钻石软，但铁锤的冲击力足可以把钻石砸碎。正像皮球一样，用力投出可以打碎坚硬的窗玻璃。不过，用铁制的刃物是无法切、削钻石的。只有用钻石的粉末制成的锉刀才能削动它，因为地球上没有比钻石更硬的物质。

3 语文老师的作文课

福尔摩斯找的是第二个学生，因为他的作文里，写了店里有"两个钱箱"，说明他了解店里的实际情况。

4 县太爷断案

尸体在深沟里，怎么能确信是自己的丈夫呢？必定事先就知道丈夫死在这儿了。而且衣服破烂，怎么能有那么多的钱呢？头

颅在哪儿，李三为何如此熟悉？又这么着急地来报呢？

5 冷藏车囚敌

当福尔摩斯遇到"女大学生"时，就心存疑虑，职业习惯让他对那块"巧克力"特别警惕，把它压在舌头底下。当"女大学生"下车方便时，他掰开巧克力一看，果然内有麻醉粉末，就假装昏睡。

6 密室奇案

福尔摩斯说："让我来描述一下罪犯作案的过程吧——十几天以前的一个深夜，这四个印度人悄悄爬上屋顶，趁男爵熟睡之机，从屋顶的窗格隙里，偷偷垂下四条带钩子的长绳子，把男爵连人带床吊到15米的空中。男爵醒来后，发现自己被吊在半空中，吓得半死。他四肢瘫软，根本不敢从15米的高处往下跳。他或许喊叫过，但健身房周围又无人经过……就这样一天又一天过去，吓瘫在床上的男爵终于饿死了。罪犯发现男爵死后，就把绳子松下，将床放回到原处。但是，尽管他们很小心，四只床脚还是偏离了原来的位置。我刚才仔细观察过地上的灰尘，在床脚旁又发现四个床脚印痕。当然，也可以这样理解，是罗斯先生自己移动过铁床，但按常理，人们移动床一般只是"拖动"，没有必要把整个床搬起来再放到需要放的地方去。再说，地上没有拖痕，罗斯先生一个人也根本搬不动这个铁床……"

7 黑老大的助手

钻石被烧成了灰。保险柜里的那一小堆灰就是"克娄巴特拉的眼泪"。钻石是地球物质中最坚硬的，其成分是碳和石炭的碳元素的纯结晶体。如果温度超过850℃就会燃烧。氧气切割机的火焰温度高达2000℃，

所以在用如此高温的切割机去切割小小的保险柜柜门时，致使保险柜中的钻石燃烧变成二氧化碳，即$C+O_2=CO_2$。

⑧ 羊和自杀者同谋

福尔摩斯的推理是这样的：西姆由于爱妻的早逝，完全丧失了生活下去的勇气，这是他的自杀动机。但是，基督教是禁止人们自杀的，作为教徒的西姆如果自杀，教会将不会允许他与自己的妻子葬在一起。于是，西姆决定把自己的死伪装成他杀。要做到这一点，必须把枪弄远一点。西姆在临死前发挥了他的聪明才智，利用了羊的嗜好。羊是关在圈里的。为了实现自己的计划，西姆自杀的前一天晚上，就不给羊喂食，使羊处于非常饥饿的状态。第二天，西姆把小手枪同一根长长的纸带联结在一起，另一端放在羊圈的栅栏口，然后朝自己的头部开枪……纸带是羊非常喜欢的食物，饥饿状态的羊跟人一样，并不十分挑剔。当羊一口一口地吞食纸带时，手枪也就一点一点地被拖了过去，直到纸带完全被羊吃完，最后落到羊圈的旁边。

⑨ 曝光的底片

由于助手将袖珍相机放在口袋里，当照射x光的时候，又忘记将底片拿出来，从而使底片受X光照射而全部曝光了。因为X光除铅金属外，其余物品都可射透。

⑩ "飞贼"之谜

大厦管理员剪断了大的电箱保险丝，却保留了电梯的保险丝，所以匪徒能乘电梯逃走。

⑪ 两个案子一支枪

在名古屋的哥哥作案后，立刻赶到名古屋车站。把枪放在皮包里，然后把皮包放在新干线快速列车的行李架上。快速列车直达东京，所以途中这两个小时，不必担心皮包会被人拿走。弟弟就在东京车站等候，列车一进站，他马上把放在行李架上的皮包拿走。哥哥事先从名古屋打电话告诉他，皮包放在第几号车厢的行李架上。

⑫ 谁偷了我的房间

云柳骗小哈住在19层，其实他是住在18层。当然事先带了一本小哈喜欢的杂志。他们把小哈带到18层，进房间后，怕小哈发现楼层不对，赶紧要求去喝酒，并把那本杂志再次给他，所以，下楼的时候小哈也未发现楼层不对。等喝醉后，小浩把他送到19楼小浩自己的房间，等小哈出去再回来的时候，由于手上的ID卡是开始的时候的18层的ID卡，所以，打不开任何19层的房间。

⑬ 毒酒案

问题的关键在于酒中的冰块。哥哥事先将无色透明的毒药藏在方形的冰块里，然后用此冰块调了一杯威士忌。当他自己喝时，冰块尚未融化，所以酒中无毒。后来，弟弟因为慢慢喝着剩余的半杯酒，此时，毒液已经溶入酒中，因而中毒身亡。

⑭ 活动经费

是信封上价值连城的邮票。

⑮ 无辜的厨师长

厨师长拿的是鲭河豚的头，即被害人所吃的是日本近海产的鲭河豚。一般能够做菜的河豚有虎河豚、里河豚、纯河豚以及鲭河豚四种。河豚的内脏、皮和鱼子等部位都含有致命毒素，但日本近海产的鲭河豚却无毒。

⑯ 枪响之后

　　一场橄榄球赛需要80分钟，还不包括比赛时的中间休息，再加上60分钟的路程时间，那么B教练在17点20分之前是不可能到达P家的。足球比赛全场是90分，即使加上中间休息15分钟，这两位教练也完全有可能在作案之前到达P家的。再分析下去：A教练的队参加的是锦标赛，当他们与绿队踢成3比3平局时，还得延长30分钟决胜时间，再要加上10分钟的路程时间，就是不再加上中间休息时间，他也不可能在17点10分前到达P家。所以，只有C教练才有可能谋害P先生，因为比赛时间90分钟，中间休息15分钟和路程20分钟，这样，他可以在17点05分，即在枪响之前1分钟到达。

⑰ 最矮的侦探

　　平克自己钻进体育用品袋中，让福尔摩斯侦探拎到酒店里，声称要寄存大袋，经理不知有鬼，同意放在经理室内。平克待经理离开后，爬出袋子，找到登记册，拍完照，又钻回袋里，完成了任务。

⑱ 大狼狗怎么丢的

　　狗舍虽然很坚固，但是并没有底，而是直接放在地面上，所以小偷只要把狗舍抬起来，狗就可以从里面出来，然后再把狗舍放下，这样，一点儿痕迹都不会留下。当然，小偷事先要用藏有麻醉剂的肉给狗吃，等狗昏倒后再动手。

⑲ 司机的奇怪供词

　　证人驾驶汽车，掉进了水中。

⑳ 绸被破案

　　船尾上晒着一条新洗的绸被，绸被上聚集了很多的苍蝇。要知道，人的血迹虽然可以洗掉，可血腥气难以洗掉，那么多的苍蝇聚在上面，很可能是上面有血腥气。再说，船家即使怎么富裕，也不会用绸被，而且，绸面不是另外拆去洗，而是连同布夹里一起洗，这就证明船上的不是正派人，只有强盗才会这样大手大脚。

㉑ 车轮印迹

　　真正的小偷是和车主一起将车子停放在收费停车场的人。他将自己的车胎调换以后，就开到作案现场，之后又换了回来。

㉒ 有耐心的将军

　　原来老将军太太送来的通心粉中藏有放风筝的线及铁丝。日罗将军用了两年时间，耐心地将这些材料制成50米长的坚固绳索，利用它爬下悬崖。

㉓ 黑森林里的金矿

　　米尼说，他原来买的骡子在黑森林里生小骡子时死了。大家知道，骡子是母马和公驴交配的产物，骡子自己是不能生后代的。

㉔ 吊在半空中的管理员

　　他利用梯子把绳子的一头系在顶梁上，然后把梯子移到了门外。回来时带进一块巨大的冰块，这冰块是事先放在冷藏库里的。他立在冰块上，用绳子把自己系好，然后等时间。第二天当侍者发现他的时候，冰块已完全都融化了，管理员就此被吊在半空中。

㉕ 盯梢失败

　　女职员就是另一犯罪集团的接头人，而广播只是掩饰而已，其实他们已在交谈中互通了消息。

㉖ 智救逃婚女

原来，王老实家数辈单传，靠打猎为生。祖上不仅给王老实留下了丰富的打猎经验，还传下了一门绝活。啥绝活？口技。他能用嘴学什么像什么，学得神乎其神。王老实严记祖训，这一招绝活从不外露，所以人们不知道他会这个绝活。今晚这个绝活真帮了那姑娘的大忙呢！

㉗ 消失的黑屋

福尔摩斯身处的白屋，虽然外观与内部装置与昨天一样，可是已非昨天那间了。原来库尔的祖父有两个孩子，分别居住在不同地方，祖父给他们各盖一栋房屋，屋内的装置与外观皆完全一样。嫌疑犯是利用废屋，找寻黑屋宝藏，故布局使其他人有黑屋已消失的错觉。其次因福尔摩斯非他们家庭成员，故特在酒内混入安眠药，使他熟睡后，运到另一间一模一样的屋内，目的是使他不能插手搜寻珠宝的工作。

㉘ 失踪的新郎

安娜的丈夫杰克其实是个结婚骗术师，就是该观光客轮的一等水手。为了骗取安娜的2万美元，他使用假名，隐瞒船员身份，同她闪电般结婚。在码头上，他同安娜一起上舷梯时，不用说穿的是便服，以便不暴露身份。二等水手以为上岸的一等水手回来了，怎么也不会想到他是安娜的新郎。所以在安娜向他们询问时，说了那样一番话。如果是船上的一等水手，在客舱的门上贴假号码，更换房间也是可能的。第二天早晨，打电话把安娜叫到甲板上并企图杀害她的也是他。

㉙ 突破封锁线

铁路线也是一条路。因所有道路都被封锁，窃贼在单行铁路支线的无人道口，将赛车开上铁路线沿铁路逃跑了。虽然赛车骑着两条铁轨，底盘车轮跨度不够，但可让一侧车轮压着铁轨走，另一侧车轮在枕木上走。虽然跑起来上下颠簸，但却没有任何障碍。因为是跟在末班车之后，所以即便是单行线也不必担心会与列车相撞。警察只封锁了公路各路口，窃贼恰恰就钻了警察的空子逃掉了。

㉚ 世界旅馆宝石案

赖德的姐姐曾经告诉他，圣诞节要送他一只鹅。赖德取得了宝石，在出卖之前要找一个地方藏起来。他来到姐姐家里，趁她不注意时将宝石塞进一只尾巴上有一道黑痕的肥鹅嘴里。可在这时，那鹅一挣扎，逃进了鹅群，他从鹅群中找到了那只鹅，把它带回家中，但在嗉囊没有找到那颗钻石。后来才知道，尾上有黑痕的鹅有2只，那只吞下钻石的鹅已经被姐姐卖掉了。没想到几经辗转，那颗砖石竟然到了福尔摩斯手中，赖德也只好自认倒霉了。

㉛ 逃窜路线

通常骑车人的重量在后轮上，平路或下坡时，前轮印浅而后轮印深。上坡时骑车人用力弯腰，重心前倾，前后轮印大致相同。据此判断凶手是从右边路逃跑的。

㉜ 福尔摩斯设密计

助手去乡绅家，对其家人说："由于这个村民态度倨傲，所以乡绅才留下布要挟他。刚才福尔摩斯已重责村民，老爷答应把布还给他，有银牙签为证。"家人于是交出布匹。

㉝ 四千米差距

一般汽车的里数表，都是根据后轮或

前轮(看汽车由哪个轮驱动)的转动次数来计算里数的。向前转则里数表显示前进的里数,向后驶时里数表会倒过来走。山野当然不可能将汽车倒行4千米,但他利用汽车泵把汽车的后轮抬起(假设车子是由后轮驱动的),把车轮向反方向逆转,于是改变了里数表的读数。

㉞ 打杯子

他先用一颗子弹打中靠边的一个杯子,再把枪向另三个杯子扔去,用枪管和枪托打中那三个杯子。

第九章 创新思维

➊ 分辨圆木根梢

他请求国王派人把圆木运到河边,然后全部投入水中。等到河水全部平静之后,就见到100根圆木都有一头吃水深些,一头吃水浅些,每根都在水里倾斜着。他指着水中的圆木对国王说:"陛下,吃水深的是根,吃水浅的是梢。"国王听了大喜,最后终于把公主嫁给吐蕃的国王了。

➋ 报假案的单身汉

房内旧挂钟要经常上发条,报案人说出差一个月,挂钟早停了,所以是谎报。

➌ 霸王自刎的秘密

石碑上的字,是刘邦的军师张良用蜜糖写的。蚂蚁发现了蜜糖后,就一传十,十传百地从四处赶来,爬满了涂蜜糖的地方,这就组成了六个大字。项羽见了误以为是老天的安排,结果中计了。

➍ 走嘴的美术教师

拇指应该是晒黑了的,写生油画时,

因一只手端着颜料板,被板遮住晒不着。但是,只有拇指露在颜料板的窟窿外面,照理是挨晒的。而麦迪的左手五个指头都像白鱼一样白,所以才引起侦探的疑心。

➎ 包公妙点鸳鸯谱

原来,包公故意把李侃安排在后边,不管王小姐愿认前夫还是后夫,都可以把她判给李侃。

➏ 郑板桥怪法惩人

很多人都慕名来看郑板桥的画,把盐店围得水泄不通,卖盐生意就无法做下去。这人在盐店门口待了十多天,盐商感到这样损失太大,就恳求郑板桥把那人放了。

➐ 珠宝失窃

如果玛丽真的是刚进房间就被打倒,她端着的牛奶肯定就打翻在地了,不可能还安然地放在床头柜上。

➑ 一毛不拔

艾伦是伪造遗嘱进行讹诈。遗嘱不可能签署于11月31日凌晨1点,因为11月只有30天。

➒ 认马妙法

福尔摩斯让工作人员在那匹马身上做了记号,放进马群里,再让A、B农场的主人去辨认,如果真是这匹马的主人,很容易就会从众多的马匹中认出自己的马来。

➓ 滑雪板之谜

另有一人配合逃犯逃跑,每人只用一只滑雪板,交叉着滑行是逃犯用来迷惑搜捕他们的警察的。

⑪ 惊倒福尔摩斯。

因为旅行包上写有"福尔摩斯"的名字，车夫是由此而认出他的。

⑫ 福尔摩斯看到了什么

福尔摩斯看到床上很整齐，由此推断：主人是为了获取保险公司的大笔赔偿费，有意制造了这一"盗窃案"的。因为如果主人是睡下后起来与强盗进行搏斗的话，那么床上就会很乱。可是，他从观察中发现，床上却很整齐。这就证明主人是在说谎。

⑬ 絮语诘盗

张船三和强盗闲谈三天，都是家常小事，强盗三天所答，前后不符。小事尚且如此出尔反尔，谈及案子本身的事更是如此。这三天所答的小事，就可以用来证明强盗的反复无常。

⑭ 拉驴尾巴

原来小偷因为害怕驴子会叫，所以他不敢拉驴子的尾巴；而头人在驴子的尾巴上涂了一层有浓烈气味的油脂。谁的手上没有气味，谁就是小偷。

⑮ 书房里的秘密文件

原来秘密文件是藏在灯罩内。当警长开启书房的台灯时，秘密文件的影子立即在灯下投射出来。

⑯ 被忽略的财富

上校忽略了几封信上的邮票。因为从南美圭亚那邮来的信封上的邮票是一种稀有邮票，每枚价值数千英镑。

⑰ 电梯里的故事

那位法国地下组织的成员吻了他自己的手，然后狠狠打了纳粹军官一记耳光。

⑱ 让轮胎瘪一点儿

罗尔警长马上打开轮胎的气门放掉了些气，让轮胎瘪一点儿，卡车就降低了高度，能穿过立交桥底下了。

⑲ 免费辩护

那位律师是女性，也就是"妻子"。

⑳ 易卜生智斗警察

原来，易卜生急中生智，索性把文件随便扔在床上这个一眼就能看得见的地方，或垫桌脚，包杂物，而把一些普通的书籍、信件放进箱里、柜里，然后用锁锁上。结果，警察们开箱破柜地搜查，恰恰忘了翻阅眼皮底下的东西。就这样，易卜生脱离了危险的境地。

㉑ 富翁的财产

福尔摩斯是根据那张照片找到富翁的弟弟的。因为照片摄于60年前，两个男孩又都是12岁，所以两人是对孪生兄弟。

㉒ 女作家遇强盗

阿加莎·克里斯蒂保护项链是假，保护耳环是真，她刚才的表演只不过是为了把强盗的注意力从耳环上引开而已。因为，她的钻石耳环价值几百万英镑，而强盗抢走的项链，是玻璃制品，仅值几英镑。

㉓ 移形换影

侦探福尔摩斯手上的纸包，里面装的原来是马粪。因为马粪与牛粪一眼就能分辨出来，所以盗牛贼可以在马蹄上装上牛蹄，但是却不能让马拉出牛粪来。

㉔ 求救信号

先将冰箱移至窗户前，再将冰箱开关关，利用冰箱内的灯光来发信号出去。

㉕ 智取传世之宝

卡顿把盒子很自然地反过来捧着，然后把盖子拉开一条缝，使钻石滑落在手心，这样就不用接触到毒蛇了。

㉖ 被忽视的地方

密码在信封上贴着的邮票的背面。

㉗ 豪宅里的谋杀

管家认定女仆必须对罗密欧与朱丽叶的死负责。因为没有其他人在房间，而水缸是不会自己翻倒的。女仆立即被解雇了，因为她太不小心，致使两条金鱼意外死亡。这两条金鱼——罗密欧与朱丽叶都是主人最心爱的宠物。

㉘ 奇怪的宴会

这个宴会是个化装舞会。舞会中的人认为他是化装成囚犯的样子，所以才穿着囚衣，并且认为他化装得太像了，反而非常欢迎他。

㉙ 保险柜密码

会说话的鹦鹉。格林教鸟笼子里的鹦鹉记住了保险柜的密码。如果是简短的话，鹦鹉记住后会反复学叫的。怪盗X潜入房内，在逗鹦鹉时无意中得到了保险柜的密码。

㉚ 即兴的心理测验

做出以上裁决的原因是坐在被告席对面的主审法官提醒了陪审团：刚才，在律师进行那场"即兴心理测验"的时候，全厅的目光确实都转向那扇侧门，唯独被告琼斯例外，他依然端坐着木然不动。因此，可以得出推论，在全厅的人中他最明白：死者不会复活，被害者是不可能在法庭上出现的。

㉛ 是否被"调包"

暴发户拿起真钻石假装端详的样子，趁店员不注意，迅速用口香糖将它粘到桌子背面，然后取出假钻石故意掉在地上，好让店员去捡……

㉜ 制服女流氓

福尔摩斯意识到自己上船后还没有说过一句话，便装成聋子，比画着诱使那女郎用笔在纸上写出了她的讹诈要求，并以此作为证据迫使女郎离开，从而摆脱了困境。

㉝ 侦探的疏忽

大楼正门在1层，警长上3楼，只要再爬2层就行了。而侦探的地下3层是要下3层楼。也就是说，侦探上下要比警长多爬一层楼，当然要输掉喽。

㉞ 姓啥

篮球运动员姓林，跳高运动员姓杜，射箭运动员姓张，围棋运动员姓孟，田径运动员姓闵，武术运动员姓刘。

㉟ 火灾逃命器

假设两只篮子分别为A、B。

（1）婴儿放入A，B篮空，则A降，B升；

（2）狗放入B，则A升，B降；

（3）婴儿出值班员进A，则A降，B升；

（4）狗出，婴儿放入B，值班员出，则B降，A升；

（5）狗入A，则A降，B升；

（6）狗出，则B降，A升；

（7）值班员、狗、婴儿都进入B篮，老婆进入A篮，则A降，B升；

（8）值班员和狗出，老婆出，则B

降，A升；

（9）狗入A篮，则A降，B升；

（10）狗出，则B降，A升；

（11）狗入B篮，值班员入A篮，则A降，B升；

（12）婴儿入A篮，值班员出，则B降，A升；

（13）狗出B篮，则B降，B升；

（14）婴儿出，大功告成。

㊱ 鳝鱼毒案

鳝有两种，一种叫蛇鳝，有毒。辨别蛇鳝和鳝的方法是：每当捕到鳝，全放到水瓮中，夜里用灯照它，脖子下有白点的，全身浮在水上的，就是蛇鳝，那个农民就是误吃了蛇鳝才中毒身亡的，所以与妇人无关。

第十章　逻辑思维

❶ 鸡蛋上的密码

原来他是用醋酸在蛋壳上写字，等醋酸干了，再把蛋煮熟，字迹就印在蛋白上了，而蛋壳上无痕迹。

❷ 神秘的马丁案件

这是考虑到淹死的尸体，胸部会充满水，而肺炎死者的肺里充满液体，十分相似。

❸ 谁是抢劫犯

亨利说，这个案件可以从分析A、B、C三者的口供入手。而从A的口供入手更好一些。A说："我既然被捕了，我当然要编造口供，所以我并不是一个十分老实的人。"分析这句话，就可以推定A的口供有真有假。因为，如果A的口供全是真的，不会说自己编造口供；如果A的口供全是假的，那么他就不会说自己不十分老实。既然

A的口供有真有假，那么B的口供或者全是真的，或者全是假的。而B说："A从来不说真话。"由此可见，B的这句话是假的，这就可判定B的话不可能全是真的，而全是假的。既然B的话全假，那么C的话全是真的。而C说A是杀掉下院议员的罪犯，B不是盗窃作案者，所以B是抢劫芭蕾舞演员珠宝的罪犯，而盗窃油画的罪犯只能是C本人了。

❹ 塑料大棚起火案

塑料大棚的棚顶有坑洼处。因昨晚下雨洼中积水，而积水正好形成凸透镜状，阳光折射聚焦。其焦点的热量使塑料大棚里的干草自燃起火。

❺ 开保险柜的工程师

沙漏放到了煤气炉旁。为此，煤气炉发热使得沙滑的玻璃膨胀，漏沙子的窟窿也随之变大，沙子很快落下，所以，即便上部玻璃瓶的沙子全部落到下面，其实也没到10分钟。

❻ 犯人的高矮胖瘦

（1）应选（B）。根据已知条件4、5可排出其中四人的高矮顺序：山姆，伊恩，阿里、玛丽。由此可见，如果伊恩比阿里高，那么山姆肯定比玛丽高。

（2）应选（C）。由已知条件2、3和附加条件可知，约翰、玛丽、山姆和保罗四人中，约翰的体重最重，其次是玛丽和山姆，保罗的体重最轻，而选择（C）中所示体重恰恰相反，即保罗的体重重于约翰的体重，所以错。

（3）应选（E）。

（4）应选（C）。根据已知条件1、5和本题附加条件可排出下列五人从高到矮的顺序：卡尔文、巴里、哈里、阿里、玛丽，

这样我们就可以很明显地看出卡尔文高于玛丽，因此（C）对。而（A）、（B）、（D）由于条件不充分，推出结果当然也是不可靠的。

7 糊涂的偷钱人

那个年轻人与此案无关。真正的窃贼只能是那个老头儿。因为他说他的钱是下午3时从银行取出的，而当地银行在星期六有半天不工作，那么下午银行肯定不办公，他明显是在撒谎。

8 镜子店里的劫案

从店外看是正字的"欢迎光临"从店内看应是反字，反字经二重映射（先映入最里面那面墙镜，再折映入左墙镜），仍是反字，同理，劫匪应该是用左手拿刀才对。

9 审讯嫌疑犯

甲是无辜的，不然他的四句话中就会有三句是谎言。所以他说5月12日和瑞利一起在P市度过的是谎言。

丁说与甲在P市是谎言（因与甲的谎言一样）。所以其余三句是真的，他是无罪的。

丙说甲帮助乙盗窃是谎言，因为甲说过对犯罪过程一无所知。所以他说乙是罪犯，自己是无罪都是真的。

而乙则只有说自己是清白无辜的这一句是谎言，其余都是真的。因此，他就是盗窃犯。

10 假证词

洛克的证词说明他对热带植物的了解少得可怜。很明显，他并没有像他所说的那样看见一只鸟儿在棕榈树上筑巢，因为棕榈树没有树杈，只有一柄宽大的叶子，鸟儿在上面难以筑巢。由此看来他的证词是假的。

11 三人专案小组

（1）应选（C）。根据已知条件1和2可知乔治不能入选；根据已知条件3，可知罗伯特不能入选，除他们两人外其余四人都有资格，故选（C）。

（2）应选（D）。根据已知条件3可排除罗伯特，其他人均可入选。

（3）应选（B）。因为艾略特和伦纳德拒绝进入专案小组，这就意味着所剩的男性候选人只有乔治和罗伯特两人，而这个专案小组由三人组成，这样势必有男性参加，根据已知条件3，罗伯特又不能入选，因此真正留下的候选人只有四人，其中乔治和珍妮又是亲戚关系，又不能一同进入专案小组，否则违反已知条件1和2，所以可能的组合只有两种：一种是乔治、海伦和苏三人组成，另一种是珍妮、海伦和苏组成。

（4）应选（D）。因为入选的是乔治，根据已知条件1和2可排除珍妮；因为专案小组不能全部由同性人员组成，根据已知条件3可排除罗伯特。其余四人均有资格当选为另两位专案小组成员，故选（D）。

（5）应选（E）。

12 小偷的诡计

福尔摩斯看到那条狗翘起后腿撒尿，便立刻识破了那个男子的谎言。因为只有公狗才翘起后腿撒尿，而母狗撒尿时是不翘腿的。然而，那个男子却用"梅丽"这种女性的称谓叫那条公狗。如果他真是这家的主人，是不会不知道自己家所豢养的狗的性别的。所以，他也就不会用女性称谓去喊公狗的。由于这条狗长得毛乎乎的，小偷从外表上根本看不出它的性别，便随口胡乱用了女性的名字叫它。另外，这条狗之所以对小偷很温驯，是因为他进来时喂了它一点食物。

⑬ 三个珠宝箱

无论哪个，打开一个就行。比如，打开贴着钻石标签的箱子，如果里面放的是蛋白石，那么钻石就一定装在贴着红宝石签的箱子里。因为如果钻石装在蛋白石签的箱子里，那么剩下的红宝石就只能装在红宝石签的箱子里了，这是有悖于试题题目的。这样，如果知道了，蛋白石签的箱子里装的是红宝石，那么就可以把3个标签换到与各自箱内东西相符的箱子上。

⑭ 糊涂间谍

由于杀手008连着两天都在晴朗的天气下滑雪，所以脸上已经被雪地上反射的阳光晒黑了，但他却忘了这一点。由于他脸上贴胡子的位置显得特别白，所以B国警方一下子就发现他曾经化过装。

⑮ 劫匪的圈套

原来那根管子不足2厘米宽，却有5米长。在这样超长的空间里根本无法完成空气交换，比尔吸入的正是他自己呼出的废气，所以在井水里溺死了。

⑯ 朱腊波提的智言

弱小者为了生存，遇到生命危险时，常常会投靠其他强大动物的保护，这是动物的一种天生的本领。比如，在森林里可以看到弱小的鸟专到凶恶的野蜂旁边筑巢的现象。麋鹿跑去依附大象，这是因为象虽大，但它不吃肉；而大象知道这些野兽对它是无害的，也允许它们在身边徘徊。而这时，麋鹿的注意力全集中在追赶它的凶兽上；而凶兽也把目光紧盯着麋鹿和大象，等待时机。这时，猎人的出现，它们就不易发觉。于是，猎人就能满载而归了。

⑰ 谁的伪钞

是考纳。因为杰姆收款时，考纳给他一张100马克的钞票，没有其他钞票对比，所以杰姆没有识别出来。若是其他两位旅客付两张或三张100马克，真假混在一起，杰姆就很容易发现。

⑱ 失算的惯偷

是那个穿迷你裙的小姐将惯偷的钱包偷走了。因为如果是其他二人之一的话，他（她）必定连惯偷最先偷的那个小姐的钱包一起偷走。就算没有将两个钱包一起偷走，他（她）们也不知哪一个是惯偷自己的钱包。

⑲ 百万名钻遭窃

（1）从提示10和12可知，倩玛并非偷钻戒的小偷，否则就和题目每个人的话只有两真一假互相矛盾。据此，可再依序推知：

A. 9是谎话。

B. 8是真话。

C. 15是谎话。

D. 14是真话。

（2）所以，百万名钻是桑巴偷的。

（3）其实。还有更简易的"攻顶捷径"：

E. 因为每个人的3句话中只有一句谎话，而且只有一个小偷，所以，只要说自己没偷，而又说别人有偷，一定不会是小偷（不然的话都会是谎话）。

F. 全部的人除了桑巴外，都说了那两句话。所以，钻戒是桑巴偷的。

⑳ 奇怪的拨号

逃犯拨了八个号后，按了一下上面的键，然后又拨了一个号。所以，其电话号码一共是十位数，而倒数第二位的数字是"一"。这就是说是0474—43—9819。

21 奥肖内西的家产

在分割家产问题上，原来的意图是很明显的：给母亲的钱是给女儿的两倍，而儿子的所得又是母亲的两倍。因此执行遗嘱不会有什么困难：只要给女儿1/7，母亲2/7，儿子4/7就行了。

22 偷越边境

一面向前挖，一面用挖出的土填埋身后的地道，就可以安全地偷越边界。这样做会不会把气孔堵死呢？这是不必担心的。既然小房子里堆着一部分浮土，那么在地道里就一定有相当于那土堆体积的空隙存在，足以供偷越国境者呼吸。

23 发脾气的事故

李伯伯是孤岛上的灯塔管理员，所以他打烂了灯后，就会使航行中的船看不到讯号而搁浅出事。

24 寻找陶罐

"唯一最恰当的地方"就是莱顿认为不能长草的地方。这就意味着吉祥物埋在枫树下，因为枫树的表层系发达，将草的养分都吸走了，使草无法生长。

25 郁金香的秘密

因为郁金香这种花，在晚上天黑后，气温一降低花瓣就合拢，这就是睡眠运动，是光和温度的外部刺激，使花和树叶张开或合拢。不过，郁金香在花期过后开始凋谢时，即便到了夜里花瓣儿也不会合拢了。

26 白纸遗嘱

简的妻子为了保住遗产，故意把没有墨水的钢笔递给简。由于库尔和简都是盲人，自然也就没有发现，没有字的白纸最终被当成遗书保存下来。可是，虽然没有字迹，但钢笔划过白纸留下的笔迹仍然存在，如果仔细鉴定是可以分辨出来的，所以遗嘱仍然有效。

27 接头

厨师和黑老大是在调味品批发商店碰头的。批发商店是大批量供货的，船上仅有7人就餐，厨师没必要每天采购调味品。即使需要每天采购物资，也不必天天去批发商店。

28 老鼠侦探

把老鼠关进笼子，对它们进行两三个月的训练。先要训练它们的胆子。实验人员通过喂食使老鼠愿意与人接近。然后带它们到院子里习惯各种模拟交通工具行驶声和人群的嘈杂声，以便熟悉未来的工作环境。接着，让它们嗅各种爆炸物和火药气味，然后给予电击，每次当它们一嗅到微量的气味，就给以电击，它们就会出现剧烈的骚动和狂叫。当它们的这种条件反射形成和巩固后，一旦嗅到爆炸物或火药气味，不用电击也会骚动和狂叫。凶手使用的是手枪，因此老鼠一靠近他的身边嗅到火药味时，就骚动和狂叫起来，从而使警察抓到凶手。

29 不敲自鸣的磬

物体每秒振动的次数叫作"频率"，如果两个物体的振动频率相同，一物体振动时，另一物体也会振动。在这个故事里，因为寺院的钟与磬固有的振动频率相近，因此，就可以发出共鸣。把磬锉开几处缺口，改变了磬的振动频率，也就听不见磬鸣了。

30 寻找机密文件

在机尾。通常飞机失事时，机尾部分大多得以保存。

31 酿酒专家

福尔从以下情况得知哈尼是一个骗子：

①他将开胃酒冷藏至开席时才启盖，实际上开胃酒应在上席前1小时启盖，也不需冷藏。

②最肥沃的土地并不出产最好的酿酒葡萄。

③用来酿制勃艮第红葡萄酒的是最差而不是最好的葡萄。

32 失败的测谎机

对于得了健忘症或失忆的人，测谎机就失去了准确度。这位罪犯恰恰是患了失忆症而被人利用了。看来，高科技也有失灵的时候。

33 芝加哥美术馆的失窃案

东西海岸相去甚远的美国，虽是同一国家但却有4个标准时间。即东部、中部、山岳地带及西部标准时间。芝加哥与纽约有一个小时的时差。福尔摩斯看了神偷的手表，发现比纽约时间（东部标准时间）慢一个小时，便知道了他去过芝加哥（中部标准时间）。神偷从芝加哥驱车，进入东部标准时间带后，忽略了手表慢了一个小时。

34 奇怪的侦探

店主一去喂马，客店里的人也都跟着前去看稀奇，侦探便坐到火炉边烤起火来。

35 招侦探

他说："我不考了。"守门人对一个放弃考试的人是可能放他走的。

36 劫机惊魂

劫机犯讲演时，机长操纵机体突然下落了大约50米，紧接着又上升了30米左右，造成"空中陷阱"现象。由于两名劫机犯站在过道上没系安全带，所以头重重地撞到了机舱顶篷，倒下休克了。乘客和乘务员们都系着安全带，所以平安无事。"空中陷阱"也称作"乱气流"，指空中因气流下降等原因使飞机突然下落的现象。

37 劫机风波

劫机犯是拄着拐杖的男人。原来步枪是被分解后藏在拐杖里，而拐杖本身就是铅制品，当然会对金属探测器产生反应，但这反应是正常的。因而造成了安全人员的疏忽，没有怀疑地让他通过了检查。

38 巧分钥匙

一号柜放一把三号柜的钥匙，二号柜放一把一号柜的钥匙，三号柜放一把二号柜的钥匙，剩下的每人一把。